10. Symposium des Jungen Strafrechts

Berlin 2024

Anneke Petzsche | Inga Schuchmann | Leonie Steinl
Andreas Werkmeister [Hrsg.]

Strafrecht und Krise

Nomos

Die Veröffentlichung wurde gefördert
aus dem Open-Access-Publikationsfonds
der Humboldt-Universität zu Berlin.

Die Deutsche Nationalbibliothek verzeichnet diese Publikation in der Deutschen Nationalbibliografie; detaillierte bibliografische Daten sind im Internet über http://dnb.d-nb.de abrufbar.

1. Auflage 2025

Publiziert von
Nomos Verlagsgesellschaft mbH & Co. KG
Waldseestraße 3–5 | 76530 Baden-Baden
www.nomos.de

Gesamtherstellung:
Nomos Verlagsgesellschaft mbH & Co. KG
Waldseestraße 3–5 | 76530 Baden-Baden

ISBN (Print): 978-3-7560-1451-4
ISBN (ePDF): 978-3-7489-1988-9

DOI: https://doi.org/10.5771/9783748919889

Onlineversion
Nomos eLibrary

Vorwort

Vom 14. bis 16. März 2024 fand das 10. Symposium des Jungen Strafrechts zum Thema „Strafrecht und Krise“ an der Humboldt-Universität zu Berlin statt. Ziel des Symposiums war es, den vielschichtigen Zusammenhang zwischen Strafrecht und Krise angesichts der vielfältigen Krisenerfahrungen der letzten Jahre und Jahrzehnte kritisch zu erörtern. Auf den *Call for Papers* gingen knapp fünfzig Beitragsangebote ein, aus denen zehn Vorträge von insgesamt elf Referent*innen ausgewählt wurden. Dieser Sammelband enthält die auf dem Symposium gehaltenen Referate.

Wir möchten an dieser Stelle all denjenigen unseren Dank aussprechen, die uns während des Symposiums und bei der Veröffentlichung dieses Bandes unterstützt haben. Das Symposium selbst hätte ohne großzügige finanzielle Unterstützung von den Kanzleien FS-PP Berlin, Hengeler Mueller, Knauer&, SCHNEIDER || MICK, Professor Beulke Strafverteidigung und Widmaier Norouzi Rechtsanwälte sowie den Verlagen C.F. Müller, C.H.Beck, Duncker & Humblot, Mohr Siebeck, Nomos und Springer nicht stattfinden können. Zum Dank verpflichtet sind wir zudem der Humboldt-Universität zu Berlin für die Bereitstellung der Räumlichkeiten und der Juristischen Fakultät für die freundliche Unterstützung. Wir danken zudem dem Open-Access-Fonds der Humboldt-Universität zu Berlin für die großzügige Finanzierung der Veröffentlichungskosten, die uns die Open-Access-Veröffentlichung des Sammelbandes ermöglicht hat. Besonderer Dank gilt ebenfalls dem Verlag Nomos für die Unterstützung bei der Veröffentlichung.

Danken möchten wir außerdem Rechtsanwalt Wolfgang Kaleck, der am Vorabend des Symposiums die Veranstaltung mit einem Vortrag zu Menschenrechten und Strafrechtskrisen eröffnete und damit einen zentralen, strafrechtskritischen Impuls für die kommenden Diskussionen setzte. Für die Moderationen während des Symposiums bedanken wir uns bei Dr. Jara Streuer, Tobias Gafus, Dr. Lukas Huthmann und Jessica Krüger. Ferner danken wir Merle Iffert ebenso wie Alessandro Giannini und Max Mewes für die Erstellung von Tagungsberichten, die in der Rechtswissenschaft 2024, S. 87 ff. und in der Neuen Strafrechtswissenschaft 2024, S. 239 ff. veröffentlicht wurden.

Das gesamte Projekt wurde vielfältig durch studentische Mitarbeiter*innen unterstützt. Unser besonderer Dank für die Hilfe bei der Durchführung des Symposiums gilt Timur Aksu, Leonardo Braguinski, Maren Hansen, Lucas Herzog, Ksieniia Kiselova, Melike Koenig, Leon Möller, Lisann Poley, Tom Willems und Hannah Wörner von der Humboldt-Universität zu Berlin. Für die umsichtige und kompetente redaktionelle Unterstützung bei der Erstellung dieses Sammelbandes möchten wir uns zudem bei Lovis Danneck und Sebastian Molitor von der Universität Münster herzlich bedanken.

Nicht zuletzt danken wir allen Teilnehmenden des Symposiums für die intensiven und spannenden Diskussionen, die wertschätzende Diskussionskultur und die kollegiale Stimmung während des gesamten Symposiums.

Berlin und Münster im Oktober 2024

Anneke Petzsche

Inga Schuchmann

Leonie Steinl

Andreas Werkmeister

Inhaltsverzeichnis

Teil 3: Grenzen des Strafrechts in der Krise

Teil 4: Krise und Strafrechtskritik

Strafrecht und Krise – Zur Einführung

Anneke Petzsche, Inga Schuchmann, Leonie Steinl und Andreas Werkmeister, Berlin/Münster

Die letzten Jahre und Jahrzehnte waren und sind von Krisenerfahrungen geprägt: Finanz- und Eurokrise, die so bezeichnete „Migrationskrise", Corona-Krise, Klimakrise, Energiekrise, Krise der globalen Friedensordnung, um nur die wesentlichsten aufzuzählen. Die zeitliche Koinzidenz und Überlagerung dieser verschiedenen Krisen bestimmt nicht nur den Alltag, sondern hat auch das Strafrecht herausgefordert. Die genannten Krisen haben (neue) Rechtsprobleme geschaffen und grundsätzliche Fragen (neu) aufgeworfen. Das Strafrecht ist gefordert, seine eigene Rolle im Umgang mit Krisen kritisch zu hinterfragen. Wir haben mit unserem Tagungsthema den Bogen für mögliche Fragestellungen weit gespannt, wofür die Beiträge in diesem Sammelband Beleg sind.

Der Band gliedert sich in vier Teile. Im ersten Teil werden Grundlagenfragen des Zusammenspiels zwischen Strafrecht und Krise behandelt. Kann Strafrecht als Instrument der Intervention sowie Transformation von Krisen verstanden werden?

Hannah Ofterdinger widmet sich im ersten Beitrag der Frage der Intervention und beleuchtet unter dem Titel „Reaktives Strafrecht als Mittel der Krisenintervention" die Möglichkeiten des Einsatzes strafrechtlicher Normen bei der Begrenzung und Bewältigung von Krisensituationen. Im Anschluss an eine Erläuterung des theoretischen Konzepts des reaktiven Strafrechts befasst sie sich zunächst mit Beispielen aus der gesetzgeberischen Praxis. Sodann folgt eine kritische Betrachtung der Auswirkungen reaktiver Strafrechtsbemühungen auf die Legitimität des Strafrechts insgesamt.

Im Anschluss erörtern Florian Rebmann und Simon Schlicksupp unter der Überschrift „Sozial(norm)transformative Kriminalpolitik? Ideengeschichtliche Perspektiven auf kontemporäre punitive Trends" das Konzept einer neuen, „sozial(norm)transformativen" Kriminalpolitik als Reaktion auf von ihnen beschriebene punitive Tendenzen im aktuellen Strafrechtsdiskurs. Zu diesem Zweck analysieren sie zunächst die Entwicklungen straftheoretischer und kriminologischer Diskurse, um diese anschließend gegenüberzustellen und sodann ihre Relevanz für die Entwicklung der Idee einer „sozial(norm)transformativen“ Kriminalpolitik darzulegen.

Der zweite Teil des Sammelbandes nimmt Fragen des Strafrechts in der Klimakrise in den Blick: Wie kann das Strafrecht die Herausforderungen des Klimawandels abbilden? Welche Möglichkeiten bestehen mit Blick auf die Nahrungsmittelkrise als Effekt der Klimakrise? Und wie reagiert das Strafrecht auf Klimaaktivismus?

Den Auftakt bildet der Beitrag von Nina Schrott zum Thema „Krisensicheres Strafrecht oder sichere Strafrechtskrise? – Strafrechtliche Rechtsanwendung und Gesetzgebung in Zeiten des Klimawandels“. Die Autorin befasst sich mit dem bereits existierenden und in Zukunft erstrebenswerten strafrechtlichen Umgang mit der Klimakrise, sog. Klimastrafrecht. Bei den zukünftigen Möglichkeiten differenziert die Autorin zwischen gesetzgeberischen Optionen und Mitteln der Strafrechtsanwendung. Bei Letzteren wird insbesondere die Möglichkeit einer verfassungskonformen Auslegung bereits existierender Normen mithilfe von Art. 20a GG erörtert.

Jennifer Grafe nimmt im Anschluss das Thema „Nahrungsmittelkrise in der Klimakrise: Strafrechtliche Handlungsoptionen gegen die Verschwendung von Lebensmitteln“ in den Blick. Sie legt dar, welche strafrechtlichen Implikationen sich in Zukunft aus der sich verschärfenden weltweiten Nahrungsmittelkrise ergeben könnten. Während sich der Fokus des diesbezüglichen (straf-)rechtlichen Diskurses bisher überwiegend auf eine mögliche Straffreiheit für das Retten noch essbarer Lebensmittel aus Abfalleimern, das sog. Containern, beschränkt, lenkt die Autorin den Blick auf die Verschwendung von Lebensmitteln als möglichen Anknüpfungspunkt für eine Kriminalisierung.

Schließlich erläutert Tjarda Tiedeken unter der Überschrift „Zur Rechtfertigungsmöglichkeit von Sitzblockaden durch Klimaaktivist*innen“ verschiedene Ansätze für eine Anpassung des strafrechtlichen Umgangs mit klimaaktivistischen Sitzblockaden. In Abgrenzung zu anderen Formen zivilen Ungehorsams diskutiert sie die Besonderheiten dieser Protestart und sich daraus möglicherweise ergebende rechtliche Folgen. Im Fokus ihrer Ausführungen stehen etwaige Privilegierungsregelungen und Anpassungen auf Rechtfertigungsebene.

Im dritten Teil des Sammelbandes werden die Grenzen des Strafrechts in der Krise mit Blick auf die Themen Migration sowie Pandemie ausgelotet.

Franziska Gruber widmet sich im ersten Beitrag dieses Abschnitts den „Grenzerfahrungen: Zwischen Zufluchtsort und Pushback“. Sie hinterfragt die strafrechtliche Reaktion auf Zuwanderungsbewegungen, insbesondere im Hinblick auf 2015 und die darauffolgenden Jahre, und erkennt dabei einen deutlichen Trend zur Ver(straf)rechtlichung im Asyl- und Aufenthaltsrecht. Die Hintergründe dieser Entwicklung sowie die damit einhergehenden gesellschaftlichen und rechtlichen Folgen bilden den Gegenstand ihrer Ausführungen.

Im zweiten Beitrag mit dem Titel „Strafrecht und Krise in Zeiten der Pandemie: Vergehens- und Verbrechenstatbestände in bundesrätlichen Notverordnungen" erörtert Linda Bläsi am Beispiel der Corona-Pandemie die Frage der Legitimität von mit Freiheitsstrafen belegten Straftatbeständen in Notverordnungen des Schweizer Bundesrats. Im Anschluss an eine kritische Einordnung des bisherigen Meinungsstands in Rechtsprechung und Lehre blickt die Autorin auf einige ausgewählte Problemfelder im Zusammenhang mit bundesrätlichen Notverordnungen, sowohl im Hinblick auf Zulässigkeitsvoraussetzungen als auch auf das strafrechtliche Bestimmtheitsgebot, und bezieht hierauf aufbauend Stellung zu einem möglichen Einsatz von Notverordnungen in zukünftigen Krisensituationen.

Der vierte und abschließende Teil des Sammelbandes behandelt das Thema Krise und Strafrechtskritik. Hier werden Fragen der feministischen, kriminologischen sowie trans- und posthumanistischen Strafrechtskritik behandelt.

Im ersten Beitrag dieses Abschnittes befasst sich Laura Midey unter dem Titel „Die Gegenwärtigkeit der Notwehr und die Wut, die bleibt: Häusliche Gewalt und eine feministische Kritik des Notwehrrechts" mit der sog. „Haustyrannen"-Rechtsprechung des Bundesgerichtshofs. Sie kritisiert zunächst die darin etablierte Ablehnung einer Notwehrlage trotz wiederholt vom späteren Opfer angewendeter häuslicher Gewalt und erkennt hierin eine Reproduktion patriarchaler Denkmuster. Zudem bemängelt sie eine zulasten der Opfer häuslicher Gewalt ausfallende Verteilung der mit der Konfliktlösung einhergehenden Lasten und identifiziert auch hierin ein Abbild patriarchaler Denkweisen. Daran anschließend diskutiert die Autorin eine mögliche Einordnung der den „Haustyrannen"-Fällen zugrunde liegenden Gewaltkonstellationen als unter § 32 StGB fallende dauerhafte Angriffszustände.

Sodann betrachtet Pascale Fett den „Nachwuchs in der Krise – ‚Kriminelle' Kinder und Jugendliche". Angesichts einer in der Gesellschaft zunehmenden Sorge vor vermeintlich ausufernder Kinder- und Jugendkriminalität erläutert sie zunächst die terminologischen und inhaltlichen Unterschiede zwischen Jugendkriminalität und Jugendgewalt, um sodann einen kritischen Blick auf den Einfluss von strafrechtlicher Intervention im Umgang mit straffälligen Kindern und Jugendlichen sowie auf öffentlich diskutierte Vorschläge zu deren Anpassung zu werfen.

Schließlich setzt sich Felix Butz unter dem Titel „Jenseits des Menschen? Trans- und Posthumanismus als Herausforderung für das (Straf-)Recht" mit der Frage nach den Implikationen trans- und posthumanistischer Diskurse auf das Strafrecht auseinander. Mit Blick auf diese beiden Theorierichtungen nimmt er, jeweils im Anschluss an eine Erläuterung des in Rede stehenden Konzepts, eine kritische Analyse der sich daraus ergebenden Chancen und Risiken für die Weiterentwicklung des geltenden Strafrechts vor.

Teil 1:
Grundlagen

Reaktives Strafrecht als Mittel der Krisenintervention

Hannah Ofterdinger, Hamburg

I. Einleitung

Bereits seit einigen Jahren ist der Begriff der Krise allgegenwärtig. Die Covid-19-Pandemie war noch nicht ganz vorüber, da eskalierte der bereits seit 2014 andauernde Krieg in der Ukraine durch den groß angelegten russischen Überfall und bald darauf folgten die Inflation sowie die Energiekrise.[1] Daneben wird dauerhaft über die Klimakrise[2] und eine Vielzahl an humanitären Krisen berichtet.[3] Sofern man den Blick weiter in die Vergangenheit schweifen lässt, zeigen sich dort eine ganze Reihe weiterer Krisen, welche in den letzten Jahrzehnten durchlebt wurden.[4] Die aktuelle Lage wird von Wissenschaftler*innen als (globale) Polykrise bezeichnet, welche als „kausale Verflechtung von Krisen in mehreren globalen Systemen, die die Perspektiven der Menschheit erheblich verschlechtern"[5] definiert wird.

Auch in der Rechtswissenschaft werden Ursachen und Folgen sowie der Umgang mit Krisen thematisiert. In Bezug auf das Strafrecht zeigen sich (oft erst) im Rahmen von Krisen spezifische Probleme, über welche sodann diskutiert wird. So wurde beispielsweise während der Covid-19-Pandemie

1 Z.B. *Frahm*, tagesschau.de v. 09.09.2023, online abrufbar unter https://www.tagesschau.de/wissen/krieg-frieden-leibniz-institut-konfliktforschung-ukraine-100.html (diese und alle weiteren URLs zuletzt abgerufen am: 30.08.2024).

2 Z.B. SZ-Klimamonitor, online abrufbar unter https://www.sueddeutsche.de/projekte/artikel/wissen/klimakrise-sz-klimamonitor-e670150/ (zuletzt abgerufen am: 30.08.2024); *Auswärtiges Amt*, Klimawandel – die größte Sicherheitsbedrohung unserer Zeit, online abrufbar unter https://www.auswaertiges-amt.de/de/aussenpolitik/klimaaussenpolitik/klima-sicherheit/2179664 (zuletzt abgerufen am: 30.08.2024).

3 Z.B. *Osius*, tagesschau.de v. 24.11.2023, online abrufbar unter https://www.tagesschau.de/ausland/afrika/sudan-fluechtlinge-humanitare-katastrophe-tschad-un-100.html (zuletzt abgerufen am: 30.08.2024).

4 Als Beginn der aktuellen „Kaskade" mag man auch die Finanzkrise ansehen, welche dann zur Wirtschafts- und Eurokrise wurde, worauf weitere Krisen folgten, s. *Kiess et al.*, in: dies. (Hrsg.), Krisen und Soziologie, 2018, S. 7.

5 Umfassend hierzu *Lawrence et al.*, Global polycrisis: the causal mechanisms of crisis entanglement, Global Sustainability 7, 2024, e6, 1 f., online abrufbar unter https://doi.org/10.1017/sus.2024.1 (zuletzt abgerufen am: 30.08.2024).

über die Triage,[6] im Zusammenhang mit dem Krieg in der Ukraine über völkerstrafrechtliche Problematiken[7] sowie Hasskriminalität[8] und schließlich anlässlich von Klimaprotesten über eine mögliche Strafbarkeit von Klimaaktivist*innen[9] geschrieben.

Die genannten Beispiele beschäftigen sich im Wesentlichen mit den Wirkungen des bestehenden Strafrechts in Krisenzeiten. Nachfolgend soll jedoch dargestellt werden, wie das Strafrecht bzw. Strafgesetze in Krisenzeiten eingesetzt werden können, um die Krise selbst zu begrenzen oder zu bewältigen. Betrachtet werden soll dabei der Fall, in welchem der Gesetzgeber neues Strafrecht schafft, von welchem er sich eine Krisenregulation erhofft und welche Probleme sich daraus ergeben können. Schließlich soll auch hinterfragt werden, ob der Einsatz des Strafrechts als Mittel zur Krisenregulation seiner Legitimität abträglich ist und es sich somit selbst in eine Krise hineinbewegt.

II. Krise

Die Verwendung des Krisenbegriffes erfolgt vielmals ohne eine spezifische Auseinandersetzung mit dessen Bedeutung oder Inhalt. Dies mag zum einen daran liegen, dass er sich gewissermaßen selbst erklärt.[10] Zum anderen mag der Grund derjenige sein, dass sich bereits keine allseits anerkannte Definition des Krisenbegriffes ausmachen lässt.[11] Unterschiedliche wissenschaftliche Disziplinen, welche sich Krisen widmen, betrachten den Krisenbegriff unter dem jeweiligen Blickwinkel und Kontext, weshalb er eine beachtliche Varianz und Unschärfe aufweist.[12] Nachfolgend soll dennoch versucht werden, den Begriff genauer zu bestimmen, um untersuchen zu können, wie das Strafrecht als Mittel der Krisenintervention eingesetzt werden kann.

---

6 *Hörnle et al.* (Hrsg.), Triage in der Pandemie, 2021; *Hoven/Hahn*, JA 2020, 481; *Sowada*, NStZ 2020, 452; Esser/Tsambikakis/*Gerson*, Pandemiestrafrecht, 2020, § 3.

7 *Bock*, UKuR 2022, 64; *Keul*, in: Bock/Wagner (Hrsg.), Gerechtigkeit aus der Ferne?, 2023, S. 17 ff.

8 *Roth*, GSZ 2022, 123, 129 f.; *Bode*, UKuR 2023, 328.

9 *Schmidt*, KlimR 2023, 210; *Erb*, NStZ 2023, 577; *Kuhli/Papenfuß*, KriPoZ 2023, 71.

10 *Nassehi*, Gesellschaftliche Grundbegriffe, 2023, Stichwort: Krise, S. 189.

11 *Steg*, Soziologie 2020, 423.

12 *Schwerdtfeger*, Krisengesetzgebung, 2018, S. 6 f.; vgl. a. *Nassehi* (Fn. 10), S. 200; *Bösch et al.*, in: dies. (Hrsg.), Handbuch Krisenforschung, 2020, S. 4 f.

Der Begriff der Krise leitet sich vom griechischen krísis (κρίσις)[13] ab und stand in der griechischen Sprache für eine Entscheidung oder eine entscheidende Wendung.[14] In der Antike trat der Begriff in drei Bedeutungsvarianten auf: juristisch als rechtlicher Entscheidungsakt, medizinisch als Kulminationspunkt eines Krankheitsverlaufs und theologisch als Endzeit des göttlichen Gerichts.[15] Während des 18. Jahrhunderts bürgerte sich der Begriff der Krise im Geschichts- und Gesellschaftsdenken ein und erfreute sich zunehmender Beliebtheit,[16] wobei er zumeist zur Bezeichnung von Situationen mit ungewissem Ausgang genutzt wurde.[17] Im 20. Jahrhundert erweiterte sich der Anwendungsbereich des Krisenbegriffes zusehends, wobei er zugleich an Bedeutung gewann.[18]

Der Begriff der Krise bezeichnet heute allgemein eine Entscheidungssituation, den Höhe- oder Wendepunkt einer gefährlichen Entwicklung.[19] Eine Krise lässt sich auch als „die breite öffentliche Wahrnehmung bedrohlicher gesellschaftlicher Herausforderungen, die unmittelbare grundlegende Entscheidungen und Veränderungen zu ihrer Lösung verlangen"[20] definieren.

Die Bezeichnung einer Situation als Krise kann suggerieren, dass auf eine Entscheidung hingedrängt wird.[21] So beinhaltet die Krise als Zustandsveränderung den Zwang zu einer schnellen Entscheidung und einem zügigen Handeln.[22] Krisen können den Beginn einer umfassenden Veränderung bilden und bergen die Chance für einen Neubeginn. Die reine Bezeichnung eines Zustandes als Krise lässt dessen mögliche Lösung erhoffen, unabhängig von der tatsächlichen Bewältigung der Situation.[23]

Schließlich erzeugt die Nutzung des Krisenbegriffes ein Gefühl der Aufmerksamkeit, oft auch ein Gefühl der Bedrohung. Krisen gilt es zu überwinden und es wird auf eine Rückkehr zum Normalzustand gehofft. Die Verwendung des Krisenbegriffes beinhaltet somit auch eine gewisse

---

13 *Steil*, in: Staatslexikon, 8. Aufl. (2019), Stichwort: Krise, S. 1140.

14 Duden, Das große Wörterbuch der Deutschen Sprache, 2. Aufl. (2020), Stichwort: Krise; *Schwerdtfeger* (Fn. 12), S. 7.

15 *Steil* (Fn. 13), S. 1140; *Steg* (Fn. 11), 425.

16 *Graf*, in: Bösch et al. (Hrsg.) (Fn. 12), S. 18.

17 *Steil* (Fn. 13), S. 1140.

18 *Graf* (Fn. 16), S. 21 f.

19 *Schmidt*, Wörterbuch zur Politik, 3. Aufl. (2010), Stichwort: Krise, S. 443 f.

20 *Bösch et al.* (Fn. 12), S. 5.

21 *Nassehi* (Fn. 10), S. 190; vgl. a. *Schwerdtfeger* (Fn. 12), S. 10.

22 *Schwerdtfeger* (Fn. 12), S. 8.

23 *Kohlrausch et al.*, in: dies. (Hrsg.), Krise, 2018, S. 8.

Handlungsaufforderung.[24] In Zeiten großer gesellschaftlicher Krisen richtet sich diese Handlungsaufforderung häufig an die Regierung und den Gesetzgeber.

III. Reaktives Strafrecht als theoretisches Modell

Eine mögliche Handlungsoption des Gesetzgebers zur Bewältigung einer Krise oder zumindest zur Eindämmung ihrer Auswirkungen ist die Setzung von Strafrecht. Ein solches Strafrecht lässt sich unter bestimmten Umständen als reaktives Strafrecht bezeichnen.

Dieses reaktive Strafrecht ist dadurch gekennzeichnet, dass es 1. in einer Krisensituation und 2. innerhalb eines kurzen Zeitrahmens zur Bewältigung eines als spezifischen Krisenproblems ausgemachten Umstandes geschaffen wird. Dieses Strafrecht ist eine Reaktion auf die und in der Krise, sodass man es auch als reaktives Krisenstrafrecht bezeichnen könnte. Das reaktive Krisenstrafrecht bezeichnet nur solche Normen und Gesetze, welche nach den Vorgaben eines regulären Gesetzgebungsverfahrens gem. Art. 76 ff. GG ergehen. Insbesondere sind von der Bezeichnung keine Notstandsgesetze erfasst.[25]

1. Bestehen einer Krisensituation

Voraussetzung der Entstehung reaktiven Krisenstrafrechts ist zunächst, dass eine Krisensituation besteht. Hierbei bleibt zu beachten, dass nicht jede in der Politik oder von der Bevölkerung als Krise wahrgenommene Situation auch tatsächlich eine solche darstellt. Entscheidend sind insbesondere die Dauer und Massivität der Störung, womit zugleich ein Tätigwerden des Gesetzgebers unumgänglich wird. Daneben kann auch eine Situation mit dem Potenzial für große Schäden, welche mit den bestehenden Mitteln nicht verhindert werden können, eine Krise darstellen.[26]

---

24 *Bösch et al.* (Fn. 12), S. 6 nutzen den Begriff des „besonderen Handlungsdruck[s]".

25 Ausführlicher zu dieser Unterscheidung *Schwerdtfeger* (Fn. 12), S. 11 ff.

26 Vgl. *BBK*, Krisenmanagement, online abrufbar unter https://www.bbk.bund.de/DE/Themen/Krisenmanagement/krisenmanagement_node.html (zuletzt abgerufen am: 30.08.2024).

2. Kurzer Zeitrahmen zur Bewältigung eines spezifischen Krisenproblems

Ferner ist maßgeblich, dass das jeweilige Strafrecht innerhalb eines relativ kurzen Zeitrahmens, insbesondere noch während des Andauerns der Krise, gesetzt wird. Der Gesetzgeber kann hierbei von der Furcht geleitet sein, dass die zu dem Zeitpunkt bestehenden Regularien nicht ausreichen, um die Krise zu bewältigen. Zudem kann auch während der Krise ein neues Phänomen zutage treten, was in der jeweiligen Situation als strafbares Verhalten zu bewerten ist, ohne dass es zuvor als solches auftrat.[27] In jedem Fall spielt das Krisenmerkmal der Notwendigkeit einer unmittelbaren Entscheidung eine wesentliche Rolle bei der Gesetzgebung.

Zudem muss der Gesetzgeber versuchen, mittels isolierter Änderungen spezifische Probleme zu regulieren, welche sich in der jeweiligen Krise ergeben. Bei der Setzung dieses Rechts muss nicht das Ziel verfolgt werden, die Krise an sich zu bewältigen oder Lösungen für die der Krise zugrunde liegenden Ursachen zu finden, sondern es wird lediglich auf ein im Rahmen der Krise auftretendes Problem mit der Setzung von Strafrecht reagiert.

Diese spezifische Reaktion mit Strafrechtsetzung und eine Reform lassen sich also insofern voneinander abgrenzen, als die Reform eine umfassendere Neugestaltung beschreibt.[28] Bei der Setzung von reaktivem Krisenstrafrecht handelt es sich jedoch in der Regel um Novellen oder Neueinführungen einzelner Vorschriften. Darüber hinaus kann es aber auch vorkommen, dass der Gesetzgeber in einer Krise einen Anlass für die Durchführung einer lange überfälligen Reform sieht, da er hierbei Gelegenheit erhält, in der Krise auftretende Probleme gleichsam mitzuregulieren.

Eine umfassende Neugestaltung in einem Rechtsgebiet benötigt in der Regel Zeit und erfordert eine Analyse des Status quo sowie Überlegungen zur Neuausrichtung. Reformen bedürfen zudem oft einer guten Begründung, um ihre Akzeptanz in der Gesellschaft zu sichern. Krisen bilden hingegen einen gelegenen Anlass, die Bevölkerung von der Notwendigkeit von Veränderungen zu überzeugen.[29] Zugleich besteht aber auch die Gefahr, dass Krisen für politische Zwecke instrumentalisiert werden.[30] So kann der Gesetzgeber in Krisensituationen geneigt sein, die generell in der

27 S. hierzu unter IV. 1.

28 *Weber*, Rechtswörterbuch, 32. Edition (2024), Stichwort: Novelle.

29 *Schwerdtfeger* (Fn. 12), S. 10.

30 *Schwerdtfeger* (Fn. 12), S. 10.

Bevölkerung bestehende Verunsicherung als opportune Gelegenheit zur Rechtsetzung zu nutzen.

IV. Reaktives Strafrecht in der Praxis der Gesetzgebung

Betrachtet man Gesetzesänderungen in den letzten Jahren, so lassen sich zumindest einige punktuelle Änderungen im Strafrecht ausmachen, mit welchen der Gesetzgeber in Krisenzeiten auf ebendiese Krisen und die dabei entstehenden Probleme reagierte. Die Normen, welche an dieser Stelle beispielhaft betrachtet werden, stammen aus dem Strafgesetzbuch. Diese Auswahl wurde bewusst getroffen. Zwar mag der Gesetzgeber in Krisenzeiten besonders geneigt sein, Normen im Nebenstrafrecht einzufügen oder zu verändern, allerdings sind Änderungen im Strafgesetzbuch von besonderem Interesse. Zum einen kann der Gesetzgeber die Möglichkeit nutzen, eine überfällige Änderung von Normen vorzunehmen und somit Ungereimtheiten innerhalb des Strafgesetzbuches zu beseitigen (dazu unter 1.). Zum anderen mag eine Änderung bestehender oder eine Einführung neuer Vorschriften in das Strafgesetzbuch auch eine größere Wirkung auf die Bevölkerung haben (dazu unter 2.). Im Folgenden sollen daher die Änderungen der §§ 277 und 279 StGB sowie die Einführung des § 184j StGB als Beispiele untersucht werden.

1. §§ 277 und 279 StGB

Nach § 277 StGB macht sich strafbar, wer „zur Täuschung im Rechtsverkehr unter der ihm nicht zustehenden Bezeichnung als Arzt oder als eine andere approbierte Medizinalperson ein Zeugnis über seinen oder eines anderen Gesundheitszustand ausstellt [...]". Nach § 279 StGB macht sich strafbar, wer „zur Täuschung im Rechtsverkehr von einem Gesundheitszeugnis der in den §§ 277 und 278 bezeichneten Art Gebrauch macht".

Diese Normen wurden im Jahr 2021 in ihre jetzige Fassung gebracht.[31] Nach den vorherigen Fassungen musste das Gesundheitszeugnis noch zur Täuschung von Behörden oder Versicherungsgesellschaften ausgestellt be-

31 Gesetz zur Änderung des Infektionsschutzgesetzes und weiterer Gesetze anlässlich der Aufhebung der Feststellung der epidemischen Lage von nationaler Tragweite v. 22.11.2021, BGBl. I 2021, S. 4910 f.

ziehungsweise gebraucht werden.[32] Im Rahmen der Covid-19-Pandemie wurden Gesundheitszeugnisse, namentlich Impfausweise, jedoch vor allem bei Apotheken[33] oder in der Gastronomie vorgelegt,[34] um den für ungeimpfte Personen geltenden Beschränkungen zu entgehen. Dieses Vorgehen fiel nicht unter die damaligen Fassungen der §§ 277 und 279 StGB[35] und war bis dahin auch noch nicht als Problem aufgetreten. Ferner wurde von einer damals überwiegenden Ansicht angenommen, dass die §§ 277 ff. StGB eine Sperrwirkung gegenüber § 267 StGB entfalteten, weshalb das beschriebene Vorgehen auch nicht als Urkundenfälschung bestraft werden konnte.[36] Somit bestand Straffreiheit bei dem Gebrauch gefälschter Gesundheitszeugnisse im privaten Rechtsverkehr.[37]

Der Gesetzgeber reagierte „im Eiltempo“[38] mit der Neufassung der Normen auf dieses bisher nicht bekannte Phänomen und versuchte zudem das Verhältnis der Normen zueinander klarzustellen.[39] Unter anderem wurde in der Gesetzesbegründung darauf hingewiesen, dass einzelne strafwürdige Verhaltensweisen im Zusammenhang mit Gesundheitszeugnissen nicht hinreichend klar strafrechtlich erfasst seien und angesichts der erheblichen praktischen Bedeutung von Gesundheitszeugnissen gerade in Pandemiesituationen ein von dogmatischen Unsicherheiten freier strafrechtlicher Schutz des Rechtsverkehrs zu gewährleisten sei.[40]

Darüber hinaus reagierte der Gesetzgeber mit dieser Änderung auch auf die bereits seit über einhundert Jahren[41] geäußerte Kritik an dem Verhältnis

32 § 277 und § 279 StGB a. F., BGBl. I 1969, S. 1445, 1488.

33 Hierzu LG Osnabrück, B. v. 26.10.2021 – 3 Qs 38/21, BeckRS 2021, 32733; m. Besprechung *Ofterdinger/Kuhli*, ZJS 2022, 264.

34 *Lichtenthäler*, NStZ 2022, 138, 139.

35 BGH (5. Strafsenat) NStZ 2023, 613, 614 f.; BayObLG StV 2023, 21, 22; NK-StGB/*Puppe/Schumann*, 5. Aufl. (2017), § 277 Rn. 12; MüKo-StGB/*Erb*, 3. Aufl. (2019), § 277 Rn. 9; *Fischer*, StGB, 68. Aufl. (2021), § 277 Rn. 11.

36 LG Osnabrück (Fn. 33); OLG Bamberg NJW 2022, 556; NK-StGB/*Puppe/Schumann* (Fn. 35), § 277 Rn. 9; MüKo-StGB/*Erb* (Fn. 35), § 277 Rn. 9, 11; Schönke/Schröder/*Heine/Schuster*, StGB, 30. Aufl. (2019), § 277 Rn. 12; Lackner/Kühl/*Heger*, 29. Aufl. (2018), § 277 Rn. 5; Matt/Renzikowski/*Maier*, 2. Aufl. (2020), § 277 Rn. 14; *Fischer* (Fn. 35), § 277 Rn. 1; SK-StGB/*Hoyer*, 9. Aufl. (2019), § 277 Rn. 4; a.A. sodann BGH (Fn. 35), 615; BGH (1. Strafsenat) BeckRS 2023, 19471.

37 MüKo-StGB/*Erb* (Fn. 35), § 277 Rn. 9; *Lichtenthäler* (Fn. 34), 138.

38 *Lorenz/Rehberger*, NJW 2022, 1295, 1297.

39 So wurde in den §§ 277 und 279 StGB jeweils als letzter Halbsatz eingefügt: „wenn die Tat nicht in anderen Vorschriften dieses Abschnitts mit schwererer Strafe bedroht ist“.

40 BT-Drs. 20/15, S. 20.

41 *V. Liszt*, Lehrbuch des Deutschen Strafrechts, 7. Aufl. (1896), § 162 VI., S. 536.

der §§ 277 ff. zu § 267 StGB. Unter anderem wurde in der Vergangenheit bemängelt, dass kein vernünftiger Grund für die normierte Privilegierung ersichtlich sei.[42] Es wurde sogar angemerkt, dass es sich bei der Fassung der §§ 277 ff. StGB um eine „Fehlleistung des Gesetzgebers“ handele.[43] In der Literatur wurde daher schon seit geraumer Zeit eine Überarbeitung der Normen gefordert.[44]

2. § 184j StGB

Nach § 184j StGB wird bestraft, wer „eine Straftat dadurch fördert, dass er sich an einer Personengruppe beteiligt, die eine andere Person zur Begehung einer Straftat an ihr bedrängt, [...] wenn von einem Beteiligten der Gruppe eine Straftat nach den §§ 177 oder 184i begangen wird [...]“.

Diese Norm wurde im Jahr 2016 durch das 50. Strafrechtsänderungsgesetz in das Strafgesetzbuch eingeführt.[45] Der Gesetzgeber wollte nach eigener Angabe auf ein „neues und gewichtiges Phänomen“ und das damit verbundene Gefahrenpotenzial reagieren.[46] Die Norm war zunächst weder im Referentenentwurf[47] noch im Regierungsentwurf[48] zur Reform des Gesetzes zur Verbesserung des Schutzes der sexuellen Selbstbestimmung aus dem Jahr 2015 bzw. 2016 enthalten gewesen. Nach den Vorkommnissen, welche sich in der Silvesternacht 2015/16 in Köln abgespielt hatten, wurde jedoch sowohl in den Medien als auch in der Politik darüber diskutiert, ob und wie der Schutz der sexuellen Selbstbestimmung verbessert werden müsste.[49] In der genannten Silvesternacht war es vielfach zu Straftaten

42 Schon *v. Liszt* (Fn. 41), § 162 VI., S. 536; MüKo-StGB/*Erb* (Fn. 35), § 277 Rn. 1; SK-StGB/*Hoyer* (Fn. 36), § 277 Rn. 6.

43 NK-StGB/*Puppe/Schumann* (Fn. 35), § 277 Rn. 9.

44 MüKo-StGB/*Erb* (Fn. 35), § 277 Rn. 1; Schönke/Schröder/*Heine/Schuster* (Fn. 36), § 277 Rn. 1; *Fischer* (Fn. 35), § 277 Rn. 11.

45 BGBl. I 2016, S. 2460, 2461.

46 BT-Drs. 18/9097, S. 31.

47 Referentenentwurf des Bundesministeriums der Justiz und für Verbraucherschutz v. 14.07.2015, online abrufbar unter https://www.bmj.de/SharedDocs/Gesetzgebung sverfahren/DE/2015_SchutzSexuelleSelbstbestimmung.html?nn=110518 (zuletzt abgerufen am: 30.08.2024).

48 BT-Drs. 18/8210.

49 Z.B. *Wallet*, Stuttgarter Nachrichten v. 01.07.2016, online abrufbar unter https://www.stuttgarter-nachrichten.de/inhalt.uebergriffe-in-koeln-wie-eine-nacht-die-politik-ve raendert-hat.d7d3394d-28a3-40ba-829b-d096cd5d62ad.html (zuletzt abgerufen am: 30.08.2024); DW v. 04.01.2016, https://www.dw.com/de/k%C3%B6ln-massive-%C3

gekommen, wobei sich einige Personen wohl, auch um Sexualdelikte zu begehen, in Gruppen zusammengefunden hatten.[50]

Sowohl in Beratungen im Bundestag[51] als auch in denjenigen im Bundesrat[52] wurde unter Bezugnahme auf die Ereignisse in Köln bemerkt, dass zukünftig auch das Begrapschen unter Strafe gestellt werden sollte. Der Abgeordnete *Alexander Hoffmann* beschrieb in seiner Rede im Bundestag dabei das Phänomen, dass eine Frau von einer Gruppe Männer angetanzt, dann umzingelt und schließlich aus der Gruppe heraus angefasst würde, ohne dass die Frau zuordnen könne, von wem die Hand käme.[53] Zudem führte er an, dass nach den Ereignissen in Köln bekannt sei, dass es trotz Augenzeugenberichten und Videomaterials nicht möglich sei, zu identifizieren, wer Täter und wer Teilnehmer gewesen sei.[54]

Um den zeitlichen Ablauf und die Genese des § 184j StGB besser nachvollziehen zu können, sei darauf hingewiesen, dass zwischen der Beratung im Bundestag am 28.04.2016 und der Beratung im Bundesrat am 13.05.2016 eine Beratung des Gesetzesentwurfes durch den Rechtsausschuss und den Ausschuss für Frauen und Jugend stattfand. Der gemeinsame Ausschuss empfahl dem Bundesrat die Einführung des § 184i StGB[55] sowie „im weiteren Gesetzgebungsverfahren zu prüfen, auf welche Weise sexuellen Übergriffen aus Gruppen heraus mit strafgesetzgeberischen Mitteln besser entgegengetreten werden kann“[56]. Aufgrund dieser Empfehlung wurde in der Beratung im Bundesrat sodann auf sexuelle Belästigung und Übergriffe aus Gruppen Bezug genommen.[57]

%BCbergriffe-auf-frauen-an-silvester/a-18957955 (zuletzt abgerufen am: 30.08.2024); *Wimalasena*, Mitteldeutsche Zeitung v. 10.01.2016, online abrufbar unter https://www.mz.de/deutschland-und-welt/politik/reform-des-sexualstrafrechts-vergewaltigung-und-notigung-luckenlos-bestrafen-3092843 (zuletzt abgerufen am: 30.08.2024).

50 DW (Fn. 49); WDR v. 05.01.2016, online abrufbar unter https://www1.wdr.de/nachrichten/koeln-uebergriffe-100.html (zuletzt abgerufen am: 30.08.2024).

51 BT-Plenarprotokoll 18/167 v. 28.04.2016, durch den Bundesminister der Justiz *Heiko Maas* (SPD), S. 1637; den Abgeordneten *Alexander Hoffmann* (CDU/CSU), S. 16395 und die Abgeordnete *Carola Reimann* (SPD), S. 16396.

52 BR-Plenarprotokoll 945 v. 13.05.2016, durch die Staatsministerin *Eva Kühne-Hörmann*, S. 193.

53 BT-Plenarprotokoll 18/167, S. 16395.

54 BT-Plenarprotokoll 18/167, S. 16395.

55 BR-Drs. 162/1/16, S. 8.

56 BR-Drs. 162/1/16, S. 11.

57 BR-Plenarprotokoll 945, durch die Staatsministerin *Eva Kühne-Hörmann*, S. 193 f.

In der abschließenden Beschlussempfehlung und dem Bericht des Ausschusses für Recht und Verbraucherschutz vom 06.07.2016 wurde die Einführung des § 184j StGB in seiner jetzigen Fassung empfohlen.[58] Der Gesetzesentwurf wurde in der Ausschussfassung vom Bundestag angenommen.[59]

Nun mag an dieser Stelle die berechtigte Frage aufkommen, auf welche Krise der Gesetzgeber mit der Schaffung des § 184j StGB reagierte. Hierauf soll die vorsichtige Vermutung geäußert werden, dass der Gesetzgeber zumindest mittelbar auf die von einigen Personen als „Migrationskrise" bezeichnete Situation der vorherigen Jahre reagierte.[60] Diese Vermutung lässt sich zunächst darauf stützen, dass in der Medienberichterstattung die Herkunft der potenziellen Täter eine auffallend große Rolle spielte.[61] Aber auch Politiker nahmen an, dass es einen Zusammenhang zwischen der Herkunft der potenziellen Täter und den Übergriffen auf Frauen gäbe. Der damalige Innenminister von Nordrhein-Westfalen, *Ralf Jäger* (SPD), ließ sich unter anderem mit den folgenden Worten zitieren: „Wir nehmen es nicht hin, dass sich nordafrikanische Männergruppen organisieren, um wehrlose Frauen mit dreisten sexuellen Attacken zu erniedrigen."[62] Andere Politiker*innen waren schnell darin, für schärfere Abschiebungsgesetze zu plädieren.[63] Und der als Sachverständige geladene Leitende Oberstaatsanwalt *Erik Ohlenschläger* sagte in der Sitzung des Ausschusses für Recht und

58 BT-Drs. 18/9097, S. 10.

59 BT-Plenarprotokoll 18/183 v. 07.07.2016, S. 18018, 18025.

60 Vgl. a. MüKo-StGB/*Renzikowski*, 4. Aufl. (2021), § 184j Rn. 2: „Jetzt aber reiht sie sich zwanglos in das beliebte Flüchtlingsbashing ein, […]".

61 Z.B. *Karkheck et al.*, BILD v. 10.01.2016, online abrufbar unter https://www.bild.de/politik/inland/sex-uebergriffe-silvesternacht/ist-die-silvester-schande-die-folge-einer-falschen-politik-44085362.bild.html (zuletzt abgerufen am: 30.08.2024); *Burghardt et al.*, SZ v. 07.01.2016, online abrufbar unter https://www.sueddeutsche.de/panorama/uebergriffe-in-der-silvesternacht-wer-sind-die-taeter-von-koeln-1.2808389 (zuletzt abgerufen am: 30.08.2024); *Diehl et al.*, Spiegel v. 05.01.2016, online abrufbar unter https://www.spiegel.de/panorama/justiz/koeln-was-in-der-silvesternacht-am-bahnhof-geschah-a-1070625.html (zuletzt abgerufen am: 30.08.2024); *Quadbeck*, Rheinische Post v. 09.06.2016, online abrufbar unter https://rp-online.de/politik/deutschland/berlin/silvester-nacht-von-koeln-taeter-kamen-mit-fluechtlingswelle-ins-land_aid-9233833 (zuletzt abgerufen am: 30.08.2024); kritisch hierzu *Zucker*, TAZ v. 29.07.2016, online abrufbar unter https://taz.de/Nein-heisst-nein/!5322228/ (zuletzt abgerufen am: 30.08.2024); s. ferner die Analyse der Berichterstattung bei *Dürr et al.*, Communicatio Socialis 2016, 283, 290.

62 DW (Fn. 49).

63 *Kulms*, Deutschlandfunk v. 09.01.2016, online abrufbar unter https://www.deutschlandfunk.de/berliner-reaktionen-auf-uebergriffe-in-koeln-sorge-vor-100.html (zuletzt abgerufen am: 30.08.2024).

Verbraucherschutz: „Dieses Gruppenphänomen, das offensichtlich häufiger von Tätern mit Migrationshintergrund ausgeht als von Deutschen, ist eine Realität in unserer Gesellschaft. Wir müssen etwas gegen diese Horden, die Frauen aus der Gruppe heraus angreifen, unternehmen."[64]

Wenngleich der Gesetzgeber nicht darauf aus gewesen sein kann, das Verhalten von Personen bestimmter Nationalitäten zu kriminalisieren, wurde die Einführung des § 184j StGB in den Medien meist mit den Vorfällen von Köln in Verbindung gebracht.[65] Zugleich blieb die Nationalität der vermeintlichen Täter ein Thema in der Debatte um die Gesetzesänderung.[66] Und schließlich wurden durch das 50. Strafrechtsänderungsgesetztes auch Änderungen im Aufenthaltsgesetz, namentlich eine Ergänzung der Ausnahmen von dem Verbot der Abschiebung, vorgenommen.[67]

V. Die Nutzung von Strafrecht zur Krisenintervention

Die genannten Beispiele wirken auf den ersten Blick beide wie Strafrecht, mit welchem der Gesetzgeber im Zusammenhang mit einer Krise auf bisher nicht bekannte Vorkommnisse reagierte. Es handelt sich jedoch nicht in beiden Fällen um reaktives Krisenstrafrecht. Zunächst lässt sich anhand dieser Beispiele zwischen echtem Krisenstrafrecht und nur vermeintlichem Krisenstrafrecht unterscheiden. Bereits in Bezug auf die zugrundeliegenden Krisen zeigen sich Unterschiede. In Bezug auf das jeweilige Krisenstrafrecht lassen sich deutliche Diskrepanzen ausmachen.

---

64 Wortprotokoll der 101. Sitzung des Ausschusses für Recht und Verbraucherschutz v. 01.06.2016, Protokoll-Nr. 18/101, S. 19. Aus Transparenzgründen sei hier darauf hingewiesen, dass Herr *Ohlenschläger* zuvor von Vorfällen auf dem Musikfest in Darmstadt berichtete und sich im Rahmen seiner Aussage nicht ausschließlich auf die Vorfälle in Köln bezog.

65 BILD v. 23.09.2016, online abrufbar unter https://www.bild.de/regional/aktuelles/mecklenburg-vorpommern/bundesrat-billigt-reform-des-sexualstrafrechts-47969204.bild.html (zuletzt abgerufen am: 30.08.2024); *Meiritz*, Spiegel v. 05.07.2016, online abrufbar unter https://www.spiegel.de/politik/deutschland/sexualstrafrecht-nein-heisst-nein-soll-abschiebungen-erleichtern-a-1101316.html (zuletzt abgerufen am: 30.08.2024); *Abdi-Herrle*, Zeit v. 07.07.2016, online abrufbar unter https://www.zeit.de/gesellschaft/2016-07/sexualstrafrecht-ueberblick-vergewaltigung-sexuelle-belaestigung-abschiebung (zuletzt abgerufen am: 30.08.2024); *Lorenz*, LTO v. 06.06.2016, online abrufbar unter https://www.lto.de/recht/hintergruende/h/sexualstrafrecht-reform-nein-heisst-nein-rechtsausschuss-freier-wille/2/ (zuletzt abgerufen am: 30.08.2024).

66 *Dürr et al.* (Fn. 61), 290 f. m.w.N.

67 BGBl. I 2016, S. 2460, 2462.

1. Klassifikation als Krisenstrafrecht

Die weltweite Covid-19-Pandemie wird gemeinhin als Krise bezeichnet.[68] Dabei wird meist auch nicht hinterfragt, ob es sich um eine Krise gehandelt hat.[69] Betrachtet man die Auswirkungen der Pandemie auf Wirtschaft, Gesellschaft und Individuen, so erscheint die Bezeichnung als Krise zumindest in Bezug auf diese Bereiche gerechtfertigt.[70] Die Auswirkungen der Pandemie in den jeweiligen Bereichen stellten jedenfalls bedrohliche gesellschaftliche Herausforderungen dar, die unmittelbare, grundlegende Entscheidungen und Veränderungen zu ihrer Lösung verlangten.

Ein Strafrecht, welches das Ziel verfolgt, die Ausweitung der Pandemie zu begrenzen, indem Handlungen unter Strafe gestellt werden, die eine Ansteckungsgefahr bergen, ist ein echtes Krisenstrafrecht. Das Strafrecht war im Rahmen der Covid-19-Pandemie im Wesentlichen darauf ausgerichtet, auf nachgelagerter Ebene den Verwaltungsgehorsam zu erreichen und geltungsverstärkend zu wirken.[71] Es diente unmittelbar der Eindämmung der Krise, indem es die Virusverbreitung verhindern sollte.

Erst im Rahmen der Covid-19-Pandemie zeigte sich, dass Personen auf die Idee kommen könnten, ihre Impfnachweise zu fälschen. Und erst zu Zeiten der Krise führte dies dazu, dass diese Handlung gefährlich wurde und pönalisierungsbedürftig erschien. Es bestand zunächst die Gefahr, dass sich diese Personen selbst anstecken und einen schweren Krankheitsverlauf erleben könnten.[72] Ferner bestand aber auch die Gefahr, dass diese Personen bei einer Erkrankung potenziell am meisten zur Verbreitung des Virus beitragen könnten.[73] Die gesetzten Normen erfüllten gerade spezifische Funktionen im Rahmen der Krise und dienten dem Schutz in der Krise bedrohter Rechtsgüter. Auch wurden die Normen innerhalb eines

---

68 Z.B. bpb, online abrufbar unter https://www.bpb.de/themen/gesundheit/coronavirus/306919/die-corona-krise-und-ihre-folgen/ (zuletzt abgerufen am: 30.08.2024); Wikipedia (Ist die Quelle zulässig?), online abrufbar unter https://de.wikipedia.org/wiki/COVID-19-Pandemie (zuletzt abgerufen am: 30.08.2024); *Schmidt*, Rechtsfragen zur Corona-Krise, 3. Aufl. (2021); *Sowada* (Fn. 6), 452.

69 Kritisch zur Nutzung des Begriffs „die Krise“ *Schmitt-Leonardy/Wenglarczyk*, in: Pohlreich et al. (Hrsg.), Strafrecht in der Krise, 2022, S. 33.

70 Ebenso *Schmitt-Leonardy/Wenglarczyk* (Fn. 69), S. 33.

71 *Schmitt-Leonardy/Wenglarczyk* (Fn. 69), S. 33.

72 BT-Drs. 20/15, S. 2; *RKI*, online abrufbar unter https://www.rki.de/SharedDocs/FAQ/COVID-Impfen/gesamt.html (zuletzt abgerufen am: 30.08.2024).

73 Diese Annahme wurde durch Studien bestätigt, z.B. *Eyre et al.*, New England Journal of Medicine 2022, 744.

kurzen Zeitrahmens gesetzt und der Gesetzgeber reagierte schnell auf das sich dynamisch verändernde Geschehen während der Pandemie.[74] Die Änderungen der §§ 277 ff. StGB erfüllen schließlich auch nach der Krise weiterhin eine Funktion, da nun zum einen ihr Verhältnis zu § 267 StGB geklärt ist und zum anderen auch übereinstimmend angenommen wird, dass Impfnachweise Gesundheitszeugnisse darstellen.[75]

Während die Auswirkungen der Covid-19-Pandemie auf Wirtschaft, Gesellschaft und Individuen als echte Krisen bezeichnet werden können, stellt sich in Bezug auf Migrationsbewegungen nach Deutschland bereits die Frage, worin die „Krise" zu sehen ist. Der Anstieg der Asylantragszahlen in Europa im Jahr 2015 führte dazu, dass die Gesamtsituation häufig als „Flüchtlingskrise" bezeichnet wurde.[76] Allerdings stellen nicht die geflüchteten Personen selbst die Krise dar, sondern vielfach führen erst Versäumnisse im Unterbringungsmanagement und eine restriktive Asylpolitik dazu, dass in den Zielstaaten – wie Deutschland – Krisen entstehen.[77] Es mag also von einer Unterbringungskrise oder auch einer Integrationskrise die Rede sein.

Wenn man nun aber annehmen möchte, dass hier eine Krise bestand, stellt sich auf der zweiten Ebene die Frage, ob der Gesetzgeber mit § 184j StGB innerhalb eines kurzen Zeitrahmens auf ein spezifisches Krisenproblem reagierte. Dass prekären Unterbringungs- und Lebenssituationen Kriminalität entspringen kann ist kein neues Phänomen[78] und zugleich ist dieser Umstand nicht auf Krisenzeiten beschränkt. Auch sexuell motivierte Übergriffe oder Attacken auf vor allem weibliche Personen sind seit Langem aus dem Umfeld von Massenveranstaltungen bekannt.[79] Beide Umstände stellen jeweils also kein spezifisches Krisenphänomen dar, auf welches der Gesetzgeber unmittelbar mit der Setzung von Krisenstrafrecht hätte reagieren müssen.

---

74 Zwischen Gesetzesentwurf und Inkrafttreten des Gesetzes, mit welchem die §§ 277 ff. StGB geändert wurden, lagen gerade einmal 16 Tage, s. https://dip.bundestag.de/vorgang/gesetz-zur-%C3%A4nderung-des-infektionsschutzgesetzes-und-weiterer-gesetze-anl%C3%A4sslich-der/282657 (zuletzt abgerufen am: 30.08.2024).

75 *Lichtenthäler* (Fn. 34), 140.

76 Z.B. Wikipedia, online abrufbar unter https://de.wikipedia.org/wiki/Fl%C3%BCchtlingskrise_in_Europa_2015/2016 (zuletzt abgerufen am: 30.08.2024); s. a. *v. Grönheim*, Solidarität bei geschlossenen Türen, 2018, S. 368 m.w.N.

77 *V. Grönheim* (Fn. 76), 368.

78 Überblick bei *Dölling et al.*, Kriminologie, 2022, § 18.

79 *Fischer*, in: Saliger (Hrsg.), FS Neumann, 2017, S. 1089, 1092 m.w.N.

Selbst wenn der Gesetzgeber aufgrund eines aktuellen Vorkommnisses (hier die Kölner Silvesternacht) Strafnormen schafft, welche auf eine bestimmte Art von Kriminalität reagieren, so setzt er kein echtes Krisenstrafrecht, wenn er dabei nicht auf ein spezifisches Krisenproblem reagiert. Ein ebensolcher Fall ist bei der Schaffung von § 184j StGB gegeben. Der Gesetzgeber reagierte mit dieser Norm weder auf Krisenprobleme (z.B. prekäre Lebens- oder Unterbringungssituationen), noch kann er Lösungen für zugrundeliegenden Ursachen (z.B. Kriege in den Herkunftsstaaten) bieten. In diesem Fall muss sich der Gesetzgeber somit der Kritik aussetzen, nur öffentlichkeitswirksam mit der Setzung von Strafrecht auf eine gesellschaftliche Debatte über Migrationsbewegungen nach Deutschland reagiert zu haben.

Das Phänomen, dass der Gesetzgeber mit der Setzung von Strafrecht nur medienwirksam auf ein bestimmtes Vorkommnis reagiert und dabei andere Instrumente außer Acht lässt, wurde in der Strafrechtswissenschaft bereits in der Vergangenheit beobachtet.[80] *Frommel* schrieb hierzu: „Als Reflexhaftes Strafrecht lässt sich eine Gesetzgebung charakterisieren, die nicht mehr Probleme lösen, sondern in erster Linie auf Skandale medienwirksam reagieren will. Sie greift reflexhaft Forderungen nach mehr Strafrecht auf und schämt sich zugleich, dass sie so agiert."[81] Für Gesetze, welche lediglich ein gesetzgeberisches Bemühen um eine Problemlösung darstellen, wird auch der Begriff der „Alibigesetzgebung" genutzt.[82] Diese Gesetze stellen Ersatzreaktionen des Gesetzgebers dar und werden als symbolisches Strafrecht klassifiziert.[83]

2. Krisenstrafrecht versus symbolisches Strafrecht

Der Begriff des symbolischen Strafrechts kursiert schon eine ganze Weile in Wissenschaft und Praxis. Die Kritik an dem Begriff des symbolischen Strafrechts selbst kann an dieser Stelle nicht diskutiert werden.[84] Es sollen lediglich zwei der als Charakteristika symbolischen Strafrechts ausgemach-

80 *Frommel*, vorgänge 2015, 107, 108 f.; *Schmehl*, ZRP 1991, 251, 253.

81 *Frommel* (Fn. 80), 108.

82 *Voß*, Symbolische Gesetzgebung, 1989, S. 31 f.; *Hassemer*, NStZ 1989, 553, 554; *Schmehl* (Fn. 80), 253.

83 *Voß* (Fn. 82), S. 7, 31 f.; *Hassemer* (Fn. 82), 554; *Frommel* (Fn. 80), 109 f.

84 Hierzu z.B. *Peters*, JR 2020, 414, 419; *Saliger*, ZfIStW 2022, 276, 287 f.

ten Punkte angesprochen werden: Symbolisches Strafrecht diene nicht dem Rechtsgüterschutz und sei nicht effektiv.[85]

Zunächst lässt sich auch in Bezug auf das echte Krisenstrafrecht, namentlich die §§ 277 und 279 StGB fragen, ob es sich bei diesen Normen nicht ebenfalls um symbolisches Strafrecht handelt. Ungeachtet der Frage, ob nicht ohnehin jede (Straf-)Norm ein Symbol ist,[86] mag auch das echte Krisenstrafrecht symbolisches Strafrecht sein. Es lässt sich jedoch argumentieren, dass das echte Krisenstrafrecht Lösungen für Probleme bietet, die zuvor nicht erkannt worden waren. So führt erst die Krise dazu, dass ein Regelungsbedarf entsteht und Regelungslücken erkennbar werden. Indem das echte Krisenstrafrecht einen Schutz für die in der Krise bedrohten Rechtsgüter verfolgt, ist es gerade nicht als (rein) symbolisch zu klassifizieren.

Das unechte Krisenstrafrecht erfüllt diese Funktionen des spezifischen Rechtsgüterschutzes jedoch gerade nicht. Die Einführung des § 184j StGB sorgte nicht dafür, dass eine bessere Unterbringung gewährleistet wird oder geflüchteten Menschen eine Perspektive geboten wird. Auch führte es nicht dazu, dass Gefahren, welche diesen Personen in ihren Herkunftsstaaten drohten, beseitigt wurden. Reagiert wurde vielmehr auf ein allgemeines Bedrohungsgefühl und eine Stigmatisierung, welche sich – unterstützt von medialer Berichterstattung – in der Bevölkerung breit gemacht hatte.[87] Gerade in Zeiten der gefühlten Bedrohung spielt das Strafrecht für viele Menschen eine wichtige symbolische Rolle: es verheißt, dass Personen, die als fremd und unverständlich in ihren Ansichten, Motiven und Handlungsweisen und damit als bedrohlich angesehen werden, durch Wegsperren physisch beseitigt werden.[88] Dabei wird das Ideal der lückenlosen Strafbarkeit abweichenden Verhaltens in einem Rechtsstaat jedoch nicht zu erreichen sein.[89]

Der Schutz des Rechts auf sexuelle Selbstbestimmung ist grundlegend notwendig und auch heute in vieler Hinsicht noch nicht ausreichend. Wenn sich der Gesetzgeber aber aufgrund von polemischen Medienberich-

---

85 *Hassemer* (Fn. 82), 555 f.; *Barton*, NJW 1994, 1098, 1100; *Jasch*, in: Estermann (Hrsg.), Interdisziplinäre Rechtsforschung zwischen Rechtswirklichkeit, Rechtsanalyse und Rechtsgestaltung, 2009, S. 82, 91; *Saliger*, (Fn. 84), 277 f.

86 Schon *Arnold*, Symbols of Government, 1. Aufl. (1935), S. 34 f.; *Hassemer* (Fn. 82), 554.

87 Vgl. a. *Fischer* (Fn. 79), S. 1103 f.

88 *Weigend*, in: Freund et al. (Hrsg.), FS Frisch, 2013, S. 17, 27.

89 Vgl. *Aichele/Renzikowski*, in: Barton et al. (Hrsg.), FS Fischer, 2018, S. 491, 495 f., 507.

ten[90] dazu hinreißen lässt, in großer Eile[91] das Sexualstrafrecht zu erweitern, dann lässt sich dieses Vorgehen kritisieren. Und wenn sich in gleich mehreren Kommentierungen zur Gesetzeshistorie des § 184j StGB Verweise auf Nationalitäten finden,[92] dann zeigt dies auch, dass sich nicht nur der Gesetzgeber von medialen und gesellschaftlichen Wahrnehmungen beeindrucken lässt.

Der Gesetzgeber meinte nach den Vorkommnissen in der Silvesternacht ein „neues und gewichtiges Phänomen" erkannt zu haben, welches vom bisherigen Recht noch nicht erfasst wurde.[93] Allerdings ist weder das Phänomen der Gruppenbildung neu, noch war bisher unbekannt, dass Menschenmengen ein ideales Umfeld für Kriminalität bilden.[94] In der Literatur wird angenommen, der Gesetzgeber habe mit der Norm vor allem Beweisprobleme umgehen wollen.[95] Die Unmöglichkeit, die Täter der Kölner Silvesternacht zu ermitteln, kann in Zukunft in ähnlichen Situationen allerdings auch nicht mittels § 184j StGB gelöst werden,[96] womit die Norm rein symbolisch ist.[97]

§ 184j StGB kleidet sich in das Gewand eines Krisenstrafrechts, ist jedoch eigentlich nur ein Gelegenheitsgesetz[98] als Antwort auf mediale und gesellschaftliche Kritik an der Unfähigkeit des Gesetzgebers, andere Probleme, z.B. die Gewährleistung einer angemessene Unterbringung geflüchteter Personen oder des Schutzes weiblich gelesener Personen in der Öffentlichkeit, zu bewältigen. Die Norm ist dabei weder effektiv darin, die als vermeintliche Krise wahrgenommene Grundsituation zu beheben, noch das Verhalten zu kriminalisieren, welches als sanktionsbedürftig wahrgenommen wird. Werden diese Mängel schließlich auch von der Gesellschaft wahrgenom-

90 Z.B. *Karkheck et al.*, BILD v. 10.01.2016 (Fn. 61).

91 *Hörnle*, NStZ 2017, 13, 14.

92 BeckOK-StGB/*Zieger*, 61. Ed. (Stand: 01.05.2024), § 184j Rn. 1.1; NK-StGB/*Schumann*, 6. Aufl. (2023), § 184j Rn. 1; *Fischer*, StGB, 70. Aufl. (2023), § 184j Rn. 2.

93 BT-Drs. 19/9097, S. 31.

94 *Aichele/Renzikowski* (Fn. 89), S. 500; *Stuckenberg*, in: Hecker et al. (Hrsg.), FS Rengier, 2018, S. 353, 357; vgl. a. *Fischer* (Fn. 79), S. 1102.

95 Matt/Renzikowski/*Eschelbach*, 2. Aufl. (2020), § 184j Rn. 4; SK-StGB/*Noltenius*, 10. Aufl. (2024), § 184j Rn. 2.

96 *Roxin*, in: Bublitz et al. (Hrsg.), FS Merkel, 2020, S. 973, 981; *Hörnle* (Fn. 91), 21; Schönke/Schröder/*Eisele*, StGB, 30. Aufl. (2019), § 184j Rn. 2.

97 *Hörnle*, BRJ 2017, 56, 60 f.; so auch schon *Ulle Schawus* (Bündnis 90/DIE GRÜNEN), BT-Plenarprotokoll 18/183 v. 07.06.2016, S. 18808.

98 *Stuckenberg* (Fn. 94), S. 354.

men, besteht die Gefahr, dass die Wirksamkeit des Strafrechts insgesamt angezweifelt wird.

VI. Fazit

In einem Eckpunktepapier zur Modernisierung des Strafgesetzbuchs aus dem Jahr 2023 heißt es, das Strafgesetzbuch solle systematisch auf Handhabbarkeit, Berechtigung und Wertungswidersprüche überprüft werden. Dieser Auftrag, welchen das BMJ für sich selbst formulierte, sei Ausdruck einer liberalen, evidenzbasierten Strafrechtspolitik, die das Strafrecht als Ultima Ratio begreife.[99] Ebendieser Auftrag kann aber nicht realisiert werden, wenn der Gesetzgeber reaktiv Normen schafft, deren Daseinsberechtigung (und Verfassungsmäßigkeit[100]) erheblich in Frage gestellt wird.[101] Und die bloße Erleichterung der Beweisführung kann kein legitimer Zweck einer Strafvorschrift sein.[102]

Bei der Bewältigung von Krisen sollte sich der Gesetzgeber darauf besinnen, welche Mittel ihm zur Verfügung stehen, um zu reagieren und Lösungen zu finden. Das Strafrecht kann dabei ein notwendiges Mittel sein, um deutlich zu machen, welche Art von Verhalten nicht (mehr) geduldet wird. Dabei muss auch nicht das Ziel verfolgt werden, mit der Setzung von Strafrecht die Krise an sich zu bewältigen. Die Setzung von Strafnormen kann im Rahmen der Krisenbewältigung ein unterstützendes Mittel und sein Einsatz als solches auch sinnvoll sein. Die Schaffung von Strafrecht darf jedoch nicht vorgeschoben werden, um zu zeigen, dass etwas getan worden ist. Vielmehr müssen gerade auch außerhalb des Strafrechts liegende Mittel zur Bewältigung der Krise genutzt werden. Anderenfalls besteht die Gefahr, dass einzelne Straftatbestände und schließlich das Strafrecht insgesamt an Legitimität einbüßen, die Gesellschaft das Vertrauen in den Gesetzgeber verliert und das Strafrecht selbst in eine existenzielle Krise gerät.

---

99 Das Papier kann unter https://www.bmj.de/SharedDocs/Gesetzgebungsverfahren/DE/2023_Modernisierung_Strafgesetzbuch.html?nn=110490 abgerufen werden (zuletzt abgerufen am: 30.08.2024).

100 MüKo-StGB/*Renzikowsi* (Fn. 60), § 184j Rn. 5; Matt/Renzikowski/*Eschelbach* (Fn. 95), § 184j Rn. 4; SSW-StGB/*Wolters/Grafe*, 6. Aufl. (2024), § 184j Rn. 1.

101 *Roxin* (Fn. 96), S. 973, 981; *Fischer* (Fn. 79), S. 1104; NK-StGB/*Schumann* (Fn. 92), § 184j Rn. 2 f.; SSW-StGB/*Wolters/Grafe* (Fn. 100), § 184j Rn. 1.

102 MüKo-StGB/*Renzikowsi* (Fn. 60), § 184j Rn. 1.

Sozialnormtransformative Kriminalpolitik? Ideengeschichtliche Perspektiven auf kontemporäre punitive Trends

Florian Rebmann & Simon Schlicksupp, Tübingen

I. Einleitung

Schenkt man kritischen Perspektiven auf das Strafrecht Glauben, befindet sich ebendieses seit jeher in einer Legitimationskrise. Pointiert lässt sich diese Kritik wie folgt zusammenfassen: Das Strafrecht sei im Wesentlichen ein Herrschaftsinstrument, das von privilegierten Gruppen mehr oder weniger intentional dazu genutzt werde, den status quo (namentlich die soziale Ungleichheit und die historisch gewachsenen Machtverhältnisse) aufrechtzuerhalten. Unter dem Deckmantel des bürgerlich-liberalen Dogmas formaler Gleichheit würden primär marginalisierte Personen kriminalisiert, während die Kriminalität der ohnehin Mächtigen und Privilegierten vom Strafrechtssystem allenfalls peripher zur Kenntnis genommen werde. Kurz: Das Strafrecht reproduziere gesellschaftliche Verhältnisse, die politisch abzulehnen seien.

Diese in Fachkreisen durchaus etablierte Meinung führte in der Vergangenheit – in zeitlicher Koinzidenz mit der Entrümpelungsstimmung im Zuge der Großen Strafrechtsreform Ende der 1960er Jahre – zu einer strafrechtskritischen und -begrenzenden Haltung in Teilen der Kriminologie, der dogmatischen Strafrechtswissenschaft sowie auch der (linken und liberalen) Kriminalpolitik.[1] Doch alsbald machten sich gegenläufige Tendenzen bemerkbar. Aus einer eher, aber nicht nur konservativen[2] kriminalpolitischen Richtung entstand ab den 1970er Jahren eine neue Tendenz zur Aus-

---

1 Vgl. *Cerny*, Eine kurze Geschichte der Strafe, 2024, S. 234 ff.; *Brunhöber*, in: Puschke/Singelnstein (Hrsg.), Der Staat und die Sicherheitsgesellschaft, 2018, S. 193 ff.; *Singelnstein/Kunz*, Kriminologie, 8. Aufl. (2021), § 24, Rn. 2 ff.; *Vormbaum*, Einführung in die moderne Strafrechtsgeschichte, 4. Aufl. (2019), S. 243 ff.; *Bung*, in: Steinberg et al. (Hrsg.), Strafrecht in der alten Bundesrepublik 1949–1990, Allgemeiner Teil, 2020, S. 545, 552 ff.; *Hilgendorf*, in: Steinberg et al., Strafrecht in der alten Bundesrepublik 1949–1990, Allgemeiner Teil, 2020, S. 15, 39 ff.

2 Vgl. *Kunz*, MSchrKrim 100 (2017), 67, 69.

weitung des Strafrechts im Geiste einer (vor allem abschreckend-)[3] präventiven Leitidee, die mit Strafe gesellschaftliche Großstörungen und Risiken zu bekämpfen suchte (das „Risikostrafrecht"[4] etwa in der Wirtschaftskriminalität; vgl. auch das „Verbrechensbekämpfungsgesetz" von 1994[5]).

Und auch in der im weitesten Sinne kritischen, linksgerichteten Kriminalwissenschaft und Kriminalpolitik entwickelte sich eine neue Punitivität[6], die die ehedem dort herrschende Fundamentalopposition gegen das Institut staatlicher Strafe überführte in eine Grundhaltung, die das Strafrecht für die eigenen politischen Vorstellungen eingesetzt wissen wollte: Nicht mehr das Strafrecht an sich stand zur Disposition, sondern nur Taten und Täter, die bestraft werden sollten; nicht mehr das „Ob", sondern vor allem das „Was & Wen" wurde erwogen. Ein Paradigma dieser neuen „progressiven Kriminalpolitik"[7], das bis zur Gegenwart in der Strafgesetzgebung immer wirkmächtiger geworden ist, besteht in dem Ziel, die eingangs formulierten Vorwürfe an das System staatlicher Strafe, es reproduziere politisch ungewünschte gesellschaftliche Verhältnisse und Normen, umzukehren in die Forderung, das Strafrecht als Mittel zu gebrauchen, um eine Veränderung ebendieser Normen und Verhältnisse herbeizuführen. Durch eine (härtere) Bestrafung der Täter und eine expressive Dokumentation etwa ihrer menschenverachtenden Motive soll das Strafrecht nun einen Beitrag dazu leisten, z.B. die rassistische Struktur der deutschen Gesellschaft und den Rassismus in den Köpfen und Handlungen ihrer Bürger zu bekämpfen und so die Stellung von benachteiligten Personengruppen zu verbessern.[8] Dieses neuerliche kriminalpolitische Paradigma bezeichnen wir als „sozialnormtransformative Kriminalpolitik".

Zwar finden sich in der Kriminalpolitik sowie der kritischen Kriminologie noch immer Forderungen nach Entkriminalisierungen und anderen

---

3 Vgl. *Schlepper*, Strafgesetzgebung in der Spätmoderne, 2014, S. 140 ff., die die Strafgesetzgebung zwischen 1976 und 2005 empirisch untersuchte und eine nahezu ubiquitäre Verwendung der Abschreckung als Legitimation für Strafrechtsverschärtungen herausarbeitete.

4 Vgl. zum Begriff *Hilgendorf*, NStZ 1993, 10, 13 ff.

5 Gesetz v. 28.10.1994, BGBl. I 1994, S. 3186.

6 Vgl. *Kunz* (Fn. 2), 67 ff.

7 Vgl. zu diesem Topos *Aviram*, Buff. L. Rev. 68 (2020), 199 ff.; *Kölbel*, German Law Journal 22 (2021), 817 ff.

8 Vgl. *Aviram* (Fn. 7), 204 f.

strafrechtsbegrenzenden Maßnahmen.[9] Im Mittelpunkt stehen aber Strafschärfungen und Neukriminalisierungen. Legislatorische Beispiele finden sich aktuell im Bereich des Sexualstrafrechts[10], der sog. Hass- oder Vorurteilskriminalität, des politischen Strafrechts und weiteren mehr.[11] Selbst der Republikanische Anwältinnen- und Anwälteverein (RAV) – einst von *Sack* als letzte Bastion gegen die neue Punitivität geadelt[12] – zeigt sich in jüngerer Zeit tendenziell strafrechtsaffirmativ.[13] Da in allen relevanten kriminalpolitischen Strömungen die Zeichen eher auf Ausweitung und Intensivierung denn auf Begrenzung des Strafrechts stehen, scheint dieser Tage weniger

9 Man denke an die politischen Debatten um das „Containern", das „Schwarzfahren", den Umgang mit Drogen (insb. Cannabis), den Schwangerschaftsabbruch usw. Ähnliche Fragen werden auch beim „racial profiling" behandelt.

10 *Frommel*, NK 2018, 368, 375 spricht von „punitivem Feminismus"; auch *dies.* Novo, 01.07.2019, „illiberaler Strafrechtsfeminismus"; in der US-amerikanischen Debatte häufig als „Carceral Feminism" bezeichnet, vgl. zuletzt *Gruber,* Yale J.L. & Feminism 34 (2023), 55 ff.; *Künkel,* KrimJ 53 (2021), 105 ff.; vgl. zu *Frommels* skeptischer Haltung in Bezug auf das Sexualstrafrecht zurecht differenzierend *Bock/Steinl*, NK 2021, 308 ff.

11 Allein in den letzten zehn Jahren hat der Gesetzgeber namentlich § 177 StGB (Sexueller Übergriff etc.) stark erweitert („Nein heißt Nein"), das „Upskirting" (§ 184k StGB) unter Strafe gestellt, die sexuelle Belästigung (§ 184i StGB) als Straftatbestand eingeführt, § 238 StGB (Nachstellung) mehrfach nachgeschärft, die Äußerungsdelikte in zweifelhafter Weise ausgeweitet (§ 192a StGB, § 130 Abs. 5 StGB) und die menschenverachtenden Beweggründe in § 46 Abs. 2 S. 2 StGB eingefügt – alles in punitiver Stoßrichtung. Im Jahr 2021 hob der Gesetzgeber zudem u.a. die Mindeststrafen in § 184b Abs. 1 und 3 StGB (Verbreitung und Besitz etc. kinderpornographischer Inhalte) auf Freiheitsstrafe nicht unter einem Jahr an – in diesem Fall ein klarer punitiver Exzess, wie sich nicht erst im Nachhinein herausstellen sollte, dazu *Kinzig/Rebmann*, NK 2023, 284 ff.; zu den ähnlichen Feldern der progressiven Punitivität in den USA *Aviram* (Fn. 7), 205 ff.

12 Vgl. *Sack*, in: Dölling/Schmidt-Semisch (Hrsg.), Handbuch Jugendkriminalität, 2. Aufl. (2011), S. 63, 80.

13 In der Einladung zum Kongress des RAV im Jahr 2023 „Recht für alle!?" beschreibt der RAV den Wandel in der eigenen Haltung zum Recht anschaulich wie folgt: „Ende der 70er Jahre, als der RAV gegründet wurde, ging es in erster Linie um juristische Abwehrkämpfe gegen staatliche Zumutungen und Sanktionen, um den Kampf für eine freie Advokatur und gegen die Einschränkung individueller Freiheitsrechte. Wo stehen wir heute, was hat sich mittlerweile verändert? Angesichts etwa der zunehmenden sozialen Ungleichheit und der Zuspitzung der Klimakrise sehen wir uns als RAV immer mehr in einem Selbstverständnis und einer Rolle, bei der es um die Notwendigkeit des Gestaltens und des Durchsetzens von kollektiven Rechten, des solidarischen Kampfes um Rechte und Teilhabe an Rechten für alle geht. Neben die Abwehr staatlicher Eingriffe und Übergriffe tritt proaktiv, dass wir Erwartungen an den Staat haben und eigene Forderungen stellen.", vgl. https://www.rav-kongress.de/ (zuletzt abgerufen am: 30.08.2024).

das Strafrecht als vielmehr die Strafrechtswissenschaft in der Krise zu sein, zumindest soweit sie sich als „Verbrechensbekämpfungsbegrenzungswissenschaft“[14] zu verstehen pflegt.

Im Folgenden sollen daher mit Blick auf die angerissenen kriminologischen und straftheoretischen Diskurse die ideengeschichtlichen Hintergründe dieser zwar zwischenzeitlich durchaus einflussreichen, aber noch wenig explizit reflektierten[15] Strafrechtskonzeption nachgezeichnet werden. Zu diesem Zweck untersuchen wir die Diskursverläufe in der (eher juristischen) Strafzweckdebatte sowie deren Implementation beispielhaft im ersten Abtreibungs-Urteil des BVerfG (II.) sowie die Fachdebatten der (eher sozialwissenschaftlichen) kritischen Kriminologie (III.), die jeweils – freilich in Inhalten und Personen sich häufig berührend und überschneidend – Elemente des neuen punitiven Paradigmas der sozialnormtransformativen Kriminalpolitik entwickelten. Im Anschluss gehen wir näher darauf ein, was wir unter sozialnormtransformativer Kriminalpolitik verstehen (IV.). Abschließend erfolgt ein kurzes Fazit (V.). Dabei zieht die Darstellung – wie alle Analysen theoriehistorischer Entwicklungen – notwendig periodisierende und idealtypisierende Grenzen im geistesgeschichtlichen Kontinuum, die freilich im Einzelnen sehr diskutabel sind und bleiben müssen. Um die hierfür erforderliche Komplexitätsreduktion zu erreichen, verwenden wir den Begriff „kriminalpolitisches Paradigma“. Darunter verstehen wir die wissenschaftlichen Theoreme, politischen Narrative und sonstigen gedanklichen Momente, die die Kriminalpolitik in ihrem konkreten Inhalt bestimmen.

II. Straftheorie: Positive Generalprävention

Zunächst soll im Folgenden nachvollzogen werden, wie sich in der juristischen Strafzweckdebatte die Theoreme entwickeln konnten, die ein sozialnormtransformatives kriminalpolitisches Paradigma begünstigten. Die bis heute im juristischen Schrifttum vorfindlichen Strukturen der Frage nach dem Sinn und Zweck staatlicher Strafe gehen u.a. zurück auf den einflussreichen Strafrechtler und Kriminalpolitiker *Franz von Liszt*, der in den 1880er Jahren mit dem sog. „Marburger Programm“ die präventiven,

14 *Naucke*, ZStW 94 (1982), 525, 564.

15 Bisherige Texte zum Thema finden sich etwa bei *Aviram* (Fn. 7), 199 ff.; *Frommel* (Fn. 10), 368 ff.; *Kölbel* (Fn. 7), 817 ff.; *Kunz* (Fn. 2), 67 ff. jeweils m.w.N.

d.h. auf Verbrechensverhütung gerichteten Strafzwecklehren propagierte.[16] Seither wird herkömmlicherweise zwischen absoluten, auf Vergeltung gerichteten Straftheorien und relativen, d.h. bestimmte kriminalpräventive Wirkungen verfolgenden Straftheorien unterschieden.[17] Die straftheoretischen Überlegungen von *v. Liszt* dienen uns, weil sie die Strafzweckdebatte bis heute strukturieren, im Folgenden als Ausgangspunkt.

Nach *v. Liszt* dient Strafe der Besserung (positive Spezialprävention), der Abschreckung und/oder der Unschädlichmachung des Täters (negative Spezialprävention).[18] Die negative Generalprävention (Abschreckung der Allgemeinheit) spielt bei *v. Liszt* dagegen nur eine untergeordnete Rolle.[19] Berühmt geworden ist seine Formel: Besserung der Besserungsfähigen, Abschreckung der nicht Besserungsbedürftigen, und Unschädlichmachung der Besserungsunfähigen. *V. Liszt* leitete daraus ab, dass kurze Freiheitsstrafen abzuschaffen seien, da eine Resozialisierung in kurzer Zeit nicht möglich sei und sie auch nicht abschreckend wirkten.[20] Für das sog. Gewohnheitsverbrechertum müsse hingegen die Freiheitsstrafe auf unbestimmte Zeit eingeführt werden, da Gewohnheitsverbrecher sich ohnehin nicht bessern ließen.[21] Die relative, kriminalpräventive Straftheorie *v. Liszts* wurde in den folgenden Jahrzehnten in verschiedene kriminalpolitische Paradigmen übersetzt, die jeweils den Schwerpunkt auf einen der Teilaspekte „Besserung der Besserungsfähigen“ oder „Unschädlichmachung der Besserungsunfähigen“ legten.

1. Präventive Strafzwecklehre und ihre Krise

Hierbei ist zunächst – in grober Periodisierung – vor und während des Zweiten Weltkriegs ein Fokus auf die negative Spezial- und Generalprävention gelegt worden. Einen radikalen Höhepunkt erreichte diese Variante im Sinne der rassistisch-völkischen Ideologie des Nationalsozialismus. Dort stand (neben anderen kriminalpolitischen Paradigmen, s. u.) im Mit-

16 Vgl. *v. Liszt*, ZStW 3 (1883), 1 ff.

17 Vgl. beispielhaft *Kindhäuser/Zimmermann*, Strafrecht Allgemeiner Teil, 11. Aufl. (2024), S. 42 ff.

18 *v. Liszt*, Strafrechtliche Aufsätze und Vorträge Erster Band, 1905, S. 126, 166.

19 Vgl. *v. Liszt*, Deutsches Strafrecht, 21./22. Aufl. (1919), S. 6 f. et passim; *Jeschek*, in: Kohlmann (Hrsg.), FS Klug Band II, S. 257, 262.

20 *v. Liszt* (Fn. 18), S. 382 ff.

21 *v. Liszt* (Fn. 18), S. 166 ff.

telpunkt die Unschädlichmachung des Täters um des Volkes Willen.[22] Der nationalsozialistische Gesetzgeber griff z.B. – dies freilich weit von sich weisend und verfälschend[23] – die Lehren *v. Liszts* und seinen Begriff des Gewohnheitsverbrechers im sog. Gewohnheitsverbrechergesetz (1933) auf.[24] Das Gewohnheitsverbrechergesetz führte die Maßregeln der Sicherung (sic!) und Besserung als zweite Spur des Strafrechts ein und ermöglichte beispielsweise die „Entmannung" von Sexualstraftätern (§ 42k StGB a. F.).[25] Daneben waren insbesondere zu Beginn der nationalsozialistischen Herrschaft auf der ersten Spur des Strafrechts u.a. transformative Paradigmen wirksam, die freilich diametral der heutigen sozialnormtransformativen Kriminalpolitik gegenüberstehen.[26] Die Gesellschaft sollte durch das Strafrecht auf die völkische Ideologie des Nationalsozialismus eingeschworen werden.[27] Zu diesem Zweck wurde das Reichsstrafgesetzbuch an jene Ideologie angepasst. Gegen Ende der nationalsozialistischen Herrschaft löste sich die zunächst noch betonte Zweispurigkeit aus wertbildender Sühnestrafe und negativ-spezialpräventiven Maßregeln dann tendenziell in Richtung einer negativ spezial- und generalpräventiven Schutzstrafe auf.[28]

In der Nachkriegszeit wanderte der Fokus auch wegen der ideengeschichtlichen Vorbelastung der erörterten Paradigmen auf die „Besserung der Besserungsfähigen". Es wurde also verstärkt die positive Spezialprävention favorisiert[29], erkennbar etwa an dem programmatischen § 2 Abs. 1 des

22 *Cerny* (Fn. 1), S. 220 m.w.N; hierzu auch *Vogel*, ZStW 115 (2003), 638, 662 f.

23 Namentlich unter Fortfall der liberalen Anteile und unter Anpassung an die völkische Ideologie, vgl. *Stäcker*, Die Franz von Liszt-Schule und ihre Auswirkungen auf die deutsche Strafrechtsentwicklung, 2020, S. 122 ff., 125; *Naucke*, ZStW 94 (1982), 525, 554 f.; *Streng*, MSchrKrim 76 (1993), 141, 159: „in spezifischer Form zu Ende gedacht."; *Ambos*, Nationalsozialistisches Strafrecht, 2019, S. 53: „intellektuell vorbereitet".

24 Dazu *Streng* (Fn. 23), 158 ff.

25 *Baumann*, Dem Verbrechen auf der Spur. Eine Geschichte der Kriminologie und Kriminalpolitik in Deutschland 1880 bis 1980, 2006, S. 88 f.

26 Während heutige sozialnormtransformative Kriminalpolitik auf die Inklusion bestimmter marginalisierter Gruppen gerichtet ist, war die nationalsozialistische transformative Kriminalpolitik u.a. auf die Exklusion bestimmter als nicht volkszugehörig wahrgenommener Personengruppen gerichtet und stärker mit dem Sühnegedanken verwoben.

27 Vgl. *Ambos* (Fn. 23), S. 44 ff., 91 ff.

28 Vgl. *Dahm*, in: Bockelmann (Hrsg.), FS Kohlrausch, 1944 (Nachdruck 1978), S. 1, 3 ff.; *Exner*, in: Bockelmann (Hrsg.), FS Kohlrausch, 1944 (Nachdruck 1978), S. 24, 31 ff. – beide Beiträge dienen dabei auch als Anschauungsmaterial für die irrlichternden Versuche der Strafrechtswissenschaft, der grausamen Kriminalpolitik des Nationalsozialismus einen Sinn abzuringen bzw. beizumessen.

29 Vgl. *Singelnstein*, ZfRS 2014, 321, 324.

AE 1966 („Strafen und Maßregeln dienen dem Schutz der Rechtsgüter und der Wiedereingliederung des Täters in die Rechtsgemeinschaft") und der Großen Strafrechtsreform ab 1969, im Zuge derer kurze Freiheitsstrafen weitgehend abgeschafft wurden (vgl. § 47 StGB). Es ging nun also nicht mehr (nur) darum, die Bevölkerung vor Straftätern durch Unschädlichmachung zu schützen, sondern diese zu bessern. Auch die Autoren dieser strafrechtswissenschaftlichen und kriminalpolitischen Episode knüpften an *v. Liszt* an.[30] Sie betonten aber die Besserung, interpretierten das Marburger Programm dem Zeitgeist entsprechend also liberal und sozial („Penal welfarism"[31]), statt autoritär.[32] *Cerny* attestiert eine regelrechte „Behandlungs- und Resozialisierungseuphorie".[33]

Diese wohlfahrtsstaatliche Funktionszuschreibung an das Strafsystem, straffällig gewordene Bürger zu resozialisieren, kam indes bereits in den 1970er Jahren ins Wanken. So geriet die positive Spezialprävention international in Verruf, als ihre (teils nur vermeintlich) schlechte Evaluationsbilanz offenkundig wurde (Schlagwort vom „nothing works"[34]). Auch in Deutschland blieb von der Resozialisierungseuphorie wenig übrig.[35] Sie wurde in Teilen des Schrifttums von einer „kritisch-resignativen" Haltung zur positiven Spezialprävention abgelöst.[36] Laut *Garland* ist dieser Abfall vom Fortschrittsglauben der 60er Jahre der entscheidende Moment für die Entwicklung einer neuen Punitivität.[37]

2. Die Lehre der positiven Generalprävention

In dieser Situation einer durch die Evaluationsforschung weitgehend ratlos gewordenen Straftheorie entwickelte sich eine neue Spielart der präven-

30 Beispielsweise *Roxin*, ZStW 81 (1969), 613 ff.
31 *Garland*, in: Liebling et al. (Hrsg.), The Oxford Handbook of Criminology, 7. Aufl. (2017), S. 77 ff. m.w.N.
32 *Naucke* (Fn. 23), 558.
33 *Cerny* (Fn. 1), 234 ff.
34 Vgl. *Martinson*, "What works? – questions and answers about prison reform", The Public Interest 1974, S. 22 ff.; zum neueren Stand der Evaluation von positiver Spezialprävention siehe auch *Meier*, JZ 2010, 112 ff.; *Eisenberg/Kölbel*, Kriminologie, 7. Aufl. (2017), § 42 m.w.N.
35 *Cerny* (Fn. 1), S. 242 f. m.w.N.
36 *Baumann* (Fn. 25), S. 347.
37 *Garland*, Kultur der Kontrolle, 2008, S. 122 ff.

tiven Strafzwecklehre, nämlich die positive Generalprävention.[38] Durch Strafe sollte die Allgemeinheit nicht (nur) abgeschreckt, sondern vielmehr in ihrer Rechtstreue bestärkt werden. Normative Anknüpfung fand die neue Theorie in bereits im StGB vorfindlichen Ausdrücken wie „Verteidigung" bzw. „Unverbrüchlichkeit der Rechtsordnung".[39] In der Rechtswissenschaft wurde die Theorie der positiven Generalprävention u.a. von *Jakobs* in Rezeption der Systemtheorie *Luhmanns* begründet.[40] In aller Kürze zusammengefasst beschreibt die Systemtheorie (Straf-)Rechtsnormen als „Gefüge symbolisch generalisierter Verhaltenserwartungen".[41] Diese Verhaltenserwartungen seien normativ, da sie auch dann nicht aufgegeben würden, wenn sie enttäuscht würden. Die (systemtheoretische!) Funktion des Rechts bestehe nun darin, diese kontrafaktischen Verhaltenserwartungen als Grundlage des gesellschaftlichen Zusammenlebens durch symbolische Bestätigung zu sichern. *Jakobs* definiert positive Generalprävention im Anschluss daran wie folgt: „Man spricht von positiver Generalprävention, positiv, weil nicht eine Abschreckung der Allgemeinheit, sondern die Erhaltung der Norm als Orientierungsmuster erreicht werden soll, Prävention, weil ein Zweck, eben die Erhaltung von Normtreue angestrebt wird, und zwar bei der Allgemeinheit, deshalb Generalprävention."[42] Die Verbindung der Systemtheorie mit der Strafzweckdebatte hat sich in den vergangenen Jahrzehnten als äußerst fruchtbare Quelle der strafrechtswissenschaftlichen Wissensproduktion erwiesen. Das Schrifttum zur positiven Generalprävention ist mittlerweile kaum zu überblicken[43] und sie wird in so gut wie allen strafrechtlichen Kommentaren affirmativ behandelt.

Aus ideengeschichtlicher Perspektive rückte durch die Popularität der positiven Generalprävention der kommunikative, respektive expressive Charakter des Strafrechts in den Mittelpunkt der Strafzweckdebatte.[44] Genauer gewann die Semantik der Straftatbestände sowie des Unwerturteils

---

38 Vgl. *Barrata*, in: Haft (Hrsg.), FS Kaufmann, 1993, S. 411 ff.; *Singelnstein* (Fn. 29), 324.

39 Etwa in §§ 47 Abs. 1, 56 Abs. 3, 59 Abs. 1 S. 1 Nr. 3 StGB; vgl. Schönke/Schröder/*Kinzig*, 30. Aufl. (2019), Vor § 38 Rn. 12.

40 Vgl. nur *Jakobs*, Strafrecht AT, 1983, S. 4 ff.; *Streng*, ZStW 92 (1980), 636, 663 ff.; *Hassemer et al.*, Hauptprobleme der Generalprävention, 1979; instruktiv auch *Peters*, Kommunikation und Strafe, 2024, S. 48 ff.

41 *Luhmann*, Das Recht der Gesellschaft, 1993, S. 130.

42 *Jakobs*, Staatliche Strafe: Bedeutung und Zweck, 2004, S. 31.

43 Zu den verschiedenen Spielarten *Roxin/Greco*, Strafrecht AT, Bd. 1, 5. Aufl. (2020), § 3 Rn. 27.

44 Vgl. eingehend TüKo-StGB/*Kinzig*, 31. Aufl. (2024), Vor 38 (im Erscheinen); *Peters* (Fn. 40), S. 47 ff.

als originär strafrechtliche Rechtsfolge an Bedeutung (vgl. zur parallelen Entwicklung in der Kriminologie III. 2.-4.). In der Logik der positiven Generalprävention kann schon der symbolische Bedeutungsgehalt einer Strafnorm wertbildend und dadurch kriminalpräventiv wirken. Auf den Vollzug der Strafnorm kommt es für diese Wirkung, anders als etwa bei der positiven Spezialprävention, nicht mehr zwingend an. Im Mittelpunkt stand nun die symbolische Funktion des Strafrechts. So konnte dem Strafrecht eine positive Funktion zugesprochen werden, ohne die negativen Folgen der selektiven Strafrechtsanwendung und vor allem der Strafvollstreckung bzw. des Strafvollzugs (Prisonisierung, Stigmatisierung etc.) einpreisen zu müssen. Zudem kommuniziert das Strafrecht aber auch durch die Art und Weise der Anwendung dieser Normen auf konkrete Einzelfälle. Durch das Unwerturteil wird dem Täter ein bestimmtes Verhalten verbindlich zugeschrieben und das Verhalten des Täters im Namen des Volkes und zu dessen (des Volkes) Kenntnis als schuldhaft gebrandmarkt. Die Strafzumessung im engeren Sinne fungiert in dieser Logik als nachrangige Quantisierung des Unwerturteils.

3. Sozialnormreproduzierendes Paradigma in BVerfGE Schwangerschaftsabbruch I

Das kriminalpolitische Paradigma, das sich in und seit den 1970er und 80er Jahren mit der Lehre der positiven Generalprävention verband, legte indes den Schwerpunkt auf den Erhalt und die Bewahrung bestimmter moralischer Vorstellungen in der Rechtsgemeinschaft.[45] Es kann mithin als sozialnormreproduzierendes Paradigma bezeichnet werden. Ein gutes Sinnbild hierfür liefert die Argumentationslinie des BVerfG im Schwangerschaftsabbruch-I-Urteil. Dort statuierte das Gericht unter anderem, die bloße vollzugsmäßige Ineffizienz des § 218 StGB könne nicht als zwingendes Argument für eine Entkriminalisierung herhalten. „Zwar gelingt es den Strafverfolgungsbehörden praktisch nie, alle Täter, die gegen das Strafgesetz verstoßen, einer Bestrafung zuzuführen. Die Dunkelziffern sind bei den verschiedenen Strafdelikten verschieden hoch. Unbestritten sind sie bei Abtreibungstaten besonders erheblich. Indessen darf darüber die generalpräventive Funktion des Strafrechts nicht vergessen werden. Sieht man die

45 Das ist gerade die systemtheoretische Funktion des Strafrechts, siehe 2.

Aufgabe des Strafrechts in dem Schutz besonders wichtiger Rechtsgüter und elementarer Werte der Gemeinschaft, so kommt gerade dieser Funktion eine hohe Bedeutung zu. Ebenso wichtig wie die sichtbare Reaktion im Einzelfall ist die Fernwirkung einer Strafnorm, die in ihrem prinzipiellen normativen Inhalt („die Abtreibung ist strafbar") nunmehr seit sehr langer Zeit besteht. Schon die bloße Existenz einer solchen Strafandrohung hat Einfluß auf die Wertvorstellungen und die Verhaltensweisen der Bevölkerung […]. Diese Wirkung wird ins Gegenteil verkehrt, wenn durch eine generelle Aufhebung der Strafbarkeit auch zweifellos strafwürdiges Verhalten für rechtlich einwandfrei erklärt wird. Dies muß die in der Bevölkerung herrschenden Auffassungen von „Recht" und „Unrecht" verwirren."[46] Und später: „Das Gesetz ist nicht nur Instrument zur Steuerung gesellschaftlicher Prozesse, […], es ist auch bleibender Ausdruck sozialethischer und – ihr folgend – rechtlicher Bewertung menschlicher Handlungen; es soll sagen, was für den Einzelnen Recht und Unrecht ist."[47] In der Argumentation, das strafbewehrte Verbot des Schwangerschaftsabbruchs müsse auch entgegen Erkenntnissen von dessen ineffizienter instrumenteller Wirkung aufrechterhalten werden, um durch die Verfassung vorgegebene ethische Positionen im Rechtsbewusstsein der Bevölkerung aufrechtzuerhalten, liegt mithin der Gedanke eines symbolisch vermittelten positiv-generalpräventiven Rechtsgüterschutzes, wie er von den Vertretern dieser Theorie kurze Zeit später explizit aufgegriffen wurde.[48] (In Schwangerschaftsabbruch-II hat das BVerfG diesen Gesichtspunkt auch beim nunmehrigen Namen genannt.[49])

Das BVerfG deutet hier staatliche Strafe im Sinne einer positiven Generalprävention, mit der die Aufrechterhaltung bestimmter sozialer Normen bezweckt werden soll. Sie sollen stabilisiert und damit implizit die durch sie gestützten sozialen Strukturen reproduziert werden. Ähnliches zeigte sich übrigens in der Literatur zu den zahlreichen Reformen des § 219a StGB a. F., der schließlich durch Gesetz vom 11.07.2022 aufgehoben wurde.[50] Vielfach wurde gegen die Aufhebung eingewandt, dass dadurch das Rechtsgut des werdenden Lebens an Bedeutung verliere und so als sittenbildende

46 BVerfG NJW 1975, 573, 579.
47 BVerfG NJW 1975, 573, 580.
48 Vor allem *Jakobs* (Fn. 40), S. 4 ff.; vgl. oben.
49 Vgl. BVerfG NJW 1993, 1751, 1758.
50 BGBl. I 2022, S. 1082.

Kraft verloren gehe (sog. Klimaschutz).[51] Gerade wenn Rechtsgüter von Verfassungsrang betroffen sind, lässt sich die positive Generalprävention daher gegen progressive, bzw. genauer: sozialnormtransformative Entkriminalisierungen wenden.

4. Sozialnormtransformative positive Generalprävention?

Dass das sozialnormreproduzierende Paradigma, das mit der Lehre der positiven Generalprävention bis heute meistenteils verbunden ist, gleichwohl nicht zwingend ist, liegt auf der Hand. Wer dem Strafrecht „sittenbildende Kräfte" zutraut, kann in den zu bildenden Sitten nicht nur Bestehendes hin-, sondern auch zu Erreichendes zum Ziel nehmen. Der Wirkungsmechanismus, den die Lehre von der positiven Generalprävention dem Strafrecht zuschreibt, ist nicht an eine konservative gesellschaftspolitische Agenda gebunden.

So überrascht es nicht, dass im Gefolge der eingangs beschriebenen straferweiternden und -schärfenden Tätigkeit des Gesetzgebers auf Gebieten wie dem Sexualstrafrecht und sog. Vorurteilskriminalität mittlerweile auch Bezugnahmen auf die Lehre der positiven Generalprävention mit implizit sozialnormtransformativer Stoßrichtung stattfinden. So hat *Çelebi* im Anschluss an die Gesetzesbegründung jüngst zur Aufnahme der „geschlechtsspezifischen" und „gegen die sexuelle Orientierung gerichteten" Beweggründe in § 46 Abs. 2 S. 2 StGB ausgeführt: „Neben der erhofften Sensibilisierung der Strafverfolgungsbehörden und Rechtsanwender*innen ist die geplante Gesetzesänderung auch aus generalpräventiven Aspekten zu befürworten. [...] In jedem Fall aber erscheint die positiv generalpräventive Aussage bedeutend. Denn nach dieser ist es ebenfalls Aufgabe des Strafrechts, für das Gemeinwesen grundlegende Wertungen zu dokumentieren und zu bekräftigen. [...] Obwohl einige Phänomene, wie beispielsweise Femizide, nunmehr größere Aufmerksamkeit erfahren, wird dabei das gesamtgesellschaftliche Ausmaß unterschätzt. Dies rechtfertigt die Dokumentation und Bekräftigung auch dieser Merkmale."[52] Unter Bezugnahme auf die positive Generalprävention kann schon der Einführung einer Strafzumessungsvorschrift eine transformative Wirkung zugetraut werden. Ähnlich argumentieren auch *Bock/Steinl*, wenn sie im Anschluss an die

51 Vgl. zu dieser Debatte *Scholler*, KriPoZ 2021, 327, 333.
52 *Çelebi*, NK 2023, 136, 141.

Zielsetzung der Istanbul-Konvention postulieren, dass eine Eliminierung geschlechtsspezifischer Gewalt nur durch ein „gesellschaftliches Umdenken" erreicht werden könne. Hierzu könne auch das Strafrecht einen Beitrag leisten – „zumal dann, wenn man mit den expressiven Straftheorien davon ausgeht, dass die Verhängung von Strafe ein kommunikativer Akt ist, mit der die Gesellschaft ihre (normativ fundierte) Empörung über die Tat zum Ausdruck bringt, sie als Unrecht kennzeichnet und zugleich die uneingeschränkte Geltung der verletzten Norm bekräftigt."[53]

Festzuhalten bleibt an dieser Stelle, dass die aus einer Begründungskrise des Strafrechts nach Niedergang der herkömmlichen präventiven Straftheorien in den 1970er Jahren hervorgegangene Theorie der positiven Generalprävention nicht nur auf sozialnormreproduzierende, sondern auch sozialnormtransformative Paradigmen applizierbar ist und auch im Rahmen dessen legitimatorische Argumente für das Institut staatlicher Strafe vermitteln kann.

III. Kritische Kriminologie: vom Abolitionismus zur Sozialnormtransformation

Eine in vielerlei Hinsicht parallele und zeitlich koinzidente Entwicklung wie in der (primär von Juristen und Strafrechtswissenschaftlern geführten) Strafzweckdebatte fand in der genuin kriminologischen (d.h. auch von Sozialwissenschaftlern geführten) Grundlagendiskussion statt. Nachfolgend sollen auch in dieser Disziplin die Entwicklungen hin zum sozialnormtransformativen kriminalpolitischen Paradigma nachverfolgt werden.

1. Die ätiologische Kriminologie bis zum Ende des Zweiten Weltkriegs

Die Kriminologie als Wissenschaft entstand im Laufe des 19. Jahrhunderts als Hilfswissenschaft des Strafrechts, die mit den empirischen Erkenntnismethoden der Naturwissenschaften menschliches, insbesondere delinquen-

53 *Bock/Steinl* (Fn. 10), 312 f.; die Autorinnen betonen indes, dass ein solcher „umfänglicher Wandel zu einer wahrhaft gleichberechtigten Gesellschaft" allein durch das Strafrecht nicht zu erreichen sei; zur Istanbul-Konvention („Übereinkommen des Europarats zur Verhütung und Bekämpfung von Gewalt gegen Frauen und häuslicher Gewalt") siehe BGBl. II 2017, S. 1027 ff.

tes Verhalten untersuchte und deterministisch erklärte. Für die Kriminologie paradigmatisch ist das Werk „l'uomo delinquente" des Italieners *Lombroso*.[54] Auf der Grundlage von anthropometrischen Messungen und weiteren empirischen Untersuchungen an Strafgefangenen kam er zu dem Ergebnis, dass die meisten der Strafgefangenen zum Verbrecher geboren seien und sich durch atavistische Körpermerkmale auszeichneten („geborene Verbrecher").[55]

Die biologistische Theorie vom geborenen Verbrecher wurde insbesondere von der sog. französischen Schule der Kriminologie kritisiert, die die Ursachen kriminellen Verhaltens im Milieu bzw. in den Bedingungen der Gesellschaft erkannten („Tout le monde est coupable excepté le criminel.").[56] Diese (teils nur vordergründigen) Gegensätze führte in der deutschen Debatte *v. Liszt* zu einer Anlage-Umwelt-Formel zusammen. Daher beschränkt sich sein kriminalpolitisches Programm auch nicht ausschließlich auf repressive Maßnahmen (s. o. und die dortigen Nachweise).

Kriminologische Forschung wurde Ende des 19. Jahrhunderts in Deutschland indes primär von Medizinern respektive Psychiatern betrieben. Die Ursachen der Kriminalität wurden nicht mehr in Atavismen, sondern in der Psyche gesucht (sog. Psychopathenlehre), ohne jedoch das Konzept des „geborenen Verbrechers" aufzugeben.[57] Umweltfaktoren durchaus anerkennend konzentrierte sich ein Teil der deutschen Forschung schon vor der NS-Zeit auf die (erb-)biologischen Ursachen der Psychopathie im Allgemeinen und der Kriminalität im Besonderen.[58]

Entsprechend der rassistisch-völkischen Ideologie des Nationalsozialismus setzte sich in Deutschland dann die kriminalbiologische Strömung durch.[59] Bemühten sich die Vertreter der Kriminalpsychologie noch zum Teil um sachliche Beschreibungen, lieferte die pseudowissenschaftliche Kriminalbiologie in der NS-Zeit bereitwillig die immer entmenschlicherenden Zuschreibungen („Asoziale", „Volksschädlinge" etc.), die die eugenischen

54 In deutscher Übersetzung (Fraenkel) *Lombroso*, Der Verbrecher (homo delinquens) in anthropologischer, ärztlicher und juristischer Beziehung, Bd. 1, 1894; *Lombroso* zählt zu den wichtigsten Vertretern der sog. italienischen Schule.

55 Zum Ganzen *Gibson*, in: Becker/Wetzell (Hrsg.), Criminals and Their Scientists, 2006, S. 137, 138 ff.; *Wetzell*, Inventing the Criminal, 2000, S. 30.

56 *Baumann* (Fn. 25), S. 40 f.

57 *Baumann* (Fn. 25), S. 41 m.w.N.; *Wetzell* (Fn. 55), S. 45.

58 *Kunz*, MSchrKrim 96 (2013), 81, 92.

59 *Kunz* (Fn. 58), 92 ff.

Vernichtungsfantasien gerade auch gegen Straftäter befeuerten.[60] So rückte die Unschädlichmachung zunehmend in den Vordergrund der Kriminalpolitik des Nationalsozialismus (s. o.).

Erst in den 60er Jahren setzte hierzulande dann ein Wandel ein. Nunmehr betonte man wieder stärker die Umweltfaktoren und lehnte insbesondere den Begriff des geborenen Verbrechers ab; der Verbrecher erschien mehr als Opfer der gesellschaftlichen Umstände und seiner fehlerhaften Sozialisation.[61] Diese Entwicklung wurde begleitet von einer fortschrittsoptimistischen Suche nach Methoden, die sozialisationsbedingten Defizite der Täter zu behandeln und so langfristig Verbrechen zu verhindern. Diese Grundstimmung weckte neue Hoffnung auf eine Resozialisierung auch der Täter, die bis dahin z.B. als nicht besserungsfähige Gewohnheitsverbrecher abgestempelt worden waren. Dies begünstigte auch den Fokus auf die positive Spezialprävention, der die Strafrechtswissenschaft und Kriminalpolitik der 60er Jahre prägte (dazu II. 1.). *Garland* spricht treffend von einer „korrektionalistischen Kriminologie und Verbrechenskontrolle".[62]

2. Die „alte" kritische Kriminologie

Dieser kurze Einblick in die Disziplingeschichte der Kriminologie macht allen Wandlungen zum Trotz deutlich, dass der Blickwinkel der kriminologischen Forschung bis in die 60er Jahre ein ähnlicher war: Untersucht wurden nämlich stets die Ursachen des delinquenten Verhaltens, mochten sie in biologischen oder sozialen Faktoren gesucht worden sein. Man spricht hier von der sog. ätiologischen, d.h. ursachenforschenden Kriminologie. Bei allen Unterschieden insbesondere der kriminalpolitischen Folgerungen, ist den oben grob nachgezeichneten Strömungen innerhalb der Kriminologie mithin eine positivistische Grundausrichtung gemein.[63] Posi-

60 Dazu und zur hier ausgesparten Tätertypenlehre eingehend *Streng* (Fn. 23), 157; einschränkend ist klarzustellen, dass die weite Mehrzahl der Opfer der nationalsozialistischen Eugenik nicht mittels strafrechtlicher Verurteilungen ins Verderben geschickt wurden, vgl. zum Verhältnis des Strafrechts zu anderen Formen der „Feindvernichtung" im Nationalsozialismus *Vogel* (Fn. 22), 663.

61 Zusammenfassend *Baumann* (Fn. 25), S. 377 f.; *Garland* (Fn. 37), S. 61 ff.

62 *Garland* (Fn. 37), S. 93 ff., er bezieht sich aber primär auf den anglo-amerikanischen Raum.

63 Dazu *Eisenberg/Kölbel* (Fn. 34), § 2 Rn. 9 ff.; vgl. allgemein zur Stellung des Positivismus in der heutigen Sozialforschung *Zima*, Soziologische Theoriebildung, 2020, S. 40 ff.; ebenso *Kunz* (Fn. 2), 71.

tivismus bezeichnet eine – teils naive – Übernahme naturwissenschaftlicher Erkenntnismethoden in den Sozialwissenschaften. Nach dem Zweiten Weltkrieg sah sich die Kriminologie als Wissenschaftsdisziplin aber gänzlich neuen Einwänden ausgesetzt, die ihre Stellung als Hilfswissenschaft des Strafrechts sowie ihren naiven Positivismus betraf.[64] Die Kriminologie entfernte sich von ihren naturwissenschaftlichen Wurzeln und gliederte sich zunehmend in die empirische Sozialforschung ein. In der internationalen empirischen Sozialforschung bzw. Soziologie hatte sich unterdessen bereits zu Beginn des 20. Jahrhunderts ein Wandel des Erkenntnisgegenstandes sowie der Funktionszuschreibung abgezeichnet. Diese im Detail heterogene Entwicklung hier im Einzelnen nachzuzeichnen, ist nicht möglich, sodass eine idealtypische Betrachtung genügen muss.[65] Allgemein lässt sich der Wandel als Hinwendung zu einem interpretativ-konstruktivistischen Paradigma kennzeichnen.[66] Es verlagerte sich das Erkenntnisinteresse der Kriminologie von den (naturwissenschaftlich verstandenen) Ursachen der Kriminalität hin zu den Bedingungen, unter denen bestimmte Verhaltensweisen als kriminell gelabelt werden.[67] Dahinter steht die bis heute anerkannte Erkenntnis, dass Handlungen nicht aus sich heraus „kriminell“ oder auch nur „schlecht“ sind, sondern dies nur unter Bezugnahme auf ein normatives System sein können. Kriminell sind also diejenigen Handlungen und Menschen, auf die dieses Label erfolgreich angewendet wird (konstruktivistisches Element). Interpretativ-konstruktivistische Ansätze verwenden in aller Regel keine quantitativen Erkenntnismethoden, sondern analysieren primär qualitativ. Bei qualitativer Forschung werden vor allem soziale Interaktionen interpretiert (interpretatives Element). Wie bei der positiven Generalprävention (siehe II. 2.) gewann so in der Kriminologie an Bedeutung, anhand welcher Symbole Kriminalität verhandelt wird.

Unter dem Einfluss der 68er-Bewegung verbanden sich diese im Detail äußerst heterogenen Ansätze dann häufig mit marxistischen oder sonst gesellschaftskritischen soziologischen Ansätzen wie der kritischen Theorie. Das Strafrecht wurde als Herrschaftsinstrument, das die Unterdrückung der ohnehin Benachteiligten reproduziere und so soziale Umbrüche ver-

---

64 *Lamnek/Vogl*, Theorien abweichenden Verhaltens II, 4. Aufl. (2017), S. 29 ff.

65 Vgl. *Eisenberg/Kölbel* (Fn. 34), § 2 Rn. 7 ff.

66 Vgl. differenzierend *Ploder*, in: Moebius/Ploder (Hrsg.), Handbuch Geschichte der deutschsprachigen Soziologie, S. 735, 741 ff.; diesen Prozess für die Kriminologie nachzeichnend *Lamnek/Vogl* (Fn. 64), S. 15 ff.

67 Vgl. zu dieser Grundhaltung in der kriminologischen Forschung *Kunz/Singelnstein*, Kriminologie, 8. Aufl. (2021), § 2 Rn. 11 ff.: „Verstehensmodell“.

hindere, dekonstruiert. Denn aufgrund der Selektionsmechanismen des Strafrechts würden primär marginalisierte Gruppen als Kriminelle gelabelt und so in dieser Rolle bestätigt. Das sozialliberale Bestreben der Kriminalpolitik und Kriminologie, Täter durch Strafe zu bessern, fassten die Vertreter dieser tendenziell links-progressiven Strömung als pathologisierende Zuschreibung auf und lehnten sie ab. Aus dieser Entwicklung von der ätiologischen hin zur labeling-Kriminologie erklärt sich die ab Ende der 1960er Jahren zunehmend strafrechtskritische, wenn nicht gar abolitionistische, d.h. das Institut staatlicher Strafe als Ganzes verwerfende Grundstimmung.[68]

Diese neue Kriminologie, die in Deutschland als *labeling approach* und als kritische Kriminologie Karriere machen sollte, ist für Strafzwecktheorien auf den ersten Blick wenig anschlussfähig, soweit das Strafrecht als illegitimes Herrschaftsinstrument verbrämt, die Zuschreibung von Kriminalität ausschließlich als negatives symbolisches Gut begriffen wird.[69] Mit der Betonung der symbolischen Wirkung des Strafrechts auch in der Kriminologie war der Grundstein für eine Vereinigung mit der positiven Generalprävention indes bereits gelegt. Erkennbar ist hier zudem das revolutionäre Selbstverständnis und der transformative Anspruch, der indes allen kritischen Wissenschaften gemein ist. Vielen Anhängern der kritischen Kriminologie und des *labeling approach* ging es letztlich darum, die als ungerecht analysierte Gesellschaft in eine bessere zu transformieren. Dem stand das Strafrecht durch seinen reproduktiven Charakter jedoch im Wege. Die Transformation sollte folglich (noch) durch Abschaffung respektive Begrenzung des Strafrechts erreicht werden, keinesfalls durch seine Intensivierung.

Etwas anders verhält es sich, wie wir schon gesehen haben, mit der Systemtheorie *Luhmannscher* Prägung, die ebenfalls dem interpretativ-konstruktivistischen Paradigma zuzuordnen ist.[70] Zwar zog *Luhmann* selbst die Verwertbarkeit seiner Theorie für das Recht insoweit in Zweifel, als die Systemtheorie nichts über ihre Anschlussfähigkeit innerhalb des sozialen Systems des Rechts aussagen könne (es handelt sich vielmehr um eine Perspektive zweiter Ordnung)[71]. An einer gesellschaftlichen Transformation war es *Luhmann*, wie aus dem berühmten Werturteilsstreit mit *Habermas*

68 Vgl. *Lamnek/Vogl* (Fn. 64), S. 314.
69 Vgl. dazu *Kunz*, NK 2017, 68, 75.
70 *Luhmann* selbst rechnet seine Theorie dem radikalen Konstruktivismus zu.
71 *Luhmann* (Fn. 41), S. 31 ff.

bekannt, auch nicht gelegen, sodass er nicht als Stichwortgeber der sozialnormtransformativen Kriminalpolitik bezeichnet werden kann. Allerdings grenzte er sich vom fundamentalkritischen *labeling approach* ab, da dieser sich allzu ambivalent dazu verhalte („wohlplatzierte Unschärfe"), ob das jeweilige Verhalten, das als kriminell gelabelt wird, nicht in Wahrheit harmlos und erträglich sei.[72] Mit dem Konzept der Sicherung normativer Verhaltenserwartungen statuiert *Luhmann*, intendiert oder nicht, ein positives symbolisches Gut, das im Recht anschlussfähig ist: Normen werden in ihrer sozialen Funktion durch Kommunikation erhalten, sprich in die Zukunft projiziert (zum sozialnormreproduzierenden Charakter der positiven Generalprävention siehe II. 3.). Erst die Vereinigung des positiven symbolischen Guts aus der Systemtheorie und des transformativen Anspruchs der kritischen Kriminologie führte jedoch zur sozialnormtransformativen Kriminalpolitik (vgl. II. 4.).

3. Scheerer-Bender-Debatte

Doch auch jene geistige Entwicklung in der kritischen Kriminologie blieb nicht lange tonangebend, wenn sie es überhaupt je war. Im Ungefähren zeitgleich mit dem Aufkommen der Straftheorie der positiven Generalprävention (s.o.) entwickelten sich auch in der kritischen Kriminologie Momente, die das Strafrecht als nicht mehr gänzlich verdammenswert erscheinen ließen – sondern den *labeling approach* als „Partisanenwissenschaft"[73]. Diese hängen wesentlich mit den sogenannten neuen sozialen Bewegungen zusammen. Namentlich aus einer feministischen Grundrichtung heraus entwickelte sich ab den 1970er Jahren die Ansicht, man müsse das Strafrecht nutzen, um historisch gewachsene Machtverhältnisse in der Gesellschaft zu bekämpfen.[74] Dass diese Entwicklung ihren Ausgang vor allem in der feministischen Kriminologie bzw. Rechtswissenschaft nahm, könnte daran liegen, dass es diesen stets weniger um die (empirisch eher fernliegende, nur punktuell vorhandene) Überkriminalisierung von Frauen, sondern um die (von der Kriminologie und der Kriminalpolitik lange Zeit

---

72 *Luhmann*, Soziale Systeme, 1985, S. 439.

73 *Brumlik*, in: Peters (Hrsg.), Muß Strafe sein?, 1993, S. 201.

74 Vgl. *Frommel* (Fn. 10), 375.

kaum adressierte) Viktimisierung von Frauen im sozialen Nahraum ging.[75] Etwas verzögert gelangte auch das Phänomen der sog. Vorurteilskriminalität in das Blickfeld der deutschen kritischen Kriminologie. In Deutschland entwickelte sich ein Bewusstsein für diese Form der Kriminalität vor allem im Nachgang der „Baseballschlägerjahre" – damals war aber häufig noch von „rechter Gewalt" die Rede.[76] Als Erweckungserlebnis gilt zudem der sog. NSU-Prozess, der zur Einführung der menschenverachtenden Beweggründe in § 46 Abs. 2 S. 2 StGB führte.[77] Auch die vielbeschworene Kriminalität der Mächtigen (zuweilen sog. Makrokriminalität, etwa die Verbrechen der Nationalsozialisten, die sich in das deutsche Kollektivbewusstsein besonders eingeprägt haben) sowie die Rezeption von Sutherlands white-collar crimes in Deutschland führte zu einer allmählichen Verlagerung des Interesses von der Unterschichtenkriminalität hin zu Straftaten, bei denen eine Solidarisierung mit den Tätern weniger nahe lag.[78] Zugleich entdeckte die Kriminologie das Opfer als Erkenntnisgegenstand (sog. Viktimologie), und förderte zutage, dass manche Straftaten, insbesondere Gewaltdelikte, massive Konsequenzen für die Betroffenen haben können.

So tat sich in der kritischen Kriminologie, die eben erst durch den *labeling*-Ansatz zu einer teils abolitionistischen Fundamentalopposition zum Strafrecht gefunden hatte, ein neuerlicher Konflikt mit den nunmehr durchaus strafrechtsaffirmativen Strömungen aus dem „eigenen Lager" auf, die Anschluss an die positive Generalprävention suchten (dazu auch II. 4.).[79]

Stellvertretend lässt sich der beschriebene Dissens in der kritischen Kriminologie am Beispiel einer publizistischen Auseinandersetzung zwischen *Sebastian Scheerer* und *Birgit Bender* in der „Kritischen Justiz" Mitte der 1980er Jahre aufzeigen. *Scheerer* schrieb 1985 unter dem Titel „Neue soziale Bewegungen und Strafrecht" eine Kritik an dem gewandelten Grund-

75 Vgl. *Aviram* (Fn. 7), 223; ähnliches lässt sich für die Umweltbewegungen im Hinblick auf Umweltverschmutzungen sagen (was freilich in fließendem Übergang zum „Risikostrafrecht" steht, s. I.), *Kunz* (Fn. 69), 73.

76 Vgl. zur Thematisierung rechter Gewalt in den damaligen Diskursen *Singelnstein*, Diskurs und Kriminalität, 2009, S. 147 ff.

77 Daneben spielte eine Rolle, dass das Europarecht in einem Rahmenbeschluss eine Verpflichtung vorsah, entsprechende Motive strafschärfend zu berücksichtigen; zur europarechtlichen Determinierung des Umgangs mit Hasskriminalität eingehend *Rebmann/Schlicksupp*, ZStW 135 (2023), 84.

78 Vgl. das Eingeständnis von *Peters*, Soziale Probleme 7 (1996), 3, 13 f.

79 *Peters* (Fn. 78), 13 f.

verhältnis vieler progressiver Kriminologen und Kriminalpolitiker zum Strafrechtssystem. Während die politische Bewegung der Neuen Linken in Nachfolge der Studentenbewegung „antiinstitutionell, akephal und antietatistisch" gewesen sei, habe sich dies mehr und mehr in Richtung Partizipation an bestehenden Strukturen entwickelt. In der Folge habe sich auch das Verhältnis zum Strafrecht geändert: „Das Strafrecht, einst Inkarnation nicht nur falscher Inhalte, sondern auch eines falschen Prinzips, erlangte im Verlauf der siebziger Jahre wieder Anerkennung als eines der bedeutendsten symbolischen Mittel zur Etablierung allgemeiner Prinzipien."[80] „War die dominierende Tendenz bis in die siebziger Jahre die negative Kritik am Strafrecht als eines staatlichen Machtinstruments überhaupt und suchte man folglich nach Alternativen zum Strafrecht [...], so führte der etatistische Umschlag der wichtigsten der neuen Bewegungen zum nachhaltigen Einklagen alternativer Inhalte im Strafrecht."[81]

Im Gefolge dieses „etatistischen Umschlags" in der politischen Zielrichtung der Neuen Linken habe sich auch die Theorieproduktion der kritischen Kriminologie verändert. „Doch mit dem für die wissenschaftliche Produktion typischen „time lag" fand auch die Transformation der neuen sozialen Bewegungen ihren Weg in die Neue Kriminologie. [...] Plötzlich ging es um Gesetze, deren Inhalte den Werten der neuen sozialen Bewegungen entsprachen [...]. Allem Anschein nach bahnt sich eine Wandlung vom Kritiker zum Zulieferer oder stillen Teilhaber von Moralkreuzzügen an."[82]

In einer Entgegnung unter dem Titel „Feministinnen und das Strafrecht – eine Replik" kritisierte *Bender Scheerers* Einlassungen scharf, auch wenn sie das „Ziel einer langfristigen Abschaffung der Knäste" freilich teile.[83] Beispielsweise verteidigte sie feministische Forderungen zu Verschärfungen des Vergewaltigungstatbestandes (unter anderem die schon damals überfällige Streichung des Tatbestandsmerkmals „außerehelich"). „Und dies nicht nur, wie Scheerer mit dem Vorwurf von ‚symbolischer Politik' glauben machen will, weil das Sexualstrafrecht und das in Vergewaltigungsprozessen übliche Verfahren ein Abbild sexistischer Unterdrückung sind, sondern weil eben diese darin ständig reproduziert wird."[84] Es gehe um „eine Ab-

80 *Scheerer*, KJ 1985, 245, 245.
81 *Scheerer* (Fn. 80), 246.
82 *Scheerer* (Fn. 80), 253.
83 *Bender*, KJ 1987, 449, 449.
84 *Bender* (Fn. 83), 450.

kehr der von allen Beteiligten umstandslos übernommenen patriarchalen, und das heißt: der gesellschaftlich anerkannten Sichtweise des Täters".[85]

Scheerers Kritik steht letztlich auf dem - wie *Bender*[86] analysiert - überholten Boden der fundamental strafrechtskritischen Tendenz der 1960er Jahre. Für ihn ist jedes Einfließen politischer Forderungen in das Strafrecht „symbolisch", da das Strafrecht keine verhaltenssteuernde Potenz habe. *Bender* setzt dem eine positive Vorstellung von Strafrecht als Symbol entgegen: Es gehe um Anerkennung bestimmter Werte, um damit die gesellschaftlichen Werte an sich zu ändern - und die Reproduktion überkommener sozialer Normen durch das Strafrecht zu beenden.

4. Die „neue" Kritische Kriminologie: Sozialnormtransformation und unterlassene Zuschreibungen

Die Auseinandersetzung zwischen *Scheerer* und *Bender* versinnbildlicht gut den Umschwung, in dem die Avantgarde der kritischen Kriminologie ihre Grundhaltung zum Strafrecht grundsätzlich änderte. Die „neue" (und heute dominante) Richtung der kritischen Kriminologie folgt seitdem dem kriminalpolitischen Paradigma einer Sozialnormtransformation mit deutlichen Anleihen bei der Strafzwecklehre der positiven Generalprävention. Bei näherer Betrachtung des fundamentalkritischen *labeling approach* ist dieser Wandel indes kaum verwunderlich. Der Vorwurf, das Strafrecht selektiere so, dass am Ende nur sozial Benachteiligte bestraft würden, geht nicht zwingend auf eine abolitionistische Grundhaltung aus. Im Gegenteil ist diesem Vorwurf die Forderung nach einer Bezeichnung der Mächtigen und Privilegierten als kriminell bereits eingeschrieben. In den Worten von *Kunz*: „Der Vorwurf einer Strafverschonung der Mächtigen ist die Kehrseite des Vorwurfs der Überkriminalisierung strukturell benachteiligter Bevölkerungskreise. In Beidem drückt sich der Unmut über die soziale Ungleichheit der Gesellschaft aus, welche sich im Strafrecht und seiner Praxis reproduziert."[87] Ähnliches zeigt sich auch in einer interessanten Bemerkung von *Lüderssen*.[88] Dieser zitiert die Koryphäe der kritischen Kriminologie, *Fritz Sack*, mit der Aussage, dass er sich darüber ärgere, dass

85 *Bender* (Fn. 83), 451.
86 *Bender* (Fn. 83), 449.
87 *Kunz* (Fn. 2), 75.
88 Siehe *Lüderssen*, in: ders. (Hrsg.), Aufgeklärte Kriminalpolitik oder Kampf gegen das Böse, Band I: Legitimationen, 1998, S. 307, 308.

Polizisten mit Gewaltanwendungen während ihrer Dienstausübung häufig davonkämen. Dem will *Lüderssen* sinngemäß entgegnet haben, *Sack* müsse doch eigentlich froh sein, dass wenigstens die Polizisten dem Kriminalisierungsapparat ein Schnippchen schlagen würden. *Lüderssen* schließt daraus zurecht, dass es in der Logik des *labeling approach* auch so etwas wie unterlassene Zuschreibungen geben müsse. Diese Unterlassungen reproduzieren dann ebenfalls die Herrschaftsstrukturen in der Gesellschaft, da Straftaten zulasten bestimmter Bevölkerungsgruppen verharmlost und nicht als solche gelabelt werden. Dementsprechend kann ein Mehr an Zuschreibung erforderlich sein (sprich Neukriminalisierungen und Strafschärfungen), um die Transformation zu erreichen, die an anderer Stelle durch Entkriminalisierungen erstrebt wird.

Über diesen Befund hinaus gibt es weitere Gründe dafür, dass die kritische Kriminologie heute eher sozialnormtransformative Pfade beschreitet. Diese liegen zunächst in der typischen Annahme der kritischen Kriminologie, das Strafrecht sei ein besonders wirkmächtiger Teil des Staates. Nimmt man an, das Strafrecht und die Strafjustiz seien etwa wegen ihrer symbolischen Macht in der Lage, die ungerechte Gesellschaftsordnung kommunikativ zu reproduzieren, dann ist es zu der Annahme, das Strafrecht könne diese Ordnung durch ihre symbolische Macht auch transformieren, nicht weit. Weiterhin ermöglicht der Fokus auf die symbolische Interaktion (gleiches gilt für die Betonung der Semantik von Straftatbeständen und Unwerturteilen, dazu II. 2.), die „dunkle Seite des Strafrechts" auszublenden bzw. von der Frage nach der Sinnhaftigkeit des Strafrechts zu entkoppeln. Die unmöglichen Zustände in den „Knästen" usw. verlieren an Bedeutung und ihre Abschaffung wird in die Zukunft verschoben.

Schließlich ist insbesondere in der Debatte um die sog. Vorurteilskriminalität eine bemerkenswerte Eigentümlichkeit zu beobachten. Straftaten werden auf Einstellungen und Motive zurückgeführt (rassistische, antisemitische etc.) und die dahinterliegenden Sozialisationsbedingungen und weitere kriminorelevante Faktoren tendenziell ausgeblendet. Geht man davon aus, Menschen würden Straftaten primär wegen ihrer Einstellung begehen, gewinnt das Ziel einer Sozialnormtransformation zusätzlich an Legitimität.

Zugleich ist in der hate crime-Debatte die Dynamik sozialnormtransformativer Kriminalpolitik zu erkennen. Der Begriff der Hasskriminalität ist wegen der monokausalen Verengung aus kriminologischer Perspektive durchaus nicht unproblematisch, auch weil eine hohe Kontingenz bei der

„Feststellung" von Motiven besteht. Jedoch wird es vielfach schlicht als nach einem sozialnormtransformativen Paradigma zweckmäßig betrachtet, etwa Sexualstraftaten gegen Frauen prinzipiell der Hasskriminalität zuzuschlagen (mehr Ächtung, mehr Sensibilisierung, mehr Opfersolidarisierung usw.). Es liegt zwar nahe, manche Formen der geschlechtsspezifischen Gewalt der Hasskriminalität zuzurechnen, wie *Steinl* eindrücklich nachgewiesen hat.[89] Die dafür erforderliche Motivzuschreibung darf jedoch nicht blindlings und rein nach Zweckmäßigkeitserwägungen erfolgen, sondern bedarf einer intensiven Einzelfallbetrachtung.[90]

IV. Sozialnormtransformative Kriminalpolitik

Die Ergebnisse unserer Analyse lassen sich wie folgt zusammenfassen: Sowohl in der Strafzweckdebatte als auch in der Kriminologie hat die Kommunikation über strafbares Verhalten an Bedeutung gewonnen. Schon wie kommuniziert wird, kann demnach bestimmte soziale Verhältnisse reproduzieren oder wandeln. Zwar war die positive Generalprävention zunächst eher sozialnormreproduzierend und die kritische Kriminologie abolitionistisch. Durch den eben benannten gemeinsamen Nenner beider Theoriestränge (Betonung der symbolischen Macht des Strafrechts) war es jedoch möglich, den kommunikativen Aspekt der positiven Generalprävention mit den transformatorischen Ansprüchen der kritischen Kriminologie zu verknüpfen: und zwar zum sozialnormtransformativen kriminalpolitischen Paradigma.

Die neue progressive Kriminalpolitik ist transformativ, weil sie die gegenwärtigen gesellschaftlichen Verhältnisse negativ bewertet und diese in Richtung einer gerechteren Gesellschaft verändern will. Sie ist sozialnormtransformativ, weil im Geiste der positiven Generalprävention als Zwischenschritt eine Änderung der gesellschaftlichen Wertvorstellungen intendiert wird. Es handelt sich um Kriminalpolitik, soweit durch politische Interventionen die Rechtslage oder doch zumindest die Rechtsprechung geändert werden soll. In den Worten der Strafzwecklehre zielt das neue kriminalpolitische Paradigma auf eine sozialnormtransformative Generalprävention ab.

Abzugrenzen ist das hiesige Konzept von der sog. Transformative Justice. Diese soziale Bewegung US-amerikanischer Provenienz bildet in gewisser

89 *Steinl*, ZfRS 2018, 179, 195 ff.
90 So auch *Steinl* (Fn. 89), 197.

Weise das abolitionistische Gegenstück zur hiesigen sozialnormtransformativen Kriminalpolitik. In den USA wird der Ansatz vor allem von Frauen of Color verwendet, die sich gegen den punitiven Feminismus (Carceral Feminism) richten. Sie propagieren – ähnlich wie die Black-Lives-Matter-Bewegung – eine weitgehende Abschaffung des Strafrechts. Stattdessen sollen Konflikte in kleinen Communities ausgehandelt werden.[91] Größer sind die Ähnlichkeiten zur aus dem Völkerstrafrecht bekannten Transitional Justice.[92] Dahinter verbirgt sich die Hoffnung, nach dem Vorbild der Nürnberger Prozesse u.a. durch die strafrechtliche Verfolgung von Systemunrecht den Transformationsprozess von diktatorischen Regimen hin zur Demokratie zu ermöglichen. Unter anderem der neue Fokus der Kriminologie auf solche Formen der Makrokriminalität hat den oben beschriebenen etatistischen Umschlag begünstigt. *Neubacher* etwa verwirft den *labeling approach* gerade vor dem Hintergrund des Völkerstrafrechts als Partisanenwissenschaft.[93]

Sozialnormtransformative Kriminalpolitik ist nach unserer Auffassung die wichtigste und derzeit prävalenteste Form der „progressiven Kriminalpolitik". Jedoch begründen progressive Akteure Strafverschärfungen – dem herrschenden kriminalpolitischen Paradigma folgend – auch mit abschreckungspräventiven Argumenten, sodass es sich insoweit um eine Schnittmenge der progressiven Kriminalpolitik handelt. Das ebenfalls in jüngerer Zeit aufgekommene kriminalpolitische Paradigma mit dem Inhalt, durch Verdammung des Täters eine Solidarisierung mit dem Opfer zu erreichen, ist mit der sozialnormtransformativen Kriminalpolitik geistesgeschichtlich eng verwandt (vgl. III. 3. und 4.).[94]

---

91 Überblick bei *Kim*, International Review of Victimology 2021, 162 ff.

92 Dazu *Werle/Vormbaum*, Transitional Justice. Vergangenheitsbewältigung durch Recht, 2018.

93 *Neubacher*, Kriminologische Grundlagen einer internationalen Strafgerichtsbarkeit, 2005, S. 196 ff., *Neubacher* tendiert zu einer „aufgeklärten Punitivität".

94 In der Strafrechtswissenschaft findet dieser Gedanke insbesondere Ausdruck in der expressiven Straftheorie *Hörnles*. Sie begründet die Strafe abseits opferloser Delikte u.a. mit der Kommunikation mit dem Opfer. Vgl. *Hörnle*, Straftheorien, 2. Aufl. (2017), passim; vgl. auch *Rostalski*, ZStW 136 (2024), 373 ff., die den kritischen Begriff „Opferstrafrecht" etablieren möchte.

V. Schluss

Der vorstehende Abriss hat gezeigt, wie Entwicklungen in der juristischen Strafzweckdebatte mit der Theorie der positiven Generalprävention und die grundlegenden Umbrüche in der kritischen Kriminologie im Hinblick auf die Legitimität und den Einsatz staatlicher Strafe kriminalpolitisch ineinandergreifen. Als konvergentes Produkt entsteht ein sozialnormtransformatives Paradigma, das in der Gesetzgebung inhaltsgebend wirkmächtig ist.

Dieser Beitrag begreift sich dabei ausdrücklich nicht als Parteinahme für oder gegen sozialnormtransformative Kriminalpolitik, sondern vielmehr als Reflexionsansatz und rein deskriptive Skizze. Abschließend werden nun noch einige Probleme der sozialnormtransformativen Strafrechtskonzeption aufgegriffen, wiederum ohne Stellung zu beziehen. So könnte man ganz grundsätzlich den transformativen Wirkmechanismus staatlichen Strafens in Zweifel ziehen – wie dies von der evaluatorischen kriminologischen Forschung für die herkömmliche, sozialnormreproduzierende Variante der positiven Generalprävention bereits zahlreich getan wurde.[95] Es bedürfte empirischer Klärung, ob eine bewusst in Gegensatz zu bestehenden sozialmoralischen Strukturen gestellte Gesetzgebung wirklich eine Änderung dieser Verhältnisse bewirken kann.

Problematisch erscheint weiterhin, dass eine Orientierung an dem sozialnormtransformativen Paradigma tendenziell zur Einführung von Gesinnungsmerkmalen im Strafrecht zu führen scheint. Die Gründe für diesen Zusammenhang müssen hier weitgehend offenbleiben (siehe aber III. 4.). Möglich ist, dass die Beweggründe nach herkömmlicher Strafrechtsdogmatik allgemein als schuldrelevant gelten. Außerdem sind Beweggründe für Umdefinitionen besonders verfügbar, da sie einem objektiven Nachweis weitgehend unzugänglich sind. Sie bieten sich daher an, um neue, im Strafrecht anschlussfähige Label zu entwickeln und dort zu etablieren. Zugleich wachsen aber in der Strafrechtsdogmatik die Zweifel, ob Gesinnungsmerkmale im Strafrecht überhaupt von Relevanz sein können. Eine Beantwortung dieser Fragen ist hier nicht zu leisten und muss weiteren Untersuchungen vorbehalten bleiben.

---

95 Vgl. beispielhaft *Schumann*, in: Schünemann et al. (Hrsg.), Positive Generalprävention, Heidelberg 1998, S. 17 ff.

Teil 2:
Strafrecht in der Klimakrise

Krisensicheres Strafrecht oder sichere Strafrechtskrise? – Strafrechtliche Rechtsanwendung und Gesetzgebung in Zeiten des Klimawandels

Nina Schrott, München

I. Das Strafrecht und die Klimakrise

Die Klimakrise ist allgegenwärtig und auf den anthropogenen[1] Klimawandel[2] rückführbare Extremwetterlagen, Überschwemmungen und Ernteausfälle sind inzwischen beinahe an der Tagesordnung. Es überrascht daher nicht, dass sich bereits jetzt mannigfaltige Wechselwirkungen mit Bestimmungen des geltenden Rechts, auch des Strafrechts, ergeben. Ich nenne hier nur einige Schlagwörter: Klima(schutz)strafrecht[3] und Ökozid[4], „Letzte

1 Plakativ *Comes*, KlimR 2023, 361, 361: „menschengemachte[s] Horrorszenario". Die Anthropogenität des Klimawandels ist deshalb in diesem Kontext von besonderer Relevanz, weil – wie *Prittwitz/Tiedeken* zutreffend feststellen – erst sie „das Abmildern des Klimawandels durch Menschen (mit oder ohne Strafrecht) nicht von vornherein als Utopie erscheinen lässt und damit überhaupt zu einer durch den Staat beeinflussbaren Aufgabe ausweist", *Prittwitz/Tiedeken*, in: Satzger/v. Maltitz (Hrsg.), Klimastrafrecht, 2024, S. 59, 62.

2 Klima bezeichnet den mittleren, umfassend berechneten und durch langjährige Beobachtungsreihen erfassten Zustand der Atmosphäre über einem Gebiet, vgl. *Nies*, in: Landmann/Rohmer (Hrsg.), BBodSchG, 105. EL 2024, § 17 Rn. 59. Unter dem Begriff des Klimawandels versteht man Änderungen des Klimas, vgl. *Kurze*, in: Görres-Gesellschaft (Hrsg.), Staatslexikon, Bd. 3, 8. Aufl. (2019), Stichwort: Klimawandel.

3 Hierzu unter III.1.a) und b).

4 Vgl. hierzu die am 26.03.2024 vom Rat der Europäischen Union angenommene „Ökozid"-Richtlinie (Richtlinie des Europäischen Parlaments und des Rates über den strafrechtlichen Schutz der Umwelt und zur Ersetzung der Richtlinien 2008/99/EG und 2009/123/EG, online abrufbar unter https://data.consilium.europa.eu/doc/document/PE-82-2023-INIT/de/pdf (zuletzt abgerufen am: 30.08.2024)); siehe auch *Satzger/von Maltitz*, in: dies. (Hrsg.), Klimastrafrecht, 2024, S. 437..

Generation" als kriminelle Vereinigung?[5], „Klimakleber"[6], Klimanotstand[7], „Tod durch RWE?"[8], „Beaching"[9], Klima-Containern[10] usw.

So wichtig es dabei ist, die Vielgestaltigkeit der aufgeworfenen Rechtsfragen und (straf-)rechtlichen Berührungspunkte zu benennen und diskursiv abzubilden, so sollte man sich dennoch nicht in Einzelheiten und Details verlieren.[11] Das große Ganze – Welche Antworten hat das Strafrecht auf die Klimakrise? – darf nicht aus dem Blick geraten. Ich möchte daher in diesem Beitrag versuchen, eine Art strafrechtliche Standortbestimmung vorzunehmen: Wo stehen wir aktuell? Und wo wollen, sollen und können wir hin? Dazu werde ich zunächst kurz den gesetzlichen status quo evaluieren (II.), bevor ich einige allgemeine Bemerkungen zu den Möglichkeiten und Grenzen eines kodifizierten Klima(krisen)strafrechts anbringen möchte (III.1.). Vertieft behandele ich sodann die Frage, inwiefern uns bereits jetzt methodische (Auslegungs-)Möglichkeiten zur Verfügung stehen, um auf die Herausforderungen der Klimakrise adäquat reagieren zu können (III.2.). Der Beitrag endet mit einem kurzen Fazit (IV.).

---

5 Ausführlich hierzu *Schrott*, in: Jiang et al. (Hrsg.), Verfassung und Strafrecht, 2025 (im Erscheinen).

6 Zusammenfassend zur Strafbarkeit von Straßenblockaden durch Klimaaktivisten *T. Zimmermann/Griesar*, JuS 2023, 401 m.w.N.

7 Aus der Rspr. AG Flensburg, JZ 2023, 255 m. Anm. *Engländer*; OLG Schleswig, NStZ 2023, 740 m. Anm. *Engländer*.

8 Artikel online abrufbar unter https://www.kritischeaktionaere.de/rwe/tod-durch-rwe-2/ (zuletzt abgerufen am: 30.08.2024).

9 *Beaching* bezeichnet die Entsorgung von Schiffen durch das gezielte Aufgrundlaufenlassen auf einem Strand sowie die dortige Zerlegung des Schiffs („Schiffsrecycling"). Zur Frage der Strafbarkeit des Beachings *Saliger*, NStZ 2023, 585; *Altenburg/Kremer*, wistra 2023, 133; zur „Ökozid"-Richtlinie der EU, die auch die Schaffung eines neuen Straftatbestands für diese Art des „Schiffsrecyclings" vorsieht, siehe Fn. 4.

10 *Containern* bezeichnet das Entwenden von Lebensmitteln aus den Abfallcontainern von Supermärkten, wobei es den Handelnden zumeist darum geht, noch genießbare, aber vom Eigentümer bereits entsorgte Lebensmittel ihrer eigentlichen Bestimmung (Verzehr) zuzuführen und hierdurch zudem ein politisches Zeichen für einen nachhaltigeren Umgang mit diesen Produkten zu setzen, vgl. *Werner*, in: Weber (Hrsg.), Rechtswörterbuch, 32. Ed. (2024), Stichwort: Containern. Stehen klimabezogene Zielsetzungen im Vordergrund, könnte man schlagwortartig von „Klima-Containern" sprechen.

11 Ähnlich *Satzger*, EnWZ 2023, 337, 337: „Dabei scheint es, als würde sich der derzeitige Diskurs auf dem Gebiet des Klimaschutzes in Details verlieren und der Blick für das große Ganze [...] in den Hintergrund geraten."

II. Wo stehst du, Klimakrisenstrafrecht? – Zum gesetzlichen status quo

„Eine Straf- oder Bußgeldvorschrift, die ausdrücklich die Sanktion von Beeinträchtigungen des ‚Klimas' erlaubt, existiert im deutschen Recht nicht."[12] Was *Grube/Lehner* in ihrem Beitrag zum Klimaschutz durch Straf- und Ordnungswidrigkeitenrecht einigermaßen knapp feststellen, ist sicherlich richtig. Gleichwohl lassen sich – wenngleich Normen mit unmittelbar klimaschützendem Charakter, also Delikte, die als mindestens eines von mehreren konkret benannten Schutzgütern das Klima ausweisen, tatsächlich fehlen – auch im Strafrecht aktuell geltender Fassung zumindest Ansätze eines „Klimakrisenstrafrechts" ausmachen: Damit gemeint sind Vorschriften, die zwar nicht ausdrücklich und direkt, aber doch in einem spezifisch-mittelbaren Sinn auf Klimaschutz ausgerichtet sind, indem sie den Zustand der Atmosphäre, zwar vermittelt über die klassischen Umweltmedien Boden, Wasser und Luft, aber doch dezidiert-zielgerichtet, in Bezug nehmen.[13] Zu nennen sind hier insbesondere die Normen des Umweltstrafrechts,[14] darunter vor allem die Luftverunreinigung nach § 325 Abs. 1 S. 1 StGB.[15]

Daneben lassen sich aber auch eine ganze Reihe von Normen finden, die sich zwar nicht auf klima- bzw. umweltmedienspezifische Tatobjekte beziehen, die jedoch im Einzelfall mit Klimaschutz-Aspekten gleichsam „aufgeladen" werden können – etwa, weil ein „klimaschutzförderlicher" Gegenstand, zum Beispiel fremder Baumbestand, zerstört wird (dann §§ 303 ff. StGB) oder man über die „klimafreundliche" Herstellung eines Produkts täuscht (dann gegebenenfalls § 263 StGB, sog. „Greenwashing"[16]). Man könnte diese Normen daher als unspezifisch-mittelbar bzw. potentiell

12 *Grube/Lehner*, KlimaRZ 2023, 46, 47.

13 Vgl. zu dieser – zum Teil jedoch anders gelagerten – Klassifizierung hinsichtlich nachhaltigkeitsschützender Normen *Schrott*, in: Bertling et al. (Hrsg.), Nachhaltigkeit im Wandel, 2024, S. 207, 208 ff.; 212 f.

14 D.h. die §§ 324 ff. StGB inkl. der weiteren Straftatbestände in den verschiedenen Umweltfachgesetzen. Als außerstrafrechtliche mittelbar klimaschützende Normen wären z.B. der Bußgeldtatbestand nach § 24 Lieferkettensorgfaltspflichtengesetz (LkSG), die Corporate-Social-Responsibility-Richtlinie (CSRD) sowie die §§ 331 ff. HGB zu nennen; zum Ganzen *Grube/Lehner* (Fn. 12), 47 ff.

15 Vgl. MüKoStGB/*Alt*, 4. Aufl. (2022), § 325 Rn. 1; ebenso *Grube/Lehner* (Fn. 12), 47.

16 Zum *Greenwashing* im produkt- und unternehmensbezogenen Bereich ausführlich *Schrott/Mayer*, GA 2023, 615 ff. (Teil 1) und 675 ff. (Teil 2) m.w.N.; im wettbewerbs- und finanzmarktrechtlichen Zusammenhang siehe u.a. *Mosbacher*, NJW 2023, 14; *Kasiske*, WM 2023, 53; *Falke*, ZUR 2022, 207; *Lamy/Ludwig*, KlimR 5/2022, 142; zum Lauterkeitsrecht *Grupe*, GRUR-Prax 2023, 324.

klimaschützend bezeichnen.[17] Klimafolgeschäden wie etwa Hitzetote oder Überschwemmungsopfer werden wiederum – zumindest grundsätzlich – über das klassische Instrumentarium des StGB, insbesondere Körperverletzungs- und Tötungsdelikte, adressiert.[18]

Damit lässt sich die Situation eines „Klimakrisenstrafrechts" de lege lata wie folgt zusammenfassen: Strafnormen, die ausdrücklich den Schutz des Rechtsguts „Klima" zum Gegenstand haben, existieren im deutschen Strafrecht bisher nicht. Dagegen finden sich einige spezifisch-mittelbare sowie etliche potentiell klimaschützende Vorschriften. Klimafolgeschäden wiederum können zumindest dem Grunde nach mittels des klassischen StGB-Repertoires erfasst werden.

III. Klimakrisenstrafrecht: quo vadis? – Oder: Wo willst, darfst und sollst du hin?

„Mehr Klimaschutz durch Strafrecht" könnte sich einerseits über gesetzgeberische Pfade, andererseits im Wege entsprechender Rechtsanwendung erreichen lassen.[19]

---

17 Vgl. hierzu bereits *Schrott* (Fn. 13), 212 f. m.w.N.

18 Freilich an dieser Stelle (noch) ungeachtet der Schwierigkeiten, die sich in diesem Zusammenhang insbesondere hinsichtlich Kausalität und objektiver Zurechnung sowie deren Nachweisbarkeit ergeben können.

19 Ausgeklammert bleibt damit die vorgelagerte, durchaus nicht leicht zu beantwortende Frage, ob sich das Strafrecht hier überhaupt als Mittel der Wahl darstellt, mithin zur Verhaltenssteuerung grundsätzlich geeignet ist. Insgesamt kritisch in diesem Zusammenhang *Prittwitz*, Strafrecht und Risiko, 1991, S. 242 ff.; *ders.*, StV 1991, 435, 441; zum „symbolischen Strafrecht" *Hassemer*, NStZ 1989, 553, 555 f.; spezifisch im „Klimakontext" *Mitsch*, Klimaschutz durch Strafrecht? Sollte Verschwendung von Lebensmitteln strafbar sein?, Vortrag auf der Tagung „Klimaschutz durch Strafrecht" am 28.05.2021, S. 8 f., Manuskript online abrufbar unter https://www.uni-potsdam.de/fileadmin/projects/ls-mitsch/Vorträge/1622722597_Lebensmittelverschwendung.pdf (zuletzt abgerufen am: 30.08.2024), der davon ausgeht, „dass das Strafrecht jedenfalls gegenwärtig ein untaugliches Mittel zum Klimaschutz ist". „Dysfunktionale Effekte" eines Klima(schutz)strafrechts befürchten auch *Burchard/Schmidt*, in: Satzger/v. Maltitz (Hrsg.), Klimastrafrecht, 2024, S. 83, 83. *Prittwitz/Tiedeken* (Fn. 1), 81, betonen wiederum die (notwendige) Verwaltungsakzessorietät eines die Klimapolitik flankierenden Klimastrafrechts, wollen diesen Aspekt aber nicht mit einem eigenen Beitrag des Strafrechts zum Klimaschutz verwechselt wissen. Zuversichtlicher mit Blick auf die Rolle des Strafrechts in der Klimakrise dagegen *Frisch*, GA 2015, 427, 432; *ders.*, in: Satzger/v. Maltitz (Hrsg.), Klimastrafrecht, 2024, S. 23 ff.; *Stratenwerth*, ZStW 105 (1993), 679; *Satzger/v. Maltitz*, ZStW 133 (2021), 1; ausführlich zur Rolle

Zunächst zu den gesetzgeberischen Möglichkeiten de lege ferenda:

1. Gesetzgebung

a) Anknüpfungspunkte

Die hier in Betracht kommenden Anknüpfungspunkte fallen naturgemäß vielgestaltig aus: Zunächst ließen sich schlichtweg neue Delikte schaffen, die konkret klimaschädliche Verhaltensweisen pönalisieren.[20] Dies ist der Ansatz des sog. Klimastrafrechts.[21] Ebenfalls möglich wäre es, bestehende Normen tatbestandlich zu erweitern, etwa im Bereich des Umweltstrafrechts, oder aber „umgekehrt" klimafreundliches, jedoch dem Tatbestand einer Deliktsnorm unterfallendes Handeln, zu entkriminalisieren, d.h. entweder die in Rede stehenden Delikte gänzlich abzuschaffen, als Ordnungswidrigkeiten auszugestalten oder aber tatbestandlich einzuschränken. Diskutiert wird Letzteres beispielsweise hinsichtlich des (auch) aus klimaaktivistischen Gründen durchgeführten Containerns – mithin des Herausholens von weggeworfenen, aber noch genießbaren Lebensmitteln zum Eigenverbrauch.[22]

Schließlich könnten auch gänzlich neue Rechtfertigungs-, Entschuldigungs- oder Strafausschließungsgründe geschaffen bzw. neue Möglichkeiten auf der Ebene der Strafzumessung[23] oder-verfolgung etabliert werden, die eine hinreichende Berücksichtigung klimaschutzbezogener Belange gewährleisten.

---

von Verbots- und Sanktionsnormen im Klimaschutz der 2024 von *Satzger* und *v. Maltitz* herausgegebene Sammelband „Klimastrafrecht. Die Rolle von Verbots- und Sanktionsnormen im Klimaschutz"; überblicksartig hierzu auch *Schrott* (Fn. 13), 218 ff.

20 So sieht beispielsweise eine neue EU-Richtlinie vor, u.a. den illegalen Holzhandel sowie das sog. *beaching* (vgl. hierzu bereits Fn. 9) zu sanktionieren; siehe dazu bereits Fn. 4.

21 Grundlegend *Satzger/v. Maltitz* (Fn. 19), 1.

22 So z.B. *Bülte*, in: Engelhart et al. (Hrsg.), FS Sieber, 2. Aufl. (2022), S. 183, 193 f., der in diesen Fällen für eine teleologische Reduktion der Zueignungsabsicht eintritt. Ausführlich zum Containern unter III.2.c)bb); zum Begriff siehe bereits Fn. 10.

23 Zu den verfassungsrechtlichen Grenzen der Strafzumessung bei Klimaaktionismus *Michael/Dersakissian*, NJW 2024, 194.

b) Möglichkeiten, Grenzen und Gefahren

Da eine spezifische „Gefahrenanalyse“ eines Klimastrafrechts jedenfalls den hiesigen Umfang sprengen würde, beschränke ich mich an dieser Stelle auf einige allgemeine Bemerkungen, was es in diesem Zusammenhang zu beachten gilt und wo gegebenenfalls Probleme liegen könnten:

Besonderes Augenmerk ist bei der Schaffung eines kodifizierten Klimastrafrechts zunächst darauf zu legen, dass insbesondere die klassischen dogmatischen Kategorien der Erfolgszurechnung und individuellen Verantwortlichkeit nicht außer Acht gelassen werden. Bei der Deliktsausgestaltung ist daher vor allem sicherzustellen, dass sich (Gefährdungs-)Erfolge zumindest irgendwie auf das Handeln Einzelner rückführen lassen – auch und vor allem im Rahmen etwaiger Kumulationsdelikte.[24] Zugleich sind die Anforderungen des Bestimmtheitsgrundsatzes zu wahren, d.h. Universalformulierungen zur Sanktionierung allgemein „klimaschädlicher Verhaltensweisen“ genügen grundsätzlich nicht.[25] Elemente plutokratischen Klimastrafrechts, etwa über kostspielige Kompensationsmaßnahmen als Tatbestandsausschluss- oder Strafaufhebungsgrund, gilt es möglichst zu vermeiden.[26]

Sollen (noch) sozialadäquate oder gar -nützliche treibhausgasemittierende Verhaltensweisen (zum Beispiel: Fliegen, produzierendes Gewerbe) unter Strafe gestellt werden, müssen sich die dahingehenden Überlegungen mit Fragen der Normakzeptanz und -geltung – Stichwort: Zwang statt Norminternalisierung, weil das Handeln überwiegend als nicht strafwürdig bewertet und massenhaft praktiziert wird – auseinandersetzen.[27] Auch die Einwände eines materiellen, an den schützenswerten Belangen betroffener

---

24 Dazu bereits *Satzger/v. Maltitz* (Fn. 19), 8 ff.; *Schrott* (Fn. 13), 222 m.w.N.; zur Legitimität von Kumulationsdelikten *Krell*, in: Satzger/v. Maltitz (Hrsg.), Klimastrafrecht, 2024, S. 139.

25 Zum Vorwurf mangelnder Bestimmtheit (hier hinsichtlich des Ökozid-Tatbestands in der von der „Stop Ecocide“-Initiative vorgeschlagenen Fassung) siehe auch *Wagner*, ZfiStW 7–8/2022, 477, 483; ähnlich *Kersting*, Völkerrechtsblog v. 08.07.2021, online abrufbar unter https://voelkerrechtsblog.org/on-symbolism-and-beyond/ (zuletzt abgerufen am: 30.08.2024).

26 Zum Klima(schutz)strafrecht als „Entlastung und Abschirmung der ‚Reichen und Mächtigen‘“ *Burchard/Schmidt* (Fn. 19), 101 ff.

27 Zu diesem Aspekt *Mitsch* (Fn. 19), 8 f.; ähnlich *Schrott* (Fn. 13), 221 f.; ausführlich zur Bedeutung der Akzeptanz („acceptatio legis“) für das Recht und seine Geltung *Rüthers et al.*, Rechtstheorie und Juristische Methodenlehre, 12. Aufl. (2022), § 8 Rn. 341 m.w.N.

Individualpersonen ausgerichteten Unrechtsbegriffs sind vor dem Hintergrund zu hören, dass die Tatfolgen aktuell (noch) vor allem künftige Generationen betreffen.[28]

Damit gilt es im Ergebnis sowohl rechtsdogmatische wie auch straftheoretische und kriminalpolitische Klippen zu umschiffen! Ohnehin werden es allein „neue Normen" kaum richten können, erfordert ein umfassender strafrechtlicher Klimaschutz doch stets im Sinne einer „Systemrückkopplung" auch eine Einbeziehung des bereits Bestehenden. Schauen wir daher nun auf das, was schon da ist, und wenden uns dem – neben der Rechtsschaffung – zweiten Hebel eines Klimakrisenstrafrechts zu: der Rechtsanwendung.

2. Rechtsanwendung

a) Verfassungskonforme Auslegung (i.w.S.) als methodischer Ausweg aus der strafrechtlichen Klimakrise?

Die Rechtsanwendung als methodologischer Oberbegriff[29] steht bisher – meines Erachtens zu Unrecht – allzu sehr im Schatten ihres Pendants, der Rechtsschaffung durch Klimastrafrecht.[30] Besonders ergiebig erscheint mir hier u.a. mit Blick auf Art. 20a GG die Auslegung, genauer: die verfassungskonforme Norminterpretation – verstanden in einem weiten Sinn, d.h. als (auch) aktive, positive Auslegungstätigkeit, als Form der Inhaltsbestimmung, und nicht bloß als Ausfilterung verfassungsinkonformer Interpretationsvarianten.[31]

28 Ausführlich hierzu *Hirsch*, in: Satzger/v. Maltitz (Hrsg.), Klimastrafrecht, 2024, S. 111 ff.

29 Der weite, methodenoffene Begriff der Rechtsanwendung ist als Oberbegriff für verschiedene Tätigkeiten zu verstehen. Als ihr „Normalfall" gilt die Gesetzesauslegung, d.h. die Anwendung von Normtexten auf relevante Sachverhalte. Insbesondere erfasst sind damit die Auslegung von Rechtsnormen, die Rechtsfortbildung als grundsätzlich schöpferische Tätigkeit sowie die Technik der Subsumtion. Zum Ganzen *Rüthers et al.* (Fn. 27), § 22 Rn. 697.

30 In diese Richtung auch *Brück*, in: Bertling et al. (Hrsg.), Nachhaltigkeit im Wandel, 2024, S. 59, 60.

31 Ausführlich zu diesem (weiten) Verständnis der verfassungskonformen Auslegung *Schrott* (Fn. 5). Ähnlich *Reimer*, Juristische Methodenlehre, 2. Aufl. (2020), Rn; 632; Schönke/Schröder/*Hecker*, 30. Aufl. (2019), Vor § 1 Rn. 33; NK-StGB/*Kargl*, 6. Aufl. (2023), § 1 Rn. 110; kritisch zur verfassungskonformen Auslegung als Inhaltsbestimmung von Gesetzen *Lembke*, Einheit aus Erkenntnis?, 2009, S. 222 ff. Die Abgrenzung

Da grundsätzlich jede im Rang unterhalb der Verfassung stehende Rechtsnorm verfassungskonform ausgelegt werden kann,[32] ergeben sich – zumindest *prima facie* – sowohl hinsichtlich bestehender Tatbestände wie auch in Bezug auf die im Allgemeinen Teil des StGB geregelten Rechtfertigungs- und Entschuldigungsgründe vielfältige Anknüpfungspunkte für eine am Erhalt unserer „natürlichen Lebensgrundlagen" (vgl. Art. 20a GG) orientierte Auslegung – und damit zugleich für den Klimaschutz, gehört doch „insbesondere auch das Weltklima zum Schutzgut des Art. 20a [GG]"[33].

b) Art. 20a GG als „Wunderwaffe" eines Klimakrisenstrafrechts?

Wird Art. 20a GG damit – vermittelt über die verfassungskonforme Auslegung – gleichsam zur „Wunderwaffe" eines Klimakrisenstrafrechts des Bestehenden? Oder bleibt diese „Nur"-Staatszielbestimmung, die unstreitig keine subjektiven Rechte verleiht,[34] doch ein stumpfes Schwert, ein wohlklingender, aber zahnloser Tiger? Wie so oft liegt die Wahrheit wohl irgendwo dazwischen. Aber der Reihe nach:

Verfassungskonform auszulegen bedeutet, zumindest nach dem hiesigen weiten Begriffsverständnis, dass grundgesetzliche Wertungen bereits bei Bestimmung des Inhalts einer Norm Berücksichtigung finden.[35] Das klingt in den Ohren ambitionierter Klimakrisenstrafrechtlerinnen und -rechtler

zur sog. verfassungsorientierten Auslegung ist (dann) fließend. Ohnehin wird deren Verhältnis zueinander (materiell) unterschiedlich beurteilt: Zum Teil betrachtet man die verfassungsorientierte Auslegung schlichtweg als „Unterfall" der verfassungskonformen Auslegung, vgl. *Lembke* (Fn. 31), S. 247, während es nach a.A. gerade Letztere ist, die einen „Unterfall" der Ersteren bildet, so z.B. *Voßkuhle*, AöR 125 (2000), 177, 180 m.w.N.

32 *Spanner*, AöR 91 (1966), 503, 510; *Kuhlen*, Verfassungskonforme Auslegung, 2006, S. 6 f., 9.

33 BeckOK-GG/*Rux*, 59. Ed. (15.09.2024), Art. 20a Rn. 13; ebenso *Kersten*, Das Ökologische Grundgesetz, 2022, S. 267.

34 Allg. Meinung, siehe nur BVerwG 105, 348 f.; BVerfG NVwZ 2001, 1148, 1149; vgl. auch BVerfGE 104, 238, 246; *Durner*, in: Herdegen et al. (Hrsg.), Handbuch des Verfassungsrechts, 1. Aufl. (2021), § 26 Rn. 62; *Voßkuhle*, NVwZ 2013, 1, 5; *Kersten* (Fn. 33), S. 26.

35 Vgl. hierzu bereits Fn. 31, ergänzend Fn. 38. Engere Ansätze verstehen hierunter hingegen lediglich den Vorgang der Ergebnisauswahl, bei dem verfassungskonforme von verfassungsinkonformen Auslegungsergebnissen geschieden und anschließend aus dem Kreis möglicher Norminterpretationsvarianten ausgeschieden, mithin „herausgefiltert" werden, vgl. *Möllers*, Juristische Methodenlehre, 6. Aufl. (2025), § 11 Rn. 58: „Filterfunktion" der verfassungskonformen Auslegung.

zunächst einmal ganz wunderbar: Denn durchdringt dann nicht ohnehin der (Klima-)Schutzgedanke des Art. 20a GG, der trotz seiner Ausgestaltung als „bloß“ programmatisches Prinzip eine bindende verfassungsrechtliche Zielsetzung[36] und damit unmittelbar geltendes (Verfassungs-)Recht darstellt, mehr oder minder „automatisch“ die Auslegung sämtlicher „niederrangiger“ Vorschriften – und damit insbesondere auch die einfachrechtlichen Normen des StGB? Können wir den Klimaschutz folglich nicht einfach in sämtliche Tatbestände, Rechtfertigungs- und Entschuldigungsgründe „hineinlesen“? Klimakrisenstrafrecht – here you are?

Werfen wir zur Beantwortung dieser Frage einen Blick auf die Grenzen verfassungskonformer Auslegung: Weitgehend einig[37] ist man sich darin, dass die verfassungskonforme Auslegung jedenfalls durch den Wortlaut[38] einer Norm, den klar erkennbaren Willen des Gesetzgebers sowie den Grundsatz der Gewaltenteilung „äußerlich“ begrenzt wird.[39] Wenig behandelt sind hingegen ihre „inneren“ Beschränkungen: *Hecker* weist in diesem Zusammenhang immerhin darauf hin, dass die verfassungskonforme Auslegung als – wie hier verstanden – Interpretationsgrundsatz[40] legitimerweise nur dann zum Zug kommen könne, wenn nach den allgemeinen Ausle-

---

36 Siehe nur BT-Drs. 12/6000, 77: „Staatszielbestimmungen sind Verfassungsnormen mit rechtlich bindender Wirkung, die der Staatstätigkeit die fortdauernde Beachtung oder Erfüllung bestimmter Aufgaben – sachlich umschriebener Ziele – vorschreiben.“

37 Siehe hierzu aber auch Fn. 38.

38 Die Rechtsfortbildung *praeter legem* ist – anders als die *contra legem* erfolgende Fortbildung des Rechts – selbstverständlich zulässig, wird im Rahmen dieses Beitrags jedoch nicht als Teilbereich der verfassungskonformen Auslegung verstanden und behandelt; entsprechend fungiert der Normwortlaut als (eine) äußere Grenze. Wie hier z.B. *Canaris*, in: Honsell et al. (Hrsg.), FS Kramer, 2004, S. 141, 155 ff.; ähnlich auch *Geis*, NVwZ 1992, 1025, 1027 unter Verweis auf *Stern*, NJW 1958, 1435. Das BVerfG sowie Teile der Literatur sehen dies (bisweilen) anders und fassen unter den Begriff der (verfassungskonformen) Auslegung zum Teil auch den der (verfassungskonformen) Rechtsfortbildung mit der Folge, dass dann der Wortlaut nicht mehr als zwingende „Grenzmarkierung“ fungiert, siehe hierzu auch *Krey*, JZ 1978, 361, 366. Zur „schwankenden“ Position des BVerfG in diesem Zusammenhang ausführlich *Sauer*, Wortlautgrenze der verfassungskonformen Auslegung?, S. 3 f. mit zahlreichen weiteren Nachweisen aus der insoweit inkonsistenten Judikatur, online abrufbar unter https://freidok.uni-freiburg.de/fedora/objects/freidok:3317/datastreams/FILE2/content (zuletzt abgerufen am: 30.08.2024); exemplarisch BVerfGE 35, 263, 278; 95, 64, 93; 110, 226, 267; 101, 312, 329.

39 Vgl. *Geis* (Fn. 38); *Voßkuhle* (Fn. 31), 185, 197; Dürig/Herzog/Scholz/*Walter*, 105. EL August (2024), GG Art. 93 Rn. 113; siehe auch *Steiner*, in: Isensee/Lecheler (Hrsg.), FS Leisner, 1999, S. 569, 573; *Spanner* (Fn. 32), 510 ff.

40 D.h. verstanden in einem weiten Sinn.

gungsregeln für eine Deutung im Sinne der Verfassung „überhaupt Raum ist"[41]. Was aber heißt das? Wann ist „Raum" für eine an den Wertungen des Verfassungsrechts orientierte Norminterpretation?

Am offensichtlichsten der Fall sein wird dies bei unbestimmten oder auslegungsbedürftigen Rechtsbegriffen wie wertausfüllungsbedürftigen Tatbestandselementen und Rechtfertigungsklauseln.[42] Hier ist den entsprechenden Vorschriften eine gewisse „Wertungsoffenheit" bereits normimmanent „eingeschrieben".

Soll dagegen ohne solche konkreten Anknüpfungspunkte im Gesetzeswortlaut auf die verfassungskonforme Auslegung zurückgegriffen werden, liegt die Sache komplizierter:[43]

Das Erfordernis des „Raum-Sein-Müssens" verbietet es hierbei zunächst, unter schlichtem Verweis auf die Verfassung als normhierarchisch ranghöchstes Regelwerk einen Universalvorrang im Sinne eines „Universaleinfallstors" für grundgesetzliche Wertungen ohne Ansehung der konkret in Rede stehenden einfachrechtlichen Norm anzunehmen.[44] Denn das einfache Recht ist eben nicht nur angewandtes oder konkretisiertes Verfassungsrecht, sondern genießt in nicht unerheblichem Maße methodologische, begriffliche, konzeptionelle und argumentative Unabhängigkeit.[45] Eine Anwendung der unbestimmten Prinzipien des Verfassungsrechts kommt daher grundsätzlich erst dann in Betracht, wenn – so *Auer* treffend – „das ausdifferenzierte einfache Recht keine entsprechenden Wertungen bereithält und damit nicht schon aus sich selbst heraus eine Lösung des zugrundelie-

---

41 Schönke/Schröder/*Hecker* (Fn. 31), Vor § 1 Rn. 33.

42 Anschaulich *Bogs*, Die verfassungskonforme Auslegung von Gesetzen, 1964, S. 137: „Wer Entscheidungen mit einer verfassungskonformen Gesetzesauslegung aufmerksam studiert, wird immer wieder entdecken, daß die Verfassungssätze eine Vorliebe dafür haben, über sogenannte unbestimmte Rechtsbegriffe – wie sie vor allem in Generalklauseln anzutreffen sind – in die Gesetze ‚hineinzuschlüpfen'."; ähnlich *Spanner* (Fn. 32), 510 m.w.N.; für die Schweiz: *Häfelin*, in: FS Huber, 1981, S. 241, 244; siehe auch Schönke/Schröder/*Hecker* (Fn. 31), Vor § 1 Rn. 33.

43 Zum Folgenden bereits *Schrott* (Fn. 5), basierend auf einem am 14.07.2023 gehaltenen Vortrag auf der 1. Konferenz des Jungen Forums deutsch-chinesischer Strafrechtswissenschaft „Verfassung und Strafrecht" in München.

44 Ähnlich *Auer*, in: Neuner (Hrsg.), Grundrechte und Privatrecht, 2007, S. 27, 40 f. Ebenfalls kritisch hinsichtlich des Rekurses auf den Vorrang der Verfassung als Begründung für die verfassungskonforme Auslegung als Inhaltsbestimmung *Lembke* (Fn. 31), S. 92; anders aber wohl *Möllers* (Fn. 35), § 11 Rn. 62.

45 *Auer* (Fn. 44), 40. Auch *Hesse*, JZ 1995, 265, 268 betont die „‚Eigenständigkeit' des einfachen Rechts" gegenüber dem Verfassungsrecht; ähnlich *Wahl*, Der Staat 20 (1981), 485, 507.

genden Rechtsproblems ermöglicht“[46]. Das einfache Recht ist damit „relativ autonom“[47]. Es bleibt folglich methodologischer Ausgangspunkt jeder Rechtsanwendung.

c) Folgen für ein Klimakrisenstrafrecht

Für ein Klimakrisenstrafrecht durch verfassungskonforme Auslegung bedeutet dies vor allem Zweierlei:

Erstens: Art. 20a GG (gegebenenfalls in Verbindung mit weiteren betroffenen Grundrechten wie der Meinungs- oder Versammlungsfreiheit) taugt angesichts einigermaßen enger normtextinhärenter Deliktsauslegungsgrenzen zwar nicht als Allheilmittel eines klimakrisensicheren Strafrechts; in beschränktem Umfang kann die Vorschrift aber dennoch ihren Beitrag zu mehr Klimaschutz durch Strafrecht leisten, indem sie – vermittelt über die verfassungskonforme Auslegung – als grundsätzlich (!) normunabhängiges, verfassungsrechtlich abgesichertes „Einfallstor“ klimabezogener Belange fungiert.

Zweitens: Umso sorgfältiger müssen die konkret in Rede stehenden Deliktsnormen darauf „abgeklopft“ werden, ob sie überhaupt Anknüpfungspunkte für eine verfassungskonforme Auslegung enthalten.[48] Relevant wird dies vor allem im Zusammenhang mit spezifisch-mittelbaren/potentiellen Klimaschutz-Normen (s. II.), da durch spezifisch-mittelbare bzw. – aktuell ohnehin nicht existierende (s. II.) – unmittelbar klimaschützende Strafvorschriften Belange des Klimaschutzes mehr oder minder „direkt“ adressiert werden. Ein vermittelter Rückgriff auf das Verfassungsrecht wird dann ohnehin mindestens[49] entbehrlich sein.

Veranschaulichen wir diesen einigermaßen abstrakten Befund zum Abschluss anhand zweier Beispiele, die zumindest in der strafrechtlichen Klimadebatte hohe Wellen geschlagen haben: die (etwaige) Nötigungsstrafbar-

---

46 *Auer* (Fn. 44), 41 unter Hinweis auf *Neuner*, Die Rechtsfindung contra legem, 2. Aufl. (2005), S. 129 f. und *Dworkin*, Law's Empire, 1986, S. 250 ff., 402 f. („local priority“).

47 Grundlegend zur „relativen Autonomie des einfachen Rechts“ *Auer* (Fn. 44), 41 f.; vgl. hierzu auch *Schrott* (Fn. 5) sowie jüngst *Ibold*, NSW 2024, 35, 40; aus schweizerischer Sicht *Häfelin* (Fn. 42), 247 f.

48 Vor den Folgen einer unbegrenzten Auslegung (hier im Privatrecht) warnte schon *Rüthers* in seiner 1968 erschienenen Habilitationsschrift „Die unbegrenzte Auslegung“; inzwischen ist das Werk in der 9. Auflage erschienen.

49 Unter Umständen ist ein solcher Zugriff gar unzulässig, wenn kein entsprechender „Raum“ für eine verfassungskonforme Auslegung verbleibt. Dies hängt von der spezifischen Deliktsausgestaltung ab.

keit sog. „Klimakleber" sowie die Verwirklichung des Diebstahlstatbestands durch das klimaaktivistische Containern von Lebensmitteln:

aa) Nötigung durch „Klimakleber" (§ 240 StGB)

Der im Zusammenhang mit „Klimaklebern" oft bemühte Nötigungstatbestand ist ein Paradebeispiel für einen „wertungsoffenen" und damit einer verfassungskonformen Auslegung grundsätzlich zugänglichen Tatbestand. Schließlich enthält er mit seiner Verwerflichkeitsklausel in Absatz 2 als Ausdruck des Verhältnismäßigkeitsgrundsatzes[50] gerade ein gesetzlich vorgesehenes (Wertungs-)Korrektiv, das zwingend weiterer „außerstrafrechtlicher" Ausfüllung insbesondere durch betroffene Grundrechte und verfassungsrechtliche Wertungen bedarf.

Einen solchen „Input" durch Verfassungsrecht kann nun Art. 20a GG liefern, der in dieser Funktion zwar freilich nicht sämtliche klima(straf)rechtlichen Abwägungsprobleme „vorzuentscheiden"[51] vermag, der als verkörperte verfassungsrechtliche Grundentscheidung[52] aber doch zu einer zwingenden klimaökologischen „Anreicherung" des Grundsatzes der Verhältnismäßigkeit – und damit auch der Verwerflichkeitsprüfung als deren strafrechtlicher Ausprägung – führt.[53] Das bedeutet nun immer noch nicht, dass immer dann, wenn (wie im Falle der „Klimakleber") klimabezogene Belange des Art. 20a GG betroffen sind, das klimaaktivistische Festkleben auf einer Straße nicht mehr als verwerflich eingestuft werden kann.[54] Es heißt aber doch, dass eine Notwendigkeit besteht, das Verfolgen klimapolitischer Zielsetzungen zumindest „irgendwie" in die im Rahmen der

50 Siehe nur BVerfGE 104, 92, 109; *Bertuleit/Herkströter*, KJ 20 (1987), 331; vgl. auch *Kaspar*, Verhältnismäßigkeit und Grundrechtsschutz im Präventionsstrafrecht, 2014, S. 531.

51 Dreier/*Schulze-Fielitz*, 3. Aufl. (2015), Art. 20a Rn. 46.

52 Vgl. hinsichtlich Art. 8 GG BVerfG, NJW 1985, 2395, 2396 – Brokdorf.

53 *Schulze-Fielitz* (Fn. 51), Art. 20a Rn. 47; ähnlich *Kaspar* (Fn. 50), S. 531; vgl. auch BVerfGE 73, 206, 257. Anders dagegen *Kersten* (Fn. 33), S. 27, der Art. 20a GG für zumindest in der Verfassungspraxis weitgehend wirkungslos hält.

54 Dies ist vielmehr eine Frage des Einzelfalls und hängt insbesondere von den demonstrationsspezifischen Umständen wie Dauer und Intensität der Aktion, deren vorheriger Bekanntgabe, Ausweichmöglichkeiten über andere Zufahrten sowie der Dringlichkeit des blockierten Transports ab, vgl. nur BVerfGE 104, 92, 112. Entscheidend sind damit v.a. Art und Maß der Auswirkungen auf betroffene Dritte und deren Grundrechte.

Verwerflichkeitsprüfung vorzunehmende Abwägungsentscheidung miteinfließen zu lassen.[55]

bb) Diebstahl durch „Containern" (§ 242 StGB)

Anders präsentiert sich die Rechtslage dagegen hinsichtlich der Verwirklichung des Diebstahlstatbestands durch Containern[56] – jedenfalls bezüglich eines verfassungskonformen Zugriffs auf das Tatbestandsmerkmal der fremden Sache.[57] So forderten (zumindest vor Ergehen einer eine entsprechende Verurteilung nach § 242 StGB stützenden Entscheidung des Bundesverfassungsgerichts[58]) Teile der Literatur in diesem Zusammenhang eine „verfassungskonform enge [...] Auslegung des § 242 StGB"[59], um eventuelle strafrechtliche Härten, „die sich aus der kaum übersehbaren zivilrechtlichen Kasuistik zur Frage des Zeitpunkts und der Voraussetzungen der Eigentumsaufgabe bezüglich ‚Müll' ergeben könnten"[60], abzumildern.

55 Mithin sind Geeignetheit, Erforderlichkeit und Angemessenheit jeden staatlichen Handelns stets auch unter ökologischen Gesichtspunkten zu betrachten und zu bewerten. Ausführlich zur – nach hiesiger Ansicht zu bejahenden – Frage, ob dies auch dann gilt, wenn es sich bei diesen Zielsetzungen „lediglich" um sog. Fernziele handelt, *Schrott* (Fn. 5). Voraussetzung jeglicher (ggf. auch negativer) Fernzieleinbeziehung ist dabei stets, dass eine eigene inhaltliche Bewertung des kommunikativen Anliegens der Protestaktionen durch das entscheidende Gericht entbehrlich ist, weil sich die verfolgten (Fern-)Ziele unmittelbar aus objektivrechtlichen Schutzpflichten des Staates ergeben (bzw. diesen „verobjektiviert" zuwiderlaufen bzw. entgegenstehen); vgl. insofern BVerfGE 104, 92, 110.

56 Zur Begriffsbestimmung siehe bereits Fn. 10. Allgemein zur Strafbarkeit des Containerns *Jäger*, JA 2020, 393; *Jahn*, JuS 2020, 85; *Rennicke*, ZIS 2020, 343; *Hohmann*, ZRP 2023, 63; *Schmitz*, LMuR 2023, 109; *Schrott* (Fn. 5); siehe hierzu auch *F. Zimmermann*, JZ 2021, 186.

57 Ausgeklammert bleibt damit die Frage nach einer etwaigen verfassungskonformen Bewertung der Zueignungsabsicht, siehe dazu *Bülte* (Fn. 22), 193 ff. (hier unter begrifflichem Einschluss der teleologischen Reduktion).

58 BVerfG NJW 2020, 2953 m. Anm. *Hoven*.

59 *Dießner*, StV 2020, 256, 260; ähnlich *dies.*, VerfBlog v. 22.10.2019, online abrufbar unter https://verfassungsblog.de/was-ist-das-entwenden-von-brot-gegen-das-verbrennen-von-brot/ (zuletzt abgerufen am: 30.08.2024); *dies.*, Schriftliche Stellungnahme zur öffentlichen Anhörung am 10. Dezember 2020 im Ausschuss für Recht und Verbraucherschutz, https://kripoz.de/wp-content/uploads/2020/12/diessner-data.pdf (zuletzt abgerufen am: 30.08.2024); *Britz/Torgau*, jM 2020, 257, 259; *Ogorek*, JZ 2020, 909, 911; *Schiemann*, KripoZ 2019, 231, 232.

60 *Dießner* (Fn. 59), 260.

Danach sollte das „Heraustauchen" weggeworfener Lebensmittel nicht (mehr) vom Diebstahlstatbestand erfasst sein, weil diese (weitgehend) wertlosen Gegenstände nicht mehr dem durch Art. 14 Abs. 1 S. 1 GG geschützten Freiheitsbereich des „Habens und Gebrauchens" durch den Eigentümer unterfallen würden.[61]

Nimmt man jedoch das Credo vom einfachen Recht als methodologischem Ausgangspunkt jeder Rechtsanwendung ernst, so ist hier zuvorderst auf die deutlich ausdifferenzierteren einfachrechtlichen Ausfüllungsnormen, im hiesigen Kontext also vor allem auf die zivilrechtsakzessorisch beizuziehenden (Eigentums-)Regelungen der §§ 903 ff. BGB, abzustellen.[62] Damit aber enthält das einfache Recht schon aus sich selbst heraus ein hinreichendes Wertungssystem zur Lösung des zugrundeliegenden Rechtsproblems. Jedenfalls für einen „absolutistischen", d.h. vollständig von den Wertungen des einfachen Rechts abgekoppelten Durchgriff auf verfassungsrechtliche Abwägungsentscheidungen hinsichtlich Art. 14 GG (gegebenenfalls in Verbindung mit Art. 20a GG) bleibt daher an dieser Stelle kein Raum.[63]

IV. Fazit und Ausblick

Für ein „Klimakrisenstrafrecht" de lege lata finden sich in Gestalt spezifisch-mittelbarer wie potentiell klimaschützender Vorschriften bereits im StGB aktuell geltender Fassung etliche Anknüpfungspunkte. Daneben existieren zahlreiche (straf-)gesetzgeberische Möglichkeiten, Belange des Klimaschutzes de lege ferenda besser abzubilden, insbesondere durch die Schaffung neuer klimaschutzbezogener Tatbestände. Allerdings ist vor allem Letzteres mit zum Teil erheblichen dogmatischen, straftheoretischen und kriminalpolitischen Herausforderungen behaftet, denen sich ein künftiges Klima(schutz)strafrecht stellen müsste.

Mit Blick auf die Rechtsanwendung lässt sich festhalten, dass klimaschutzrelevante Aspekte u.a. über die verfassungskonforme Auslegung (i.w.S.) unter besonderer Rückkopplung an Art. 20a GG schon jetzt Berücksichtigung finden können und müssen – jedenfalls sofern die in Rede

61 *Dießner* (Fn. 59), 260.

62 Ausführlich hierzu *Schrott* (Fn. 5); allgemein *Auer* (Fn. 44), 40; *Hesse* (Fn. 45), 268; *Wahl* (Fn. 45), 507.

63 I.E. ebenso BVerfG, NJW 2020, 2953 m. Anm. *Hoven*; wohl auch *Ibold* (Fn. 47), 47 ff.

stehenden Anknüpfungsnormen hinreichend „offen" sind für verfassungsrechtliche Wertentscheidungen und die relative Unabhängigkeit des einfachen Rechts hinreichend gewahrt bleibt. Zumindest unter diesem Gesichtspunkt ist eine „Zukunftssicherung mit den Mitteln des Strafrechts"[64] – wie sie *Strathenwert* fordert – schon jetzt keine reine „Zukunftsmusik" mehr, sondern strafrechtsmethodologische Realität!

64 *Stratenwerth*, ZStW 105 (1993), 679.

Nahrungsmittelkrise in der Klimakrise: Strafrechtliche Handlungsoptionen gegen die Verschwendung von Lebensmitteln

Jennifer Grafe, Tübingen

I. Problemaufriss

Etwa 11 Millionen Tonnen Lebensmittel werden in Deutschland nach Angaben des Statistischen Bundesamts jährlich weggeworfen.[1] Ein Großteil der noch genießbaren Lebensmittel dabei von Privathaushalten.[2] Laut einer Studic der UN werden weltweit 19 % aller Lebensmittel entsorgt.[3] Mit den Lebensmittelressourcen, die Europa jedes Jahr verschwendet, könnte man alle Menschen, die weltweit von Hunger betroffen oder unterernährt sind, ernähren.[4] Zeitgleich verursacht die derzeitige Klimakrise eine weltweite Nahrungsmittelkrise, deren Ausmaß aktuell kaum vorhergesagt werden kann. Die extremen Wetterereignisse der jüngsten Zeit verschärfen den Hunger auf der ganzen Welt und führen zur größten Lebensmittelkrise seit dem zweiten Weltkrieg. Weltweit steigende Temperaturen und Meeresspiegel führen zu Hitzewellen, Dürren, Überschwemmungen, Wirbelstürmen und Waldbränden. Unsere jetzige Ernährungsweise in Deutschland erfordert eine landwirtschaftliche Fläche von 16,61 Millionen Hektar oder 2.022 Quadratmeter pro Einwohner:in im Jahr.[5] Zeitgleich verursacht die Herstellung von Lebensmitteln Treibhausgasemissionen. Wäre Lebensmittelverschwendung ein Land, so wäre es der drittgrößte Verursacher von Treib-

---

1 *Bundesministerium für Ernährung, Landwirtschaft und Verbraucherschutz*, Ermittlung der weggeworfenen Lebensmittelmengen und Vorschläge zur Verminderung der Wegwerfrate bei Lebensmitteln in Deutschland, S. 8, online abrufbar unter https://www.bmel.de/SharedDocs/Downloads/DE/_Ernaehrung/Lebensmittelverschwendung/Studie_Lebensmittelabfaelle_Kurzfassung.pdf?__blob=publicationFile&v=3 (zuletzt abgerufen am: 30.08.2024).

2 *Bundesministerium für Ernährung, Landwirtschaft und Verbraucherschutz*, (Fn. 1), S. 8.

3 *Bundesministerium für Ernährung, Landwirtschaft und Verbraucherschutz*, (Fn. 1), S. 8.

4 *Bundesministerium für Ernährung, Landwirtschaft und Verbraucherschutz*, (Fn. 1), S. 9.

5 *Bundesministerium für Ernährung, Landwirtschaft und Verbraucherschutz*, (Fn. 1), S. 10.

hausgasen, direkt nach den USA und China. Damit ist die Lebensmittelverschwendung für rund zehn Prozent des globalen Treibhausgasausstoßes verantwortlich.[6]

Dass die Reduktion des Verbrauchs bzw. genauer der Verschwendung von Nahrungsmitteln dazu beitragen kann, national und global mehr Nahrungsmittel für die Bevölkerung zur Verfügung stellen zu können, ist aktuell unbestreitbar. Rechtliche Ansätze dazu gibt es allerdings kaum – Klimaaktivist:innen versuchen, dieser Verschwendung mit dem sog. Containern, also dem Retten essbarer Lebensmittel etwa aus den Abfallcontainern von Supermärkten, entgegenzuwirken. Im Schrifttum und der Rechtsprechung besteht bisher weitestgehend Einigkeit darüber, dass das „Retten" von Lebensmitteln den Tatbestand des Diebstahls und je nach Standort der Müllcontainer auch den Tatbestand des Hausfriedensbruchs erfüllt. In der politischen Debatte ist man sich dagegen einig über die fehlende Verwerflichkeit derartiger Handlungen und plädiert für eine Legalisierung dieses Verhaltens, etwa durch Einführung einer Strafausnahme in § 248a StGB.[7]

Im Lichte aktueller und drohender Nahrungsmittelkrisen ist diese Reformbestrebung ein wichtiger Schritt, aber zu kurz gedacht. Unser Strafrechtssystem lässt die Nahrungsmittelkrise als ein gesellschaftliches Problem bisher vollkommen außer Acht und schaffte in der Vergangenheit darauf bezogene Straftatbestände (insbesondere die sog. Verbrauchsmittelentwendung, § 370 Nr. 5 StGB a. F. [im Volksmund Mundraub genannt]) eher ab. Es wird daher zusehends notwendig, über eine – derzeit politisch wohl noch kaum tragbare – strafrechtliche Lösung zu diskutieren, die bei der Lebensmittelverschwendung ansetzt.

II. Der Umgang mit Lebensmittelverschwendung im Strafrecht de lege abrogata

Dabei ist die Erfassung von Hunger als individuelles Phänomen dem Strafrecht historisch gar nicht fremd. Geprägt durch die Kriegs- und dadurch resultierenden Hungerzeiten zum Ende des 19. und Beginn des 20. Jahrhunderts kannte das Strafrecht bis 1975 einen selbstständigen Straftat-

6 *Bundesministerium für Ernährung, Landwirtschaft und Verbraucherschutz,* (Fn. 1), S. 13.

7 BT-Drs. 20/4421.

bestand des Diebstahls oder der Unterschlagung, der gegenüber §§ 242, 246 StGB vorging und eine Privilegierung gegenüber jenen abbildete.[8] Dieser vormalige § 370 Nr. 5 StGB a. F. regelte eine Bestrafung mit bis zu fünfhundert Deutsche Mark oder mit Freiheitsstrafe bis zu sechs Wochen, wenn jemand Nahrungs- oder Genussmittel oder andere Gegenstände des hauswirtschaftlichen Verbrauchs in geringer Menge oder von unbedeutendem Wert zum alsbaldigen Verbrauch entwendete oder unterschlug. Nahrungsmittel sollten dabei die zur Ernährung des Menschen dienenden Sachen sein, wobei im Zweifel die Verkehrssitte entscheide; dazu zählten etwa Brotgetreide, rohe Kartoffeln, Gänse, Vieh und Kaninchen.[9] Genussmittel waren solche Sachen, die durch Verbrauch im menschlichen Körper Wohlbehagen erzeugen sollten; die Rechtsprechung fasste darunter etwa 46 Heringe, eine Flasche Kognak oder drei Flaschen Bier.[10] Der Bezug auf nicht geringe Mengen sollte sicherstellen, dass der Diebstahl oder die Unterschlagung tatsächlich nur dem Stillen der eigenen Bedürfnisse galt, sodass sie im Allgemeinen für gering erachtet wurden, wenn sie bei einer Mahlzeit von der:m Täter:in und seinen Hausgenoss:innen verzehrt werden konnten.[11]

Nun mag diese Regelung auf den ersten Blick die Fragen der Lebensmittelverschwendung nicht einmal mittelbar aufgreifen, sie zeigt jedoch auf, dass Hunger grundsätzlich bereits als strafrechtlich billigenswerter Belang mit verfassungsrechtlicher Grundlage in Art. 2 Abs. 2 GG das Leben und die körperliche Unversehrtheit betreffend anerkannt war und keine Zweifel daran bestanden, dass bei einer verfassungsrechtlichen Abwägung zwischen dem Recht auf Leben und körperliche Unversehrtheit des Stehlenden oder Unterschlagenden aus Art. 2 Abs. 2 GG und dem Eigentumsrecht des Lebensmitteleigentümers das Leben und die körperliche Unversehrtheit ein gewisses Prä genießen, obwohl § 370 Nr. 5 StGB a. F. 1975 mangels praktischer Notwendigkeit im Lichte sozialstaatlicher Garantien abgeschafft wurde. Denn wie schon die einleitenden Worte aufgezeigt haben, wird sich die Versorgungslage mit Lebensmitteln in den folgenden Jahren eher verschlechtern.

8 *Dreher*, Strafgesetzbuch, 1974, § 370 S. 1478.
9 *Dreher* (Fn. 8), § 370 S. 1478.
10 *Dreher* (Fn. 8), § 370 S. 1479 m. Nachweisen aus der Rechtsprechung.
11 *Dreher* (Fn. 8), § 370 S. 1479.

III. Der Umgang mit Lebensmittelverschwendung im Strafrecht de lege lata

Aktuell kennt das allgemeine Strafrecht keinerlei Regelungen für den Umgang mit Lebensmitteln. Dies mag den Laien überraschen, bedenkt man, dass auch der Umgang mit Müll Einzug in das Strafgesetzbuch gefunden hat (vgl. § 326 StGB). Lebensmittelrechtliche Vorschriften, die Verstöße im Wege des Strafrechts ahnden, beziehen sich etwa auf Hygiene (vgl. etwa § 10 Lebensmittelhygieneverordnung) oder das Inverkehrbringen nicht sicherer Lebensmittel (§ 58 f. Lebensmittel- und Futtermittelgesetzbuch) oder regeln sehr spezifische Einzelfälle unter Bezugnahme auf europarechtliche Verordnungen, wie etwa die durch das Bundesverfassungsgericht mangels Bestimmtheit aufgehobene Blankettstrafvorschrift im Rindfleischetikettierungsgesetz.[12] Trotzdem wird in jüngster Zeit das Strafrecht im Hinblick auf Lebensmittelverschwendung gefordert: Personen, die containern (teilweise auch als Mülltauchen, dumpster diving oder Dumpstern bezeichnet)[13] entnehmen weggeworfene, aber noch genießbare Lebensmittel aus Müllcontainern, zumeist bei Supermärkten oder Fabriken, äußerst selten bei Privathaushalten, um sie danach zu verzehren.[14] Containern kann zweierlei Zwecken folgen: Zum einen kann containert werden, um die eigene wirtschaftliche Not zu lindern, wobei wiederrum zu unterscheiden ist zwischen jenen, die tatsächlich Hunger leiden und solchen, die mit ihren geringen wirtschaftlichen Mitteln entweder nicht diese Lebensmittel erwerben können oder ihre Mittel nicht für Lebensmittel einsetzen möchten.[15] Zum anderen kann Containern als ein Protest gegen die Wegwerfkultur verstanden werden, der durch das eigene Konsumverhalten entgegengewirkt werden soll.[16] Die Mitnahme der Lebensmittel aus den Containern, die sich meist (verschlossen) auf dem Grundstück des Supermarkts befinden, ist jedoch strafrechtlich beachtenswert: So vermag man kaum Zweifel daran hegen, dass das Betreten des Grundstücks außerhalb der Geschäftszeiten und an Orten, die für die Allgemeinheit nicht freigegeben sind, den Tatbestand des Hausfriedensbruchs erfüllt (§ 123 StGB) und das Aufbrechen von Schlössern, Zäunen etc. dem § 303 Abs. 1 StGB genügt. Indes wird zu diskutieren

12 BVerfGE 143, 38.

13 Wegen der Etablierung im rechtswissenschaftlichen Sprachgebrauch wird hier der Begriff des Containerns verwendet.

14 Für die Rechtssprache entwickelt bei *Weber*, Rechtswörterbuch, 2023, Stichwort „Containern", vgl. auch *Jahnke*, Mülltauchen für eine bessere Welt, 2019, S. 7.

15 Ausführlicher dazu auch mit internationalem Bezug *Rennicke*, ZIS 2020, 343 ff.

16 *Rennicke* (Fn. 15), 343.

sein, ob im Hinblick auf einen Diebstahl nach § 242 Abs. 1 StGB eine Dereliktion der Lebensmittel durch den Supermarktbetreiber vorliegt. Dass dabei der Verfolgungswille des jeweiligen Betroffenen die Verfolgungswahrscheinlichkeit wesentlich mitbestimmt, überrascht mit Blick auf § 123 Abs. 2 StGB (absolutes Antragsdelikt), § 303c StGB und § 248a StGB nicht.[17] Für eine grundsätzliche Debatte über einen gesellschaftlichen Umgang mit der Verschwendung von Lebensmitteln sind diese Überlegungen aber nicht tragend.

1. Zur Rechtsprechung[18]

Das erste Strafverfahren in Bezug auf das Containern in Deutschland, das bis zu einer strafrechtlichen Verurteilung geführt wurde, lag im Jahre 2019 dem Bayerischen Oberlandesgericht vor: Zwei Studentinnen hatten im Sommer des Jahres 2018 in Fürstenfeldbruck diverse Lebensmittel aus einem verschlossenen Abfallcontainer eines Supermarktes entwendet, indem sie ihn mit Hilfe eines mitgebrachten Vierkantschlüssels öffneten.[19] Der Container befand sich dabei in der Anlieferzone des Supermarktes, wo er entgeltlich durch einen Abfallentsorger abgeholt werden sollte.[20] Die Entwendung der Lebensmittel war Ausdruck des Protestes gegen die Wegwerfkultur. Das Amtsgericht Fürstenfeldbruck sprach die Angeklagten schuldig des (gemeinschaftlich begangenen) Diebstahls.[21] Die Angeklagten wurden verwarnt und eine Geldstrafe von 15 Tagessätzen zu je 15 € vorbehalten.[22] Hiergegen legten die Angeklagten (Sprung-)Revision zum Bayerischen Oberlandesgericht ein, das sich nach der (deklaratorischen) Feststellung, dass die Wertlosigkeit einer Sache als solche dem Dritten nicht das Recht zur Wegnahme gewähre, insbesondere mit dem Dereliktionswillen des Supermarktbetreibers im Sinne des § 959 BGB beschäftigte.[23] Dereliktion liege nur dann vor, wenn der Wille vorherrsche, sich der Sache

---

17 Zur Wahrscheinlichkeit einer Strafverfolgung *Bui*, ZJS 2023, 205, 210.

18 Eine ausführliche Besprechung eines entsprechenden Klausurfalls findet sich bei *Esser/Harnberger*, JuS 2012, 810 und *Fanzutti/Huff*, JA 2022, 383.

19 AG Fürstenfeldbruck, 30.01.2019, 3 Cs 42 Js 26676/18.

20 AG Fürstenfeldbruck, 30.01.2019, 3 Cs 42 Js 26676/18.

21 AG Fürstenfeldbruck, 30.01.2019, 3 Cs 42 Js 26676/18.

22 AG Fürstenfeldbruck, 30.01.2019, 3 Cs 42 Js 26676/18.

23 BayObLG, StV 2020, 249 (249).

ungezielt zu entledigen.[24] Hier habe sich der abgesperrte Container auf einem Firmengelände und nicht im öffentlichen Raum befunden, ein Umstand, der den Schluss zulasse, ein beliebiger Zugriff durch Dritte sei nicht gewünscht.[25] Dass die Entsorgungsfirma entgeltlich arbeitete und nur an sie eine Übereignung erfolgen sollte, sei Indiz dafür, dass Eigentum nur zugunsten einer bestimmten Person und nicht vollumfänglich aufgegeben werden sollte.[26] Das ergebe sich ferner daraus, dass der Entsorgende für die ordnungsgemäße Abfallentsorgung verantwortlich gewesen sei und er für die Unbedenklichkeit der in Verkehr gebrachten Lebensmittel einzustehen gehabt habe.[27] Damit liege keine Dereliktion vor, sodass die Lebensmittel fremd und der Tatbestand des § 242 Abs. 1 StGB erfüllt seien.[28]

Gegen die Entscheidung legten die Angeklagten Verfassungsbeschwerde mit der Begründung ein, § 242 Abs. 1 StGB sei nicht streng zivilrechtsakzessorisch auszulegen und die Lebensmittel entsprechend nicht fremd im Sinne der Norm.[29] Ferner bliebe im Hinblick auf die Sozialbindung des Eigentums aus Art. 14 Abs. 2 GG sowie den Schutz der natürlichen Lebensgrundlagen nach Art. 20a GG auch offen, worin der Unrechtsgehalt der vorgeworfenen Handlungen liege und inwiefern die Rechtsordnung hierdurch gefährdet werde.[30] Eine Haftung des Supermarktbetreibers sei überdies ausgeschlossen, da es sich um eine eigenverantwortliche Selbstgefährdung handele.[31] Das Bundesverfassungsgericht nahm die Verfassungsbeschwerde nicht zur Entscheidung an. Es wies darauf hin, keine Superrevisionsinstanz zu sein und prüfte die ergangene Entscheidung zunächst am Maßstab des Willkürverbots, konnte aber keine sachfremden Erwägungen erblicken.[32] Sodann fragte es nach der Einhaltung der Grundsätze des fairen Verfahrens (Art. 2 Abs. 2 S. 2 in Verbindung mit Art. 20 Abs. 3 GG), wobei der rationale Charakter der Entscheidung angesichts der vorgebrachten Begründung, der Container habe verschlossen in der Anlieferzone des Supermarktes gestanden, nicht in Zweifel zu ziehen sei.[33] Zuletzt und für

24 BayObLG, StV 2020, 249 (249).
25 BayObLG, StV 2020, 249 (249).
26 BayObLG, StV 2020, 249 (249).
27 BayObLG, StV 2020, 249 (250).
28 BayObLG, StV 2020, 249 (250).
29 BVerfG, NJW 2020, 2953 (2953).
30 BVerfG, NJW 2020, 2953 (2953).
31 BVerfG, NJW 2020, 2953 (2954).
32 BVerfG, NJW 2020, 2953 (2954).
33 BVerfG, NJW 2020, 2953 (2954).

die hiesige Diskussion im besonderen Maße relevant prüfte es die Strafvorschrift des § 242 Abs. 1 StGB selbst an Art. 2 Abs. 1 und Art. 2 Abs. 2 S. 2 GG und betonte dabei die ständige Rechtsprechung seit der sog. Inzest-Entscheidung,[34] dass es grundsätzlich die Sache des Gesetzgebers sei, den Bereich strafbaren Handelns unter Berücksichtigung der jeweiligen Lagen verbindlich festzulegen.[35] § 242 Abs. 1 StGB sei Ausfluss des Art. 14 Abs. 1 GG und schütze die faktische Ausübungsmöglichkeit des Eigentumsrechts unabhängig vom wirtschaftlichen Wert der Sache.[36] Dazu zähle auch, seine eigenen Haftungsrisiken vermeiden oder minimieren zu können, unabhängig davon, ob eine eigenverantwortliche Selbstgefährdung bestehe.[37] Das Strafgesetzbuch biete hinreichende Möglichkeiten, der geringen Schuld des Täters Rechnung zu tragen, etwa über die Einstellungsmöglichkeiten der Strafprozessordnung oder etwa über § 243 Abs. 2 StGB.[38] Zuletzt betont es, dass es dem Gesetzgeber selbstverständlich obliege, alternative Regelungen zu treffen.[39]

Im Ergebnis bleibt festzuhalten, dass die aktuelle Rechtsprechung das Containern zumindest unter den hier gegebenen Umständen, die sich aber weitestgehend für Supermärkte in Deutschland verallgemeinern lassen, § 242 Abs. 1 StGB subsumiert.

2. Kritik

Diese Rechtsprechung erfuhr im Schrifttum einige Kritik. Schon die Beweiswürdigung wirft einige Fragen auf. Das Gericht leitet den fehlenden Dereliktionswillen weitestgehend aus der Position und der äußeren Gestaltung des Containers ab.[40] Im Hinblick auf die Dereliktion gilt aber: Im Zweifel für die Eigentumsaufgabe.[41] Man dürfte aber in Frage stellen, dass es für die Position des Containers tatsächlich eine Alternative gegeben

34 BVerfGE 120, 224.
35 BVerfG, NJW 2020, 2953 (2954).
36 BVerfG, NJW 2020, 2953 (2955).
37 BVerfG, NJW 2020, 2953 (2955).
38 BVerfG, NJW 2020, 2953 (2955).
39 Zu dieser Feststellung eingehend *Sachs*, JuS 2021, 280, 282.
40 Eine umfassende zivilrechtliche Einordnung findet sich bei *Hellermann/Birkholz*, JR 2020, 303.
41 *Dießner*, StV 2020, 256, 259, dort findet sich auch eine umfangreiche Auswertung ähnlich gelagerter Fälle.

hätte. Denn eine Abstellung im öffentlichen Straßenraum käme kaum in Betracht, wäre dies doch eine erlaubnispflichtige Sondernutzung gewesen. Auch die Anbringung des Schlosses kann andere Gründe haben, etwa den Schutz vor Tieren oder das Abladen von Müll durch Dritte zu verhindern.[42] Für den Haushaltsmüll ist der Vernichtungswille indes anerkannt, sodass zweifelhaft ist, worin genau der Unterschied liegen mag.[43] Schließlich wird man wohl annehmen müssen, dass Supermarktbetreiber vor allem deswegen das Containern missbilligen, weil entweder durch das Containern Schäden entstehen, zum Beispiel am Zaun oder durch das Liegenlassen nicht mehr genießbarer Lebensmittel außerhalb des Containers, oder weil sie selbst Umsatzeinbußen zu fürchten haben, wenn Menschen kostenlos an die Lebensmittel gelangen, die ansonsten im Supermarkt vertrieben werden.[44] Beides jedoch kann im Rahmen der Fremdheit des § 242 Abs. 1 StGB und für den dafür zu ermittelnden Dereliktionswillen keine Relevanz haben. Denn der Unrechtsgehalt der Zerstörung oder Beschädigung fremden Eigentums wird durch § 303 StGB erfasst, mögliche Umsatzeinbußen sind durch einen objektiven Dritten nicht erkennbar und vermögen auch nicht in der Position oder der Art der Sicherung eines Containers zwingenden Niederschlag zu finden.

Man kann anführen, dass die öffentlich-rechtliche Verkehrssicherungspflicht für den Supermarktbetreiber aus Art. 14 Abs. 2 VO (EG) 178/2002, nach der keine Lebensmittel in den Verkehr gebracht werden dürfen, die nicht sicher sind (mithin gesundheitsschädlich oder für den Verzehr durch Menschen ungeeignet), Grund für den fehlenden Dereliktionswillen ist, da die Entsorgung als Abfall geschehen muss. Hierbei sind Abfälle gem. § 15 Abs. 2 S. 1 KrWG[45] so zu beseitigen, dass das Wohl der Allgemeinheit nicht beeinträchtigt wird, wobei insbesondere die Gefährdung der menschlichen Gesundheit in Rede steht (§ 15 Abs. 2 S. 2 Nr. 1 KrWG). Daran schließt sich aber die Frage an, ob der Zurechnungszusammenhang nicht unterbrochen wird, wenn Dritte eigenverantwortlich in Kenntnis der Gefahren, die von möglicherweise verdorbenen Lebensmitteln ausgehen, diese Lebensmittel an sich nehmen und verzehren.[46] Das wird für eine mögliche Haftung

42 *Schnetter*, KJ 2021, 73, 77.

43 *Schnetter* (Fn. 42), 77.

44 *Vergho*, StraFo 2013, 15, 16; *Böse*, ZJS 2021, 224, 226; dagegen *Fischer*, Stellungnahme zum Antrag BT-Drs. 19/9345, S. 5.

45 Eine ausführliche Betrachtung der lebensmittelrechtlichen Bewertung findet sich bei *Bui* (Fn. 17), 207.

46 *Jahn*, JuS 2020, 85, 86; *Dießner*, (Fn. 41), 256, 259; *Zimmermann*, JZ 2021, 186, 189.

zwar gelten, beseitigt aber zunächst nicht die Pflicht aus § 15 Abs. 2 KrWG. Das bedeutet, dass zwar das Haftungsrisiko unter Verweis auf die eigenverantwortliche Selbstgefährdung abgewendet werden kann, die Sicherungspflicht selbst berührt diese Überlegung aber nicht. Es handelt sich um eine individualisierte Billigkeitskorrektur, die eine gesetzliche Grundlage vermissen lässt.

Kehrt man zum Ausgangspunkt der hiesigen Überlegungen zurück, sollte in die Überlegungen mit einbezogen werden, ob das Containern nicht zumindest dann nicht zu ahnden ist, wenn die Nahrungsmittelknappheit voranschreitet und Menschen Hunger leiden. Sofern es sich um individuelle Extremsituationen handelt, sich also eine Einzelperson in Gefahr für ihren eigenen Leib oder ihr eigenes Leben befindet, lassen sich die Notstandsregelungen fruchtbar machen, wobei derzeit den eigenen staatlichen Sozialprogrammen auf der Ebene der Erforderlichkeit zunächst der Vorrang einzuräumen ist.[47] Eine Abwehr des globalen Hungers durch Containern, also die Abwendung der Gefahr für Leib oder Leben Dritter, ist dieser Argumentation hingegen nicht zugänglich. Denn Art. 20a GG ist zunächst nur eine Staatszielbestimmung, die nicht darüber hinweghelfen kann, dass es zunächst ein garantiertes Rechtsgut braucht.

Im Ergebnis wird man berechtigte Kritik an den vorliegenden Entscheidungen üben dürfen. Gerade wegen der tatsächlichen Umstände, aus denen auf den Dereliktionswillen geschlossen werden muss, entsteht eine Einzelfallbetrachtung, die eine rechtliche Einordnung des Phänomens des Containers nicht allgemeingültig macht.

IV. Der Umgang mit Lebensmittelverschwendung im Strafrecht de lege ferenda

Unabhängig von diesem rechtsdogmatischen Ergebnis sprechen sich derzeit 80 % aller in einer Studie zum Containern befragten Personen gegen eine Strafbarkeit aus.[48] Entsprechende Gesetzesentwürfe haben sich jedoch – wie zu zeigen sein wird – als rechtsdogmatisch fragwürdig oder wenig praktikabel erwiesen. Sie sind zudem sehr kurz gedacht, wird damit doch das Problem der Lebensmittelverschwendung nicht angegangen, sondern nur jene Aktivist:innen geschützt, die sich dem Problem widmen. Wäre es

47 *Rennicke* (Fn. 15), 345.
48 *Jahnke* (Fn. 14), S. 115.

nicht naheliegender, einen Straftatbestand (vielleicht schon jetzt) des Wegwerfens essbarer Lebensmittel einzuführen? Wie wäre der damit einhergehende Eingriff in die Eigentumsfreiheit zu rechtfertigen und wie müsste zwischen Privatpersonen und Unternehmen differenziert werden? Kann das Strafrecht ein Instrument zur Verhinderung von Nahrungsmittelkrisen und zum sozialen Umgang mit Lebensmitteln werden? Nahrungsmittelknappheit ist dabei nicht zu beschränken auf das ausreichende Vorhandensein irgendwelcher Nahrung – es muss auch überlegt werden, wie eine ausgewogene und vitaminreiche Nahrung, die Mangelernährung verhindert, zur Verfügung gestellt werden kann.

1. Gesetzesentwurf zur Regelung des Containerns

Ein Gesetzesentwurf aus dem Jahre 2022 nimmt die Entscheidung des Bundesverfassungsgerichts und die gesellschaftliche Stimmung zum Anlass, das Containern zu legalisieren und damit den Schutz der natürlichen Lebensgrundlagen aus Art. 20a GG voranzutreiben.[49] Schon zuvor gab es mehrere Vorstöße, unter anderem eine kurzfristige Änderung der RiStBV.[50] Vorgeschlagen wird, in § 248a StGB einen Absatz 2 hinzuzufügen: Demnach solle von der Verfolgung abzusehen sein, „wenn sich die Tat auf Lebensmittel bezieht, die vom Eigentümer in einem Abfallbehältnis, welches der Abholung und Beseitigung durch einen Entsorgungsträger dient, deponiert oder anderweitig zur Abholung bereitgestellt wird".[51] Lebensmittel sollen alle Stoffe oder Erzeugnisse sein, die dazu bestimmt sind oder von denen nach vernünftigem Ermessen erwartet werden kann, dass sie in verarbeitetem, teilweise verarbeitetem oder unverarbeitetem Zustand von Menschen aufgenommen werden.[52] Entsorgungsträger sind alle juristischen Personen, die nach dem Landesrecht zur Entsorgung verpflichtet und berechtigt sind.[53]

Auch wenn das Ziel dieses Entwurfs, Lebensmittelverschwendung entgegenzutreten, anerkennenswert ist, ist dieser Vorschlag handwerklich misslungen. Die Regelung eines einzelnen Sachverhalts ist dem Wesen des Strafgesetzbuchs fremd, es droht eine sukzessive Fragmentierung zulasten der

49 BT-Drs. 20/4421.
50 Ausführlich zu den verschiedenen Reformvorschlägen *Rennicke* (Fn. 15), 346.
51 BT-Drs. 20/4421, S. 2.
52 BT-Drs. 20/4421, S. 6.
53 BT-Drs. 20/4421, S. 7.

Rechtssicherheit.[54] Das Strafrecht kennt auch für andere Phänomene keine Bereichsausnahmen dieser Art.[55] Das Absehen von der Verfolgung ist darüber hinaus eine prozessuale Regelung, die besser in der Strafprozessordnung verortet wäre.[56] Dort kennt das Gesetz eine Vielzahl von Vorschriften, die das Absehen von der Verfolgung einer Straftat regeln, dabei wird den Strafverfolgungsbehörden aber intendiertes Ermessen eingeräumt und keine derartigen Voraussetzungen aufgestellt, wie es im hiesigen Entwurf der Fall ist.[57] Auch systematisch verwundert die Verortung, da Absatz 1 nach den Ausführungen des Entwurfs ein relatives Antragserfordernis bleiben soll, Absatz 2 aber gar keinen Bezug auf Absatz 1 nimmt, nicht einmal im Hinblick auf die Geringwertigkeit der Sache. Unklar ist auch, was eigentlich mit der „Tat" des Absatzes 2 gemeint ist, hebt die Gesetzesbegründung doch hervor, dass die Sachbeschädigung und der Hausfriedensbruch von der neuen Vorschrift nicht erfasst sein sollen. Mit der „Tat" kann aber eigentlich nur die prozessuale Tat gemeint sein, die jene Vorschriften dann aber erfassen würde. Zudem ist der Begriff des Lebensmittels hier sehr unspezifisch gewählt, weder orientiert er sich an althergebrachten strafrechtlichen Grundsätzen, die bereits oben für § 370 Nr. 5 StGB a. F. erläutert wurden, noch an der EU-Verordnung (EG) 178/20002.[58] Die Abgrenzung zwischen Lebensmitteln und anderen verzehrfähigen Substanzen könnte in der Praxis zu schwierigen Grenzfällen führen.[59]

Im Ergebnis handelt es sich vor allem nicht um eine echte Entkriminalisierung, sondern um einen Versuch, weiterhin strafbares Handeln zur Beruhigung der gesamtgesellschaftlichen Debatte fragmentarisch einer Bestrafung zu entziehen. Dabei lässt der Entwurf auch aus dem Blick, dass die subjektive Zielsetzung des Containerns hier gar nicht mehr erfasst wird und Sachverhalte subsumiert werden können, die die Sachverhaltsgestaltung, die der Gesetzgeber erfassen wollte, auch in politischer Hinsicht verlassen.

---

54 *El-Ghazi*, Schriftliche Stellungnahme zur öffentlichen Anhörung vor dem Rechtsausschuss des Deutschen Bundestages am 17.04.2023, S. 1.

55 *Kubiciel*, Schriftfassung der Stellungnahme in der Anhörung des Ausschusses für Recht und Verbraucherschutz des Deutschen Bundestages zum Antrag der Fraktion „Die Linke" BT-Drs. 19/9453, S. 5.

56 Eine solche Regelung schlägt *Zimmermann* (Fn. 46), 192 vor.

57 *El-Ghazi* (Fn. 54), S. 6 f.

58 *Fischer* (Fn. 44), S. 6.

59 Ausführlich *Fischer* (Fn. 44), S. 4.

Zu dem Gesetzesentwurf wurden einige Alternativen diskutiert. Denkbar wäre es etwa, § 959 BGB so abzuändern, dass entsorgte Lebensmittel grundsätzlich herrenlos wären. Das würde allerdings zu einer stärkeren Änderung der Rechtsordnung führen und größere Probleme in Bezug auf Art. 14 GG aufwerfen.[60] Denkbare wäre es auch, für diesen Fall ein absolutes Antragserfordernis zu schaffen; dann wäre zwar die Verortung in § 248a StGB systemimmanent, es würde aber zeitgleich[61] eine Ungleichbehandlung bewirkt, die eine Verfolgung nicht von der Motivation der Täter:innen, sondern von der Motivation des Supermarktbetreibers abhängig macht. *Fischer* schlägt einen Privilegierungstatbestand vor,[62] hierzu müsste sich die Absicht der handelnden Person aber in eine greifbare Formulierung fassen lassen, die im Zweifel (etwa, wenn nicht zweifelsfrei festgestellt werden kann, ob die Tat aus politischen oder wirtschaftlichen Gründen erfolgte) Potenzial für Rechtsunsicherheiten und Ungleichbehandlungen bergen würde.

Letztlich können die bisher diskutierten Ansätze nur wenig überzeugen. Sie kranken allesamt an dem Umstand, dass sie versuchen, einen spezifischen Sachverhalt zu regeln, der allerdings Ausfluss eines erheblich größeren, gesamtgesellschaftlichen Problems ist, das bisher aufgrund der fehlenden tatsächlichen Auswirkungen in Deutschland nur wenig Beachtung findet und daher bis dato keinen Spielraum für politisches Eingreifen durch strafrechtliche Regelungen findet. Es bleibt aber festzuhalten, dass das Problem des Wegwerfens genießbarer Lebensmittel nicht in die Hände einzelner Aktivist:innen gelegt werden sollte und ein entsprechendes Signal der Entkriminalisierung zwar möglicherweise politisch wirken kann, strafrechtlich jedoch kaum systemgetreu auszugestalten ist, gerade weil das Strafrecht keine solche tatsächlichen Details, sondern rechtsgutsbezogene, zu verallgemeinernde Handlungen betrifft.

2. Utopien und Dystopien – Ein Blick in die Zukunft

Es bleibt ein Problem, das dystopischer kaum sein könnte: Schon jetzt stehen weltweit nicht genügend Lebensmittel zur Verfügung, um die Welt-

60 *Kubiciel* (Fn. 55), S. 1.
61 *Zimmermann*, (Fn. 46), 187.
62 *Fischer* (Fn. 44), S. 4.

bevölkerung zu ernähren – soweit scheint Konsens zu herrschen.[63] Dass das aber zeitgleich bedeutet, dass auch in Deutschland in absehbarer Zeit nicht mehr genügend Lebensmittel zur Verfügung stehen, um die deutsche Bevölkerung ausgewogen und vitaminreich zu ernähren, ist ein Umstand, der sich bisher politisch kaum vermitteln lässt. So lässt noch *Lenk* in seiner Anmerkung zum Nichtannahmebeschluss des Bundesverfassungsgerichts verlauten: „In Demut vor der Schöpfung und der vielbeschworenen Ressourcenknappheit – von der in Deutschland mit Blick auf Lebensmittel (zum Glück!) keine Rede sein kann“[64]; solche und ähnliche Äußerungen lassen ernsthafte Zweifel daran aufkommen, ob sich die Rechtswissenschaft nicht zu lange interdisziplinärer Arbeitsweisen verweigert hat, gibt es doch wirklich genügend Forschung, die Gegenteiliges aufzuzeigen vermag.[65] Daher gibt es weder in der gesellschaftlichen Diskussion noch in den Rechtswissenschaften eine ernsthafte Auseinandersetzung damit, dass Hunger das Rechtsgut Leben und körperliche Unversehrtheit aus Art. 2 Abs. 2 GG, für das dem Staat unstreitig eine Schutzpflicht zukommt, betrifft und damit durchaus in absehbarer Zeit durch staatliche Maßnahmen geschützt werden muss. Dass dafür bei der derzeitigen Ausgangslage, namentlich einer Situation, in der noch genügend Lebensmittel für die Versorgung der deutschen Bevölkerung vorhanden sind, zeitgleich aber perspektivisch der Mangel schon jetzt aufgehalten werden muss, primär Unternehmen adressiert werden können, zeigt ein Blick in die Nachbarländer. Dass darüber hinaus aber gerade Leben und körperliche Unversehrtheit als höchste Güter auch dem Schutz durch das Strafrecht unterstehen müssen und somit das Strafrecht auch vor Hunger schützen kann, lässt sich im Schrifttum bisher nicht finden.

a) Verbot des Wegwerfens verzehrbarer Lebensmittel im Lebensmitteleinzelhandel

Am 11. Februar 2016 wurde in Frankreich mit dem Gesetz „GAROT“ weltweit erstmalig ein Arsenal verpflichtender Normen geschaffen, welches die Lebensmittelverschwendung bekämpfen soll. Lebensmittelverschwen-

63 Vgl. etwa die Darstellungen bei *Bergstreser*, Globale Hungerkrise – Der Kampf um das Menschenrecht auf Nahrung, 2019, m.w.N.

64 *Lenk*, JR 2021, 177, 180.

65 Vgl. dazu etwa die Zusammenstellung verschiedener Forschung bei *Bergstreser*, (Fn. 63).

dung definiert sich in Frankreich als alle für den menschlichen Verzehr bestimmten Lebensmittel, die auf einer Stufe der Nahrungskette verloren gehen, weggeworfen werden oder verderben.[66] Zu diesem Regelwerk gehört etwa die Verpflichtung für Lebensmitteleinzelhandelsgeschäfte mit einer Fläche von mehr als 400 qm, mit einer oder mehreren berechtigten Lebensmittelhilfeorganisationen eine Vereinbarung zur Spende der Lebensmittel an Bedürftige abzuschließen; nicht zum Verzehr geeignete Lebensmittel sollen als Tierfutter verwendet werden.[67] Frankreich gilt mit diesen Regelungen als Vorreiter in der EU.[68] Das Verbot der bewussten Vernichtung von noch verzehrbaren unverkauften Lebensmitteln gilt seit 2020 für alle Unternehmen mit Sitz in Frankreich unabhängig von ihrem Umsatz. Die Geldbuße bei Verstößen beträgt bis zu 0,1 % des Jahresumsatzes des jeweiligen Unternehmens. Die Regelungen sind vielfältig und schnüren ein Maßnahmenpaket, dass die Unternehmen in die Pflicht nimmt, auch für Privathaushalte die Anreize für das Entsorgen von Lebensmitteln zu reduzieren, dazu gehört etwa ein Verbot von Angeboten nach dem Prinzip „ein Lebensmittelprodukt gekauft, eines geschenkt".[69] Solche Regelungen ließen sich ohne größere Schwierigkeiten auch in Deutschland umsetzen. Die strukturellen Bedingungen, die gespendete Ware abzuholen und zu verteilen dürfte dabei selbstverständlich nicht ausschließlich bei wenigen ehrenamtlichen Organisationen wie der Tafel verbleiben, sondern auch dort müsste personell sichergestellt sein, dass die Lebensmittel auch zu den Menschen gelangen.[70] Angesichts dessen, dass die Entsorgung der Lebensmittel derzeit ebenfalls entgeltlich erfolgt, sollte sich hierfür eine Lösung finden lassen. Eine ordnungswidrigkeiten- und strafrechtliche Verfolgung bei Verstößen durch Unternehmen muss ein solches Regelwerk begleiten.

b) Schaffung steuerlicher Anreize dafür, verzehrbare Lebensmittel zu spenden

Italien ist 2016 einen anderen Schritt gegangen. Statt Strafen, Pflichten und Verbote nach französischem Vorbild einzuführen, versucht Italien,

---

66 Ausführliche Erläuterungen zu diesem Gesetzeswerk in deutscher Sprache finden sich auch bei *Wissenschaftlicher Dienst des Bundestages*, WD 5 – 3000 – 095/18.

67 Ausführlich m.w.N. *Rennicke* (Fn. 15), 348.

68 Eingehend *Preissl*, LogR 2023, 2.

69 Weitere Maßnahmen beschreibt *Preissl* (Fn. 68).

70 Vgl. *Böse* (Fn. 44), 228 f.; *Hoven*, NJW 2020, 2956.

Anreize dafür zu schaffen, Lebensmittel zu spenden.[71] Dazu zählen neben Steuererleichterungen auch solche Regelungen, die das hier schon angesprochene Problem der Haftung beim Inverkehrbringen möglicherweise gesundheitsschädlicher Lebensmittel durch einen Haftungsausschluss beseitigen.[72] Neben diesen unternehmerischen Anreizen hat Italien ebenfalls die Privathaushalte angesprochen und versucht, durch Kampagnen und Aufklärungsarbeit etwa die dort noch sehr verpönte Mitnahme von Essen in Restaurants interessanter zu machen.[73] Auch ein solches Vorgehen wäre in Deutschland umsetzbar.

c) Schaffung einer Strafvorschrift im Strafgesetzbuch

Die bisherigen Überlegungen beschränken sich auf derzeit politisch umsetzbare Maßnahmen. Wie bereits ausgeführt, ist es jedoch äußerst zweifelhaft, ob diese rechtzeitig und umfassend genug wirken, um eine Nahrungsmittelkrise und damit eine Mangelernährung tatsächlich vermeiden zu können. Wertet man die aktuellen Zahlen und Hochrechnungen aus,[74] so ist es wenig wahrscheinlich, dass man auf lange Sicht betrachtet das Wegwerfen von Lebensmitteln noch wird akzeptieren können. Aus dieser Perspektive heraus lassen sich zweierlei Überlegungen anstellen: Lebensmittelverschwendung in Privathaushalten könnte sich selbstständig regulieren, sobald keine ausreichenden Lebensmittel mehr vorhanden sind. Ähnliches könnte auch für Unternehmen gelten, zumindest dann, wenn die finanziellen Anreize hoch genug sind. Dagegen sprechen sozialwissenschaftliche Überlegungen, die sich vor allem auf die Spaltung der Gesellschaft in arm und reich stützen und den Schluss nahelegen, dass ein großer, wirtschaftlich schwächerer Teil der Bevölkerung sehr viel eher unter den Folgen der Nahrungsmittelknappheit körperlich leiden wird, als ein kleinerer, reicherer Teil der Bevölkerung.[75] Gefährdet die Nahrungsmittelknappheit aber das Leben und die körperliche Unversehrtheit der Bevölkerung, so wird es in Zukunft möglicherweise notwendig sein, dieses Gut durch die Einführung eines Strafgesetzes zu schützen. Ein solches könnte etwa dergestalt daherkommen:

---

71 *Preissl* (Fn. 68), 5.

72 *Preissl* (Fn. 68), 5.

73 *Preissl* (Fn. 68), 5.

74 Vgl. *Bundesministerium für Ernährung, Landwirtschaft und Verbraucherschutz* (Fn. 1).

75 *Jahnke* (Fn. 14), S. 117.

§ 227a-E StGB: Wer Nahrungsmittel in nicht geringen Mengen, die zum Verzehr durch einen Menschen geeignet sind, dem Abfall zuführt, wird mit Freiheitsstrafe bis zu drei Jahren oder mit Geldstrafe bestraft.

aa) Begriffliche Ausgestaltung

Die begrifflichen Schwierigkeiten, die schon im Rahmen einer möglichen Straffreiheit des Containers auftraten, begegnen augenscheinlich auch dort. Ohne die Einheit der Rechtsordnung aus dem Blick zu lassen, bietet es sich hier aber an, den Lebensmittelbegriff strafrechtsautonom zu bestimmen. Denn anders als im (europäischen) Lebensmittelrecht steht nicht der freie Verkehr mit sicheren und bekömmlichen Lebensmitteln im Vordergrund, die ein hohes Gesundheitsschutzniveau gewährleisten müssen, sondern es wird hier von einer anderen Perspektive aus gedacht. Namentlich dürfte es dem gänzlichen Fehlen von Lebensmitteln gegenüber vorzugswürdig sein, Lebensmittel geringerer Qualität konsumieren zu können. Das kann selbstständig gegenüberstehen, denn der Regelungsrahmen ist ein gänzlich anderer und obgleich das Schutzgut wohl das gleiche sein dürfte, so wird es doch unterschiedlich bedroht. Diese Überlegungen vorausgeschickt, bietet es sich an, die zu § 370 Nr. 5 StGB a. F. entwickelten Grundsätze, die einen vergleichbaren Regelungszweck abbildeten, fruchtbar zu machen und als Nahrungsmittel die nach der Verkehrssitte zur Ernährung des Menschen dienenden Sachen zu verstehen.

Gleiches gilt für die nicht geringen Mengen: § 370 Nr. 5 StGB a. F. wollte gerade den Fall erfassen, dass die Lebensmittel in einer Mahlzeit verzehrt werden können. Hier darf man umgekehrt davon ausgehen, dass das Entsorgen von Lebensmitteln, die in einer Mahlzeit konsumiert werden können, noch nicht zu Hunger oder sonstigem Leiden führt, dass das Leben oder die körperliche Unversehrtheit in erheblichem Maße beeinträchtigt.

Der Begriff des Abfalls ist dem Strafgesetzbuch nicht fremd. Seine Auslegung kann sich an jener des § 326 StGB anlehnen, der wiederum dynamisch und eigenständig sein soll, sich tatsächlich aber an § 3 KrWG orientiert.

bb) Systematische Verortung

Zu verorten ist die Vorschrift aufgrund ihrer Schutzrichtung im Bereich der Körperverletzungsdelikte. Die Strafhöhe ist angelehnt an jene einer fahrlässigen Körperverletzung. Dies begründet sich aus der Tatsache, dass das Entsorgen von Lebensmitteln wohl kaum mit dem Vorsatz geschehen dürfte, anderen Menschen Hunger zuzufügen und gleichzeitig eine solche Kausalität zwischen dem krankhaften Hungerleiden eines anderen Menschen und dem Wegwerfen des Lebensmittels selten bis nie nachweisbar sein dürfte, die Strafnorm also genau diese Lücke füllt.

cc) Kritische Würdigung

Neben der vermutlich kaum vermittelbaren Dringlichkeit einer solchen Regelung fällt zweierlei auf: Zum einen mag es überraschen, dass sich die Regelung nicht ausschließlich an Unternehmen richtet, sondern auch Privatpersonen erfasst. Bezieht man jedoch hier wieder die aktuellen Zahlen mit ein, so wird ein Großteil der verwertbaren Lebensmittel derzeit in Privathaushalten entsorgt. Das Problem anzugehen bedeutet mithin, auch die Personen in die Pflicht zu nehmen, die für die Nahrungsmittelknappheit größtenteils verantwortlich sind – sie auszunehmen wäre schlechterdings inkonsequent. Zum anderen kann man der Strafnorm natürlich vorhalten, dass die Entdeckungswahrscheinlichkeit in Privathaushalten äußerst gering sein dürfte. Ob das überhaupt zutrifft, wird an dieser Stelle angezweifelt, immerhin wäre es in Zeiten moderner Technik nicht umständlich, die Abfallsammelfahrzeuge der Städte mit einer Kamera auszustatten, die den Abladevorgang filmt, während das Fahrzeug seinen Standort speichert – eine Auswertung dieser Bilder mittels künstlicher Intelligenz könnte genießbare Lebensmittel in nicht geringer Menge dann einfach ausfindig machen. Aber selbst wenn man von einer geringen Entdeckungswahrscheinlichkeit ausgeht, kennt das Strafrecht viele Regelungen, bei denen der abschreckende Charakter im Vordergrund steht. Kinderpornografisches Material (vgl. § 184b StGB) aufzuspüren, dürfte etwa mit den derzeitigen technischen Voraussetzungen nach wie vor schwieriger sein.

Die Debatte um eine solche Strafnorm dürfte sich – neben dem fehlenden Verständnis für die schon jetzt vorliegende Gefährdung des Art. 2 Abs. 2 GG – vor allem an der Frage nach dem ultima ratio Prinzip des Strafrechts entfachen. Denn schließlich ist die Kriminalstrafe stets nur letztes Mittel staatlicher Machtausübung gegenüber dem Einzelnen, wie sich aus dem Rechtsstaatsprinzip (Art. 20 Abs. 3 GG) ableitet. Die Tendenz des Gesetzgebers, kleinteilig und detailliert Sachverhalte strafrechtlich zu regeln, ist nicht begrüßenswert. An der Schwelle, wo nicht mehr „naturrechtliche Verbrechen" in Rede stehen, sondern Verhaltensweisen sanktioniert werden, die dem Einzelnen selbst schaden, müssen Überlegungen zum ultima ratio Prinzip angestellt werden. Denn wenn mangelndem Erfolg der Straferhöhung mit weiterer Straferhöhung entgegengetreten wird und nicht funktionierender Prävention mit Repression begegnet wird, wird Strafrecht ein sozial-regulatives Instrument.[76] Es ist ein Zusammenspiel aus dem durch den Gesetzgeber vermittelten Eindruck, Straferhöhungen und -erweiterungen könnten Erfolge herbeiführen, die bisher nicht eingetreten sind und dem daraus resultierenden Verständnis der Gesellschaft, eine Pönalisierung oder Straferhöhung löse alle Probleme (oder beseitige alle Straftaten) – das Strafrecht wird mit Hoffnungen versehen, die es nicht erfüllen kann.[77] Dieser Eindruck entsteht insbesondere immer dann, wenn mit strafrechtlichen Neuregelungen die Medienöffentlichkeit beruhigt werden soll. Gleichzeitig ist nicht jede Erweiterung des Strafrechts grundsätzlich zu beanstanden oder gar unnötig.[78] Dieser Fall liegt hier aber gar nicht vor. Nimmt man den Maßstab der Rechtsprechung zur Hand, der ein Strafgesetz für erforderlich hält, „wenn ein bestimmtes Verhalten über sein Verbotensein hinaus in besonderer Weise sozialschädlich und für das geordnete Zusammenleben der Menschen unerträglich, seine Verhinderung daher besonders dringlich"[79] sei, dann ist eine Nahrungsmittelkrise, die absehbar zu Beeinträchtigungen der körperlichen Unversehrtheit führt, viel näher als etwa die Strafbarkeit des Upskirtings (§ 184k StGB) am „naturrechtlichen Verbrechen" zu verorten. Es mag jedoch ein umgekehrtes Problem zu dem eben geschilderten auftreten: Gerade weil es noch keine breite mediale Empörung oder realistische Auseinandersetzung mit dem Thema der zu erwartenden Nahrungsmittelknappheit gibt, gibt es auch keine Situation, auf die der Gesetzgeber mit strafrechtlichen Mitteln vertretbar reagieren kann. Dass sich diese Situation aber entwickeln kann und mildere Mittel wie steuerliche Anreize oder Verbote für Unternehmen, die bis dahin möglicherweise ausgeschöpft sein dürften, dann kaum noch in Betracht kommen, ist abzusehen. Schon die Sozialbindungsklausel des Art. 14 Abs. 2 GG

---

76 Eine ausführliche Herleitung findet sich bei *Grafe*, Zur Strafbarkeit von Konversionsmaßnahmen, 2022, S. 42.
77 *Grafe* (Fn. 76), S. 42.
78 *Grafe* (Fn. 76), S. 42.
79 BVerfGE 88, 203 (258).

würde verfassungsrechtlich das Entsorgen der Lebensmittel missbilligen,[80] zeitgleich gibt Art. 20a GG ein gewichtiges Argument in die Abwägung, hinter welches die im Zusammenspiel mit Art. 2 Abs. 2 GG als gering einzuschätzenden Eigentumsinteressen zurücktreten.[81] Mithin wäre eine Reaktion des Gesetzgebers mit strafrechtlichen Mitteln im Hinblick auf das ultima ratio Prinzip angebracht und nicht nur Symbolpolitik. Dabei kann auch eine Abwägung mit Art. 14 GG kein anderes Ergebnis hervorbringen.

V. Prognose und Fazit

Eine Nahrungsmittelkrise aufgrund der Klimakrise droht in absehbarer Zeit. Der deutsche Gesetzgeber schaut zu und diskutiert Einzelfälle wie eine mögliche Straflosigkeit des sogenannten Containers – an einer Lösung des dahinter liegenden Problems fehlt es aber derzeit noch. Dass Containern auch gar nicht geeignet ist, Lebensmittelverschwendung vorzubeugen oder gar den daraus resultierenden Hunger zu beseitigen, da die so erlangten Lebensmittel nicht umverteilt werden, wird dabei häufig außer Acht gelassen. Ein erster und schon heute gangbarer Schritt dürfte es sein, die Unternehmen etwa nach dem Vorbild Frankreichs oder Italiens mit Ge- und Verboten in die Pflicht zu nehmen, um die Lebensmittelverschwendung einzudämmen, wobei Ordnungswidrigkeiten und Strafnormen solche Regelungen flankieren müssen. Das ultima ratio Prinzip dürfte einem strafrechtlichen Ansatz angesichts der erwartbaren Entwicklungen kaum noch lange im Wege stehen. Der mit einer Strafnorm, die das Entsorgen von Lebensmitteln, die für den Verzehr durch einen Menschen geeignet sind, unter Strafe stellt, verfolgte Rechtsgüterschutz des Lebens und der körperlichen Unversehrtheit (Art. 2 Abs. 2 GG) ist bei einer echten Nahrungsmittelknappheit nicht mehr fakultativ, da dem Gesetzgeber eine Schutzpflicht zukommt. Dabei dürfte es in Zukunft interessant sein, diese Schutzpflicht näher zu definieren, da neben einer Versorgung mit Lebensmitteln im Allgemeinen ein besonderes Augenmerk auf eine ausgewogene und vitaminreiche Nahrung, die Mangelernährung verhindert, zu legen sein wird. Definitorischen Schwierigkeiten begegnet das Strafrecht dabei nicht, da der historische Blick auf § 370 Nr. 5 StGB a. F. hinreichende Recht-

80 Zur Sozialbindung des Eigentums beim Containern eingehend *Zimmermann* (Fn. 46), 191 und *Schnetter* (Fn. 42), 80.

81 Ähnlich zu einer an das französische Modell angelehnten Regelung *Rennicke* (Fn. 15), 348.

sprechung liefert, die in ihrer konkreten Ausgestaltung lediglich kleinere Anpassung bzgl. moderner Entwicklungen verlangt. Wenngleich es scheint, als sei der hier erörterte Ansatz eines strafrechtlichen Umgangs mit der Verschwendung von Lebensmitteln der Bevölkerung aber auch der wissenschaftlichen Debatte (wohl wegen der allseitigen Betroffenheit) noch nicht zu vermitteln, ist letztlich zumindest zu konstatieren, dass der Ansatz einer faktenbasierten, realistischen Zukunftsperspektive genauso standhält wie einer ultima ratio Prüfung.

*Zur Rechtfertigungsmöglichkeit von Sitzblockaden durch Klimaaktivist*innen

*Tjarda Tiedeken, Frankfurt am Main**

I. Einleitung

Ziviler Ungehorsam ist ein Phänomen, das sich an der Grenze zwischen Legalität und Illegalität und mitten im Konflikt zwischen Recht und Gerechtigkeit bewegt. Die anhaltenden Klimaproteste geben dabei Anlass zur Wiederaufnahme der Diskussion über den Umgang mit dieser Form des Widerstandes[1] – insbesondere im Bereich des Strafrechts.[2] Zur Einordnung der Proteste lohnt es sich, die Blockadeaktionen von Klimaaktivist*innen auf mögliche Besonderheiten im Vergleich zu „typischem" zivilen Ungehorsam zu untersuchen. Dieser Zugriff mag strafrechtlich zunächst wenig ergiebig erscheinen, denn zum einen handelt es sich bei zivilem Ungehorsam nicht um eine rechtliche Figur mit klar definiertem Inhalt, sondern um einen politischen Begriff, zum anderen werden Sitzblockaden ganz überwiegend als strafbar eingeordnet.[3] Allerdings könnten sich, wäre Klimaaktivismus kein („typischer") ziviler Ungehorsam, Abweichungen mit Blick auf dessen Rechtfertigungsmöglichkeit und potentiell gar eine Notwendigkeit zur strafrechtlichen Andersbehandlung eines neuartigen Phänomens ergeben. Die hier vorgenommene juristische Einordnung der Blockaden erfolgt dabei unter Auflösung des (scheinbaren) begrifflichen Widerspruchs zwischen Rechtfertigung und zivilem Ungehorsam sowie Berücksichtigung demokratietheoretischer Erwägungen, insbesondere der Würdigung der

* Für wertvolle Hinweise zum Text danke ich *Sascha Zinn*, *Linda Weise* und *Giuliana Chiofalo*.

1 Kritisch zur Begrifflichkeit *Dreier*, in: Broda et al. (Hrsg.), FS Wassermann, 1985, S. 307.

2 Ausgeklammert wird die aktuell aufkommende Frage nach der Bildung einer kriminellen Vereinigung i.S.d § 129 StGB. Zur Diskussion vgl. nur *Kuhli/Papenfuß*, KriPoZ 2/2023, 71; *Leitmeier*, jM 2023, 42; *Seel*, StV 2023, 784.

3 So etwa AG Freiburg im Breisgau, Urt. v. 22.11.2022 – 28 Cs 450 Js; AG Dortmund, Urt. v. 14.03.2022 – 746 Os-600 Js 487/21 – 581/21 (Entscheidung nicht veröffentlicht); AG Rheda-Wiedenbrück, Urt. v. 20.06.2022 – 1 Ds-216 JS 61/21–122/21 (Entscheidung nicht veröffentlicht).

Mehrheitsregel, des staatlichen Gewaltmonopols und der intertemporalen Freiheitssicherung.[4] Vor dem Fazit wendet sich der Beitrag ergänzend Schwierigkeiten der Strafzweckerreichung zu.

II. Klimaaktivistische Sitzblockaden und ziviler Ungehorsam

Im Rahmen der Klimakrise gewinnt der, auf eine lange wie wechselreiche Verwendung zurückblickende, Begriff des zivilen Ungehorsams in Deutschland wieder an Bedeutung – im allgemeinen Sprachgebrauch wie auch in der Rechtswissenschaft. Dabei werden Klimablockaden wohl überwiegend als zivil ungehorsam verstanden, so wie bereits die Umwelt- und Anti-Atomkraft-Sitzblockaden der 1980er Jahre. Um zu klären, ob diese Einordnung zutreffend ist, bedarf es zunächst einer definitorischen Annäherung an den zivilen Ungehorsam, um im Anschluss den Versuch einer Subsumtion unter den Begriff zu unternehmen.

1. Begriff des zivilen Ungehorsams

Der Begriff des zivilen Ungehorsams ist in der Literatur viel diskutiert. Er findet sich zuerst bei *Henry David Thoreau*[5] und wurde im Laufe der Zeit etwa von *Mahatma Gandhi* und *Martin Luther King Jr.* geprägt. Im deutschen Rechtsraum nahmen insbesondere die Bemerkungen von *John Rawls*[6] und *Jürgen Habermas*[7] Einfluss auf die Diskussion. Bereits durch Übersetzungen ergeben sich dabei mögliche Unterschiede zwischen dem, was sprachlich etwa im Englischen und Deutschen unter den Begriff gefasst werden kann. Über die Parameter, anhand derer sich bemisst, ob eine Handlung als zivil ungehorsam einzustufen ist, konnte bis heute keine Einigkeit erzielt werden. Daher richtet sich auch aktuell noch das Phänomen weniger nach der Definition als die Definition nach dem Phänomen: Ziviler Ungehorsam wurde – und wird – situativ geprägt und interpretiert.[8]

4 Unter dieser Bezeichnung entwickelt in BVerfG, Beschl. v. 24.03.2021 – 1 BvR 2656/18, 1 BvR 78/20, 1 BvR 96/20, 1 BvR 288/20 = NJW 2021, 1723. Ähnliche Ansätze mit Blick auf den zivilen Ungehorsam schon *Frankenberg*, JZ 6/1984, 273 f.

5 *Thoreau*, Civil Disobedience. Resistance to Civil Government, 1849.

6 *Rawls*, Eine Theorie der Gerechtigkeit, 1975, S. 399 ff.

7 *Habermas*, in: Glotz (Hrsg.), Ziviler Ungehorsam im Rechtsstaat, 1983, S. 29 ff.

8 *Hörnle*, Civil Disobedience and its Limitations (Vortrag), 15.01.2024.

Mithin ist das Verständnis von zivilem Ungehorsam erheblichem Wandel, orientiert an gesellschaftlichem, zeitlichem und politischem Kontext, unterworfen. Dies dürfte neben sprachlichen und inhaltlichen Differenzen auch in den unterschiedlichen Perspektiven der jeweiligen Konzeptionen begründet liegen. Schließlich sind nicht alle Entwürfe zivilen Ungehorsams juristische – im Gegenteil handelt es sich vielfach um moralphilosophische oder politische Konstruktionen. Schließlich war auch *Thoreau* selbst kein Jurist.

Ich möchte daher vorliegend lediglich eine Arbeitsdefinition geben, die keinesfalls Vollständigkeit beansprucht und im Einzelnen sicherlich bestreitbar ist, die sich aber an den Kernaspekten der maßgeblichen Konzepte zivilen Ungehorsams orientiert. Anhand dieser Arbeitsdefinition kann anschließend untersucht werden, ob klimaaktivistische Sitzblockaden als ziviler Ungehorsam einzuordnen sind. Letzterer soll zu diesem Zwecke verstanden werden als[9]:

1. symbolisch – im Sinne des Aufweisens eines kommunikativen Moments und einer zugrunde liegenden, moralisch-politischen Motivation mit altruistischem Motiv –,[10]
2. öffentlich – gemeint ist nicht „verdeckt" mit der Möglichkeit und dem Ziel der Aufmerksamkeitserregung –,
3. gewaltlos – bzw. nicht gewalttätig, also unter Verzicht auf physische Gewalt gegen Personen und Gegenstände –,[11]

9 Mit Ausnahme des letzten Kriteriums nahe an der Definition v. *Laker*, Ziviler Ungehorsam. Geschichte – Begriff – Rechtfertigung, 1986. Zu den übrigen Kriterien vgl. etwa *Habermas* (Fn. 7), S. 33, 35; *Schüler-Springorum*, in: Glotz (Hrsg.), Ziviler Ungehorsam im Rechtsstaat, 1983, S. 79; *Frankenberg* (Fn. 4), 268 f.; *Prittwitz*, JA 1/1987, 18, 24; *Arendt*, In der Gegenwart, 2000, S. 301, 318. Überblick über die unterschiedlichen Begriffsverständnisse und ihre Vertreter*innen bei *Sproß*, Die Unrechts- und Strafbegründung bei dem Überzeugungs- und Gewissenstäter, 1992, S. 281 ff. Aktuell: *Bönte*, HRRS 4/2021, 164, 169; ausf. *Akbarian*, Ziviler Ungehorsam als Verfassungsinterpretation, 2023.

10 Alternativ zur Bezeichnung als symbolisch wird der Begriff demonstrativ verwendet. So etwa Matt/Renzikowski/*Engländer*, StGB, 2. Aufl. (2020), Vor zu § 32 StGB Rn. 46; BVerfGE 73, 206 (250); *Bönte* (Fn. 9), 171 f.

11 So explizit *Dreier* (Fn. 1), S. 312 f. Im Übrigen pauschal als „Gewaltlosigkeit" bezeichnet, vgl. Quellen Fn. 9.

4. nur jene Verhaltensweisen umfassend, bei denen geltendes Recht bewusst überschritten wird, werden soll oder rechtliche „Grauzonen“ bewusst ausgenutzt werden[12] und
5. als Mittel zur Überzeugung von einer Minderheitsmeinung
6. bei Akzeptanz des demokratischen Rechtsstaats sowie möglicher rechtlicher Sanktionen, sofern diese ihrerseits rechtmäßig ergehen.

2. Gemeinsamkeiten mit und Unterschiede zu klimaaktivistischen Sitzblockaden

Zwar ist die Frage nach der Einordnung klimaaktivistischer Sitzblockaden unter die Kategorie des zivilen Ungehorsams strafrechtlich scheinbar nicht relevant, handelt es sich bei diesem doch um einen Begriff, der (bisher) keine festgeschriebene rechtliche Wirkung entfaltet.[13] Sofern Klimaaktivismus gerade kein („typischer“) ziviler Ungehorsam ist, könnte sich aber eine andere Perspektive für die bei zivilem Ungehorsam überwiegend abgelehnte Rechtfertigung[14] ergeben.

Die Gemeinsamkeiten klimaaktivistischer Sitzblockaden mit zivilem Ungehorsam liegen dabei auf der Hand: Es handelt sich bei diesen um symbolisch-kommunikativen Protest, der zur Lenkung der Aufmerksamkeit auf eine (mindestens angenommen) unzureichende Regierungstätigkeit zur Bekämpfung des Klimawandels genutzt wird und weder ausschließlich noch primär auf die Herbeiführung einer Rechtsgutsverletzung zielt. Letztere ist üblicherweise Zwischenziel, während sich die Symbolik im Aufbegehren gegen (fehlende) Entscheidungen der Staatsgewalt erschöpft. Es besteht da-

12 H.M.: Erfordernis eines Rechtsbruchs, vgl. nur v. Münch/Kunig/*Kotzur*, Grundgesetz-Kommentar, 7. Aufl. (2021), Art. 20 GG Rn. 183; LG Dortmund, NStZ-RR 1998, 140 f.; *Roxin*, in: Albrecht (Hrsg.), FS Schüler-Springorum, 1993, S. 451. Auf *prima facie* Illegalität erweiternd: *Dreier*, JZ 8/1985, 358. Richtigerweise, denn sonst setzt die Definition eine abschließende rechtliche Prüfung voraus, nur die Erfüllung eines (Straf- oder Ordnungswidrigkeits-)Tatbestandes verlangt *Laker* (Fn. 9), S. 186.

13 Insb. ist ziviler Ungehorsam nach der h.M. nicht als Rechtfertigungsgrund anerkannt, vgl. nur *Erb*, NStZ 2023, 580 f.; *Jahn*, JuS 1/2023, 84; *Neumann*, ZStW 1/1997, 14; Schönke/Schröder/*Perron*, StGB, 30. Aufl. (2019), § 34 StGB Rn. 41a; BVerfGE 73, 206 (252). Allerdings soll er im Rahmen der Verwerflichkeitsprüfung Wirkung entfalten, ebd.

14 So etwa Schönke/Schröder/*Perron* (Fn. 13), Rn. 41a. *Hassemer*, in: Broda et al. (Hrsg.), FS Wassermann, 1985, S. 345 ff.; *Roxin* (Fn. 12), 451; *Frankenberg* (Fn. 4), 270.

mit eine für zivilen Ungehorsam typische, moralisch-politische Motivation, die überdies mit der bezweckten „Rettung des Klimas" einen altruistischen Aspekt aufweist. Klimaproteste in Form von Sitzblockaden finden zudem zweifelsfrei in der und zur Anrufung der Öffentlichkeit statt. Ein gewalttätiges Vorgehen ist nicht Teil der Aktionen,[15] der Regelbruch hingegen kalkuliert.[16] Zudem ist nicht erkennbar, dass die Aktivist*innen sich rechtlicher Verfahren entziehen; sie sind also bereit, die juristischen Konsequenzen ihres Handelns zu tragen und den Rechtsstaat als solchen zu akzeptieren. Die Einlegung von Rechtsmitteln gegen die eigene Verurteilung steht dazu nicht in Widerspruch, bedeutet dies doch lediglich eine Nachprüfung der gerichtlichen Entscheidung mithilfe der hierzu gesetzlich eigens vorgesehenen Instrumente. Damit erfüllen (abstrahiert) klimaaktivistische Sitzproteste in der Regel die Voraussetzungen zur Qualifikation als zivil ungehorsam.

Aber: Im Klimaaktivismus begegnet man Personen, deren Anliegen es ist, für den umfassenden Erhalt bereits bestehender Rechte (auch) der Mehrheit einzustehen.[17] Ein wesentlicher Unterschied zwischen klimaaktivistischen Sitzblockaden und „typischem" zivilen Ungehorsam liegt folglich darin, dass die Klimabewegung nicht etwa die Einführung und Durchsetzung einer eigenen politischen Agenda, einer Minderheitsmeinung begehrt, sondern ein bereits politisch festgeschriebenes, einfachgesetzlich wie auch völker- und verfassungsrechtlich verankertes Ziel[18] – die Begrenzung der Erderwärmung auf möglichst 1,5 °C – verfolgt und staatliche Maßnahmen zur Erreichung ebenjener Verpflichtungen fordert. Die bereits vorhandene Akzeptanz und gesetzliche Festschreibung des Ziels aber ist ein außergewöhnlicher Zustand. Dabei steht der Eintritt einer globalen humanitären Katastrophe als Folge des Klimawandels bei ausbleibenden oder unzureichenden Gegenmaßnahmen fest, ebenso wie die Irreversibilität ausgestoßener Emissionen.

Damit weisen klimaaktivistische Sitzblockaden zwar weiterhin Aspekte zivilen Ungehorsams auf. Sie werden aber um ein entscheidendes Merkmal

---

15 Gewalt ist hier nicht im Sinne des § 240 Abs. 1 StGB zu verstehen, so auch *Dreier*, in: Glotz (Hrsg.), Ziviler Ungehorsam im Rechtsstaat, 1983, S. 62 f.; *Schüler-Springorum* (Fn. 9), S. 83.

16 Wobei fraglich erscheint, ab wann es sich tatsächlich um einen solchen handelt – gerade bei Sitzblockaden, s.u.

17 Gemeint sind die Grundrechte.

18 Art. 20a GG wird insoweit durch das Klimaschutzgesetz des Bundes (KSG) konkretisiert, welches wiederum der Einhaltung des Pariser Klimaabkommens dient, vgl. § 1 S. 3 KSG.

ergänzt – nämlich um die Bestrebung, eine irreversible Klimaveränderung mit erheblichem Gefahrenpotential für die Grundrechte aller Bürger*innen abzuwenden. Dieser elementare Unterschied hebt klimaaktivistische Sitzblockaden vom Regelfall des zivilen Ungehorsams erkennbar ab. Dies lässt eine unterschiedliche rechtliche Behandlung – im Sinne einer strafrechtlichen Privilegierung – zumindest erörterungswert erscheinen. Denn wird eine solche schon für Konstellationen des zivilen Ungehorsams diskutiert, so muss sie für ein Verhalten, das zusätzlich die Einhaltung bereits eingegangener staatlicher Verpflichtungen anmahnt, noch viel näher liegen. Dies gilt auch, sofern man Klimaaktivismus als Sonderfall zivilen Ungehorsams einordnen wollte oder einer solchen Verortung erst gar keinen rechtlichen Wert zuschreibt.

III. Ausschluss der Rechtfertigungsmöglichkeit

Eine spezifisch auf dieses Phänomen zugeschnittene Privilegierung erschiene wiederum nur sinnvoll, sofern nicht bereits Rechtfertigungsgründe de lege lata greifen, gleichzeitig aber eine verminderte Strafwürdigkeit und -bedürftigkeit vorliegt.

Dabei ist die Strafbarkeit von Sitzblockaden nach § 240 Abs. 1 StGB ein jahrzehntealtes Streitthema in der Juristerei.[19] Schon die Auslegung des Gewaltbegriffs der Norm durch die Rspr. steht – heute wie damals – in der Kritik.[20] Da der Streit hier nicht wiederholt werden und der Fokus auf der Rechtfertigungsebene liegen soll, ist dieser Stelle nur festzuhalten, dass die überwiegende Mehrheit in Rspr. und Lit. davon ausgeht, dass Sitzblockaden grundsätzlich den Tatbestand des § 240 Abs. 1 StGB erfüllen.[21] Die Verwerflichkeit klimaaktivistischer Sitzblockaden dagegen ist nicht durch Auslegung einzelner Rechtsbegriffe vorbestimmt, sondern allein durch

19 Vgl. BVerfGE 73, 206 (231 ff.), mit entsprechenden Nachweisen.

20 Siehe etwa *Altvater*, NStZ 1995, 282; *Wassermann*, Politisch motivierte Gewalt in der modernen Gesellschaft, 1989, S. 17; *Magnus*, NStZ 2012, 541 f.; *Leitmeier*, jM 2023, 40 f.; Schönke/Schröder/*Eisele*, StGB, 30. Aufl. (2019), Vor §§ 234–241a StGB Rn. 10b m.w.N; Matt/Renzikowski/*Eidam*, StGB, 2. Aufl. (2020), § 240 StGB Rn. 21 ff.; MüKo-StGB/*Sinn*, 4. Aufl. (2020), § 240 StGB Rn. 48 ff. m.w.N; AG Tiergarten, Urt. v. 24.11.2022 – 261b Cs 237/22.

21 Wegweisend insofern BGH, Urt. v. 20.07.1995 – 1 StR 126/95. Wohl auch mit Blick auf die aktuellen Proteste, vgl. *Lund*, Stellungnahme Generalstaatsanwaltschaft Frankfurt am Main – Zentralstelle zur Bekämpfung von Extremismus und Terrorismus Hessen (ZET-HE) – zu BT-Drs. 20/4310, S. 2 f.

Einzelfallabwägung zu ermitteln. An dieser Stelle ließe sich eine erneute Diskussion um Fernziele als zulässiges Abwägungskriterium einfügen, im Rahmen dieses Beitrags möge ein Hinweis auf die Dissertationsschrift *Reichert-Hammers*[22] genügen.[23] Aufgrund der Einzelfallbezogenheit der Verwerflichkeitsprüfung bleibt das Abwägungsergebnis jedoch selbst bei Berücksichtigung der Fernziele ungewiss. Verallgemeinerungsfähige Aussagen erscheinen damit kaum möglich. Dennoch soll zur Verwerflichkeitsprüfung zweierlei angemerkt werden: Zum einen, dass in der aktuellen Rechtsprechung Sitzblockaden teils nicht mehr als – dem Schutzbereich des Art. 8 GG unterfallende – Versammlungen eingeordnet werden,[24] womit die Abwägung innerhalb der Verwerflichkeitsprüfung eher zulasten der Blockierer*innen ausfällt. Eine entsprechende Entwicklung wäre indes mit Blick auf den notwendigen Schutz von Versammlungen bedenklich. Zum anderen überrascht die Argumentation einiger Gerichte hinsichtlich der für die Verwerflichkeit relevanten Dauer der jeweiligen Aktionen. Denn auch, wenn diese als Versammlungen eingeordnet werden, wird die abwägungserhebliche Zeitdauer nicht danach bestimmt, wie lange die Blockade nach der rechtmäßigen Auflösung der Versammlung fortdauerte, sondern anhand der Verzögerung oder „Wartedauer" von Beginn der Aktion bemessen.[25] Weshalb aber die Gesamtdauer der Grundrechtsausübung, die jedenfalls nicht unmittelbar nach ihrem Beginn in strafrechtlich relevantes Verhalten umschlägt, relevant für die Bewertung der Verwerflichkeit sein sollte, erschließt sich nicht – denn wenigstens für eine gewisse Zeitspanne fehlt es

---

22 *Reichert-Hammer*, Politische Fernziele und Unrecht, 1991.

23 Weit nach Erscheinen dieser Schrift und insofern ergänzend (zur Einbeziehung von Kommunikationszwecken von Demonstrationen in die Verwerflichkeitsprüfung): BVerfG, Beschl. v. 07.03.2011 – 1 BvR 388/05 = NJW 2011, 3020, Rn. 41.

24 Vgl. AG Tiergarten, Urt. v. 30.08.2022 – (422 Cs) 231 Js 1831/22 (11/22) Jug, Rn. 9. Dies entspricht BVerfG, Abweichende Meinung der Richterin Haas zum Beschl. v. 24.10.2001 – 1 BvR 1190/90, Rn. 73 ff. Aus der Lit. zustimmend etwa *Kühne/Kühne*, StV 2023, 561. I.E. ebenso LG Berlin, Urt. v. 18.01.2023 – (518) 237 Js 518/22 Ns (31/22), 518 Ns 31/22, welches Nötigungsziel und Kommunikationszweck gleichsetzt, somit faktisch stets zur Ablehnung des Schutzes aus Art. 8 Abs. 1 GG käme. Dagegen für eine Einordnung als solche vgl. nur BVerfG, Beschl. 24.10.2001 – 1 BvR 1190/90; VG Schleswig, Urt. v. 22.02.2005 – 3 A 338/01; *Roxin* (Fn. 12), 447; *Prittwitz* (Fn. 9), 24. Mit direktem Bezug auf die aktuellen Proteste: *Busche*, KlimR 2023, 104; *Honer*, JuS 5/2023, 411. *Makepeace*, ZIS 3/2024, 161.

25 Vgl. etwa AG Rheda-Wiedenbrück, Urt. v. 20.06.2022 – 1 Ds-216 JS 61/21–122/21 (Entscheidung nicht veröffentlicht); LG Berlin, Urt. v. 18.01.2023 – (518) 237 Js 518/22 Ns (31/22), 518 Ns 31/22. Differenzierung aber bei AG Dortmund, Urt. v. 14.03.2022 – 746 Os-600 Js 487/21 – 581/21 (Entscheidung nicht veröffentlicht).

an der sozialen Unerträglichkeit des Verhaltens. Bereits dieser Unterschied könnte aber über die Einordnung als verwerflich – und strafbar – entscheiden.

Diese Anmerkungen beiseitegeschoben: Da die allgemeinen Rechtfertigungsgründe überwiegend i.S. eines „Vorrangmodells" vor der Verwerflichkeit erörtert werden,[26] sollen diese auch hier der Verwerflichkeitsprüfung „vorgezogen" werden. Die im Folgenden untersuchten Einwände gegen die Möglichkeit einer Rechtfertigung klimaaktivistischer Sitzblockaden nach § 34 StGB werden dabei an unterschiedlichen Stellen der Rechtfertigungsprüfung verortet. Da der Fokus des Beitrags auf der inhaltlichen Bewertung der Einwände liegt, wird der Frage nach der prüfungssystematischen Verortung nicht weiter nachgegangen.

1. Sprachlicher Widerspruch

Da der zivile Ungehorsam vielseits als Rechtsbruch verstanden wird (s.o.), vermuten einige Jurist*innen diesen im sprachlichen Widerspruch zu einer Rechtfertigung.[27] Zwar wurden die eindeutigen Unterschiede zu klimaaktivistischen Sitzblockaden im Vorstehenden bereits herausgestellt. Da aber die Phänomene bisher überwiegend gleichgesetzt, Einwände gegen die Rechtfertigungsmöglichkeit daher wiederholt auf den zivilen Ungehorsam allgemein und nicht mit Blick auf die Spezifika der aktuellen Proteste erhoben werden, und eine „Verwandtschaft" der beiden Protestformen durchaus besteht, soll hierauf dennoch kurz eingegangen werden: Rein sprachlich setzt Ungehorsam voraus, dass es sich um ein außerhalb des Erlaubten liegendes Verhalten handelt.[28] Auch strafrechtlich kann man differenzieren zwischen einem verbotenen, ergo (norm-)ungehorsamen Verhalten, nämlich der Erfüllung eines Tatbestandes, und der ausnahmsweisen Straffreiheit eines solchen Verhaltens mangels strafrechtlichen Unrechts, der Rechtfertigung. Folgerichtig reicht terminologisch die Tatbestandlichkeit

26 Terminologie vgl. *Küper*, JZ 9/2013, 451. Vertreten etwa bei MüKo-StGB/*Sinn* (Fn. 20), § 240 StGB Rn. 111. *Zimmermann/Griesar*, JuS 2023, 403; *Sinn*, JuS 2009, 584.

27 Statt vieler vgl. BVerfGE 73, 206 (252). Zustimmend *Zieschang*, JR 2023, 146.

28 Digitales Wörterbuch der deutschen Sprache, online abrufbar unter https://www.dwds.de/wb/ungehorsam (zuletzt abgerufen am: 30.08.2024).

für ein Verständnis als Ungehorsam aus; eine Rechtfertigung widerspricht sprachlich damit nicht der Definition.[29]

Zum selben Ergebnis gelangt man aber auch bei einem abweichenden Begriffsverständnis. Da der zivile Ungehorsam keinen Rechtsbegriff darstellt, kann er keine rechtliche Wirkung (schon gar nicht zulasten Beschuldigter) entfalten, ergo auch nicht den Ausschluss einer Rechtfertigung begründen.

2. Bruch der Mehrheitsregel

Teils wird die Ablehnung einer Rechtfertigung klimaaktivistischer Sitzblockaden damit begründet, dass ein Regelbruch zur Durchsetzung der eigenen Ansichten begangen, mithin das Mehrheitsprinzip durchbrochen werde.[30] Wer dabei bereits in tatbestandlichem Handeln per se einen Verstoß gegen das Mehrheitsprinzip erkennen will, müsste wohl die Rechtfertigungsdogmatik in ihrer Gesamtheit verwerfen – was ersichtlich niemand vertritt. Doch der Vorwurf bezieht sich nicht primär auf eine Tatbestandsmäßigkeit klimaaktivistischer Sitzblockaden. Vielmehr geht es um die dabei verfolgte Zielrichtung, die (behauptete) Missachtung strafrechtlicher Normen zur zwangsweisen Durchsetzung der eigenen Meinung. Im strafrechtswidrigen Aufzwingen einer Ansicht einen Verstoß gegen das Mehrheitsprinzip zu erkennen, ist in der Tat schlüssig.

Bei klimaaktivistischen Sitzblockaden geht es nun allerdings um die Ausübung von politischem Druck durch das Anrufen der Öffentlichkeit zur Erreichung der staatlichen Durchsetzung einer durch den Staat beschlossenen Verpflichtung. Es handelt sich mithin um ein Ziel, das bereits den demokratischen Legitimationsprozess durchlaufen hat.[31] Folglich soll zwar die Umsetzung einer Zielvorstellung auch mit nicht legalen Mitteln erreicht

29 Einen terminologischen Ausschluss der Rechtfertigung verneinen auch *Bönte* (Fn. 9), 169; *Roxin* (Fn. 12), 443; *Prittwitz* (Fn. 9), 24 f.

30 *Rönnau*, JuS 2023, 113; *Zimmermann/Griesar* (Fn. 26), 403. Das Mehrheitsprinzip verletzt sähen bei einer Rechtfertigung zivilen Ungehorsams: LG Dortmund, NStZ-RR 1998, 141; Schönke/Schröder/ *Perron* (Fn. 13), § 34 StGB Rn. 41a; *Roxin* (Fn. 12), S. 444, 446; *Jahn* (Fn. 13); *Karpen*, JZ 6/1984, 259; *Kröpil*, JR 2011, 285. Einen Mittelweg beschreitend *Dreier* (Fn. 15), S. 73.

31 So auch *Celikates*, APuZ 21–22/2022, 13 f. Sofern die Forderung bestimmte Anpassungsmaßnahmen als zwingend – nicht als Vorschlag – einschließt, trifft die obige Wertung nicht mehr zu. Auf diese Weise sind die etwa von der „Letzten Generation" formulierten Forderungen aber nicht zu verstehen, vgl. *Dießner*, StV 2023, 557.

werden – aber eben die der rechtlich implementierten Mehrheitsmeinung. Nach Logik der Mehrheitsregel muss gelten, dass bei einer politisch als Wille der Mehrheit bestätigten Ansicht auch deren Durchsetzungsverlangen legitim ist.[32] Damit bildet der Gesetzesverstoß keinen Bruch der Mehrheitsregel im Sinne der Herrschaft der Mehrheit – denn es soll gerade deren politischer Wille durchgesetzt werden.[33] Den behaupteten Angriff auf die Demokratie durch einen Verstoß gegen die Mehrheitsregel oder eine befürchtete Übervorteilung von Minderheiten[34] durch klimaaktivistische Sitzblockaden gibt es damit nicht.[35]

3. Überwindung des staatlichen Gewaltmonopols

Ein Ausschluss von der Rechtfertigungsmöglichkeit für klimaaktivistische Sitzblockaden könnte sich aber aus einer Verletzung des staatlichen Gewaltmonopols ergeben. Aus diesem leiten sich der Grundsatz des Vorrangs staatlicher Gefahrenabwehr und die sog. Sperrwirkung rechtlich geordneter Verfahren ab. Der Vorrang staatlicher Gefahrenabwehr räumt dem Tätigwerden staatlicher Institutionen zur Gefahrenabwehr gegenüber eigenmächtiger Abhilfe Priorität ein,[36] rechtlich geordnete Verfahren schließen private Rettungshandlungen (mindestens im Kontext von Rechtsgütern der Allgemeinheit) im Regelfall aus.[37] Dabei verschwimmen die Grenzen

32 Wie weit die Anwendung von Zwang dabei gehen darf, lasse ich hier offen, behaupte aber, dass jedenfalls Sitzblockaden, die üblicherweise im unteren Spektrum des strafrechtlich Relevanten zu verorten sind (zumeist Bagatellen, vgl. *Bohn*, HRRS 7/2023, 239; *Kaufmann*, KJ 3/2023, 358, eine mögliche Erheblichkeitsschwelle nicht überschreiten.

33 Das Brechen eines Gesetzes kann ohnehin keinesfalls pauschal den Schluss zulassen, dass die Mehrheitsregel in Frage gestellt würde – ein Gleichsetzen des Inhaltes der Mehrheitsregel mit dem Begriff der Legalität würde zu kurz greifen und den demokratischen Wertungen des Prinzips nicht gerecht. So schon *Tiedeken*, Die Mehrheitsregel als Grenze von Legitimität und Legalität (Vortrag), 12.01.2024.

34 Von „doppeltem Minderheitenschutz" spricht *Scholz*, NJW 1983, 709.

35 Sofern sich aber die Täter*innen nicht gegen diese Regel auflehnen, könne eine Rechtfertigung in Betracht kommen, so *Rönnau* (Fn. 30), 114.

36 Matt/Renzikowski/*Engländer* (Fn. 10), § 34 StGB Rn. 21; Schönke/Schröder/*Perron* (Fn. 13), § 34 StGB Rn. 10; MüKo-StGB/Erb, 4. Aufl. (2020), § 34 StGB Rn. 114; *Bock*, ZStW 3/2019, 567 m.w.N.

37 Vgl. nur MüKo-StGB/*Erb* (Fn. 36), § 34 StGB Rn. 254. Grsd. zustimmend auch AG Flensburg, Urt. v. 07.11.2022 – 440 Cs 107 Js 7252/22, Rn. 54.

der Wertung beider Grundsätze.[38] Ihre genauere Differenzierung kann in diesem Beitrag vernachlässigt werden, steht vorliegend nicht deren Verortung, sondern die Frage nach dem Erhalt des staatlichen Gewaltmonopols im Falle einer Rechtfertigung klimaaktivistischer Sitzblockaden im Mittelpunkt.

Da es sich jeweils um Grundsätze handelt, ergibt sich, dass diese keine absolute Geltung beanspruchen, sondern Ausnahmen zulassen.[39] Allgemein anerkannt sind solche Ausnahmen in Konstellationen, in denen staatliche Abhilfe nicht rechtzeitig möglich ist.[40] Um einen solchen Fall handelt es sich indes nicht. Der Klimawandel bzw. dessen Folgen können (Stand heute) noch rechtzeitig durch den Staat eingedämmt werden. Das OLG Naumburg entwickelte in seiner bekanntgewordenen Entscheidung zum Hausfriedensbruch durch Tierschutzaktivist*innen aber eine weitere Fallgruppe: So soll bei systemischem Versagen der Behörden, wenn also staatliche Abhilfe von Beginn an aussichtslos ist (objektive Anhaltspunkte erforderlich), der Vorrang staatlicher Abhilfe ebenfalls entfallen.[41] Nun könnte man durchaus andenken, klimaaktivistische Sitzblockaden dieser Kategorie zuzuordnen. Es ergeben sich allerdings wesentliche Unterschiede: Zum einen richten sich klimaaktivistische Sitzblockaden (üblicherweise) nicht gegen eine Untätigkeit einzelner Behörden, sondern gegen die gesamte Klimapolitik des Bundes. Zum anderen sind staatliche Schutzmaßnahmen durchaus erfolgt, diese allerdings unzureichend.[42] Nichtsdestotrotz besteht eine gewisse Vergleichbarkeit der Situationen, kann man auch bei der

38 Das im Kontext der Klimaproteste diese Frage maßgeblich provozierende AG Flensburg etwa wirft die Problematik zuerst im Rahmen der Erforderlichkeit unter dem Schlagwort des Vorrangs staatlicher Gefahrenabwehr auf (vgl. AG Flensburg, Urt. v. 07.11.2022 – 440 Cs 107 Js 7252/22, Rn. 44 f.) und greift sie, unter Verweis auf die vorher vorgenommenen Wertungen, erneut in der Angemessenheit auf, ebd., Rn. 54.

39 AG Flensburg, Urt. v. 07.11.2022 – 440 Cs 107 Js 7252/22, Rn. 54 m.w.N; *Dehne-Niemann/Greisner*, GA 2019, 215.

40 MüKo-StGB/*Erb* (Fn. 36), § 34 StGB Rn. 114; Matt/Renzikowski/*Engländer* (Fn. 10), § 34 StGB Rn. 21; Schönke/Schröder/*Perron* (Fn. 13), § 34 StGB Rn. 10; AG Flensburg, Urt. v. 07.11.2022 – 440 Cs 107 Js 7252/22, Rn. 44.

41 OLG Naumburg, Urt. v. 22.02.2018 – 2 Rv 157/17, Rn. 26; Zustimmend *Felde/Ort*, ZJS 5/2018, 474; *Bock* (Fn. 36), 568 f.; Sonst folgt ein „staatlicher Selbstwiderspruch", *Dehne-Niemann/Greisner* (Fn. 39), 215.

42 Vgl. *Expertenrat für Klimafragen*, Zweijahresgutachten 2022, Rn. 279. Ebenso das Gutachten von 2024: *Expertenrat für Klimafragen*, Gutachten zur Prüfung der Treibhausgas Projektionsdaten 2024, Rn. 124.

Klimakrise ein systemisches Versagen des Staates[43] und im Versuch der Aktivist*innen, die Staatsgewalt selbst zur Durchsetzung der eigenen Verpflichtungen zu veranlassen, den Willen zur Aufrechterhaltung des Gewaltmonopols erkennen.

Das eigentliche Problem liegt also in der Frage, ob und, wenn ja, ab wann Private in rechtlich geschützte Güter Dritter eingreifen dürfen, wenn der Staat seine Aufgaben nicht (hinreichend) wahrnimmt.[44] Private Rettungshandlungen sollen im Falle „legislatorischen Staatsversagens"[45] zulässig sein, allerdings erst, sofern der Staat „grundrechtliche Schutzpflichten verletzt" oder sein (Nicht-)Handeln jedenfalls „einer Verletzung grundrechtlicher Schutzpflichten gleichkommt."[46] Diese Voraussetzung sei indes nur erfüllt, wenn der Staat gar keine, völlig ungeeignete oder unzulängliche Maßnahmen ergriffen hat.[47] Nun ist aber der Gesetzgeber beim Schutz des Klimas keinesfalls tatenlos geblieben. Auch die völlige Ungeeignetheit einzelner wie aller Maßnahmen wird man nur schwerlich behaupten können.[48] Man kann mithin allenfalls an die „Fallvariante" des Erlasses nur unzulänglicher Maßnahmen denken. Doch auch, wenn man die Unzulänglichkeit staatlicher Klimaschutzmaßnahmen bejahen sollte, hat jedenfalls das BVerfG in seinem vielbeachteten Klimabeschluss aus dem Jahr 2021 eine Schutzpflichtverletzung noch verneint.[49] Zugleich hat das Gericht nicht ausgeschlossen, dass es zukünftig zu einer solchen kommen kann.

Unabhängig davon, ob ein entsprechender Zustand inzwischen eingetreten ist, dürfte in Fällen des Staatsversagens, welche erhebliche, irreversible und zur Erhaltung der natürlichen Lebensgrundlagen unumgängliche Beschränkungserfordernisse für die Grundrechte in der Zukunft provozieren, eine andere (Be-)Wertung strafrechtlicher Verstöße von entsprechendem Protest angebracht sein. Denn bei gravierenden Einschränkungen,

---

43 So *Wolf*, online abrufbar unter https://verfassungsblog.de/klimaschutz-als-rechtfertigender-notstand/ (zuletzt abgerufen am: 30.08.2024). Das AG Flensburg hält daher den Rechtsgedanken des OLG Naumburg für auf klimaaktivistisches Handeln übertragbar, Urt. v. 07.11.2022 – 440 Cs 107 Js 7252/22, Rn. 45.

44 *Dehne-Niemann/Greisner* (Fn. 39), 212; *Bock* (Fn. 36), 556.

45 *Schmidt*, KlimR 2023, 16, 19.

46 Zitate *Bock* (Fn. 36), 555, 573. Zustimmend *Schmidt* (Fn. 45), 19.

47 *Bock* (Fn. 36), 574.

48 Sehr viel deutlicher als hier *Diekjobst*, https://verfassungsblog.de/klimanotstand-uber-gewaltenteilung/ (zuletzt abgerufen am: 30.08.2024); *Schmidt* (Fn. 45), 20.

49 BVerfG, Beschl. v. 24.03.2021 – 1 BvR 2656/18, 1 BvR 78/20, 1 BvR 96/20, 1 BvR 288/20 = NJW 2021, 1723, Rn. 142. Dabei war dieses Ergebnis einerseits nicht überraschend, andererseits nicht zwingend, vgl. *Stark*, KritV 3/2021, 251.

die aus einem solchen staatlichen (Nicht-)Handeln resultierten, wäre die demokratische Gleichheit in Form einer empfindlichen Beschneidung der Gestaltungsmöglichkeiten zukünftiger Mehrheiten berührt.[50] *Jahn* und *Wenglarczyk* wenden ein, dass eine auf der Irreversibilität basierende Argumentation nicht verfangen könne, da selbst „[e]xistentielle Fragen [...] im demokratischen Prozess in unserem Gemeinwesen unabänderlich [...] der Mehrheitsregel unterworfen", politische Fragen streng von strafrechtlichen zu trennen seien, um nicht in die Gefahr einer Selbstmandatierung zu verfallen.[51] Die „Kompetenz der jeweiligen Mehrheit [aber] [wird] durch das Verbot restringiert, irreversible Entscheidungen zu fällen", da die Legitimität des Vorrangs der Mehrheitsmeinung i.S. einer demokratischen Gleichheit nur durch deren Vergänglichkeit erhalten bleibt.[52] Das Ob, aber auch der Umfang der Irreversibilität sind daher als demokratietheoretisches Element durchaus auch für strafrechtliche Erwägungen relevant.[53] Eine begrenzte Unumkehrbarkeit von Entscheidungen darf und muss dabei zur Erhaltung politischer Handlungsfähigkeit zugebilligt werden. Die Grenze für irreversible Betätigung wird, ohne dass dazu neue Begrifflichkeiten erforderlich würden, mit der absehbaren Unzumutbarkeit zukünftiger grundrechtlicher Einschränkungen bei Fortsetzung der gegenwärtigen staatlichen Betätigung erreicht.[54] Um einen entsprechenden Zustand zu verhindern und die hinreichend umfangreiche Ausübung der Grundrechte in Zukunft zu gewährleisten, schreibt auch das BVerfG dem deutschen Gesetzgeber die Aufteilung der Belastungen des Klimawandels vor – die sog. intertemporale Freiheitssicherung.[55] Die Plausibilität des baldigen Erreichens eines zur übermäßigen Restriktion zwingenden klimatischen Zustandes durch die Klimakrise ist damit, auch aus Sicht des BVerfG, nicht aus der Welt zu

---

50 So schon *Tiedeken*, Vilnius University Open Series, 2023, 118 ff. Ebenso *Wolf/Wenglarczyk*, online abrufbar unter https://www.juwiss.de/2-2023/ (zuletzt abgerufen am: 30.08.2024). Ähnlich auch schon *Frankenberg* (Fn. 4), 273 f. Gar einen Verstoß gegen Art. 20 Abs. 1, 2 GG erkennt bei fehlender Reversibilität *Gätsch*, KlimR 2023, 144.

51 *Jahn/Wenglarczyk*, JZ 20/2023, 890.

52 *Frankenberg* (Fn. 4), 274; *Habermas* (Fn. 7), S. 49 f. Ähnlich *Hohnerlein*, Recht und demokratische Reversibilität, S. 73; *Schwarz*, DÖV 2024, 12 ff.

53 Zur Problematik der Begrifflichkeit *Tiedeken* (Fn. 50), 116; *Dießner* (Fn. 31), 557. Für eine restriktive Auslegung *Frankenberg* (Fn. 4), 274.

54 Wohl ebenso BVerfG Beschl. v. 24.03.2021 – 1 BvR 2656/18, 1 BvR 78/20, 1 BvR 96/20, 1 BvR 288/20 = NJW 2021, 1723, Rn. 117. Ähnlich *Schwarz* (Fn. 52), 15.

55 BVerfG Beschl. v. 24.03.2021 – 1 BvR 2656/18, 1 BvR 78/20, 1 BvR 96/20, 1 BvR 288/20 = NJW 2021, 1723, Rn. 183.

schaffen. In einem solchen Fall erscheint es unbillig, von Bürger*innen unverändert Gehorsam zu verlangen.

Die Forderung nach dem langfristigen Erhalt der grundgesetzlich garantierten Freiheiten im demokratischen Staat und damit dem Erhalt des Prinzips demokratischer Gleichheit, stellt das staatliche Gewaltmonopol nicht in Frage, sondern betont die Notwendigkeit demokratischer Legitimation staatlichen Handelns. Insbesondere an die Darlegung der Legitimität bei irreversiblen, über die Staatsgrenzen hinauswirkenden Entscheidungen dürften dabei erhöhte Anforderungen zu stellen sein.

Ernst zu nehmen ist jedoch, dass das Vertrauen in den Staat erschüttert werden kann, wenn der Vorrang staatlicher Gefahrenabwehr und die Sperrwirkung staatlicher Verfahren missachtet werden. Allerdings spricht der durch die Klimablockaden ausgedrückte Protest dem Staat weder seine Rechtssetzungs- noch seine Rechtsdurchsetzungsbefugnis ab, noch kann aus der Aufforderung der staatlichen Umsetzung staatlicher Verpflichtungen ein erschüttertes Vertrauen in den Rechtsstaat resultieren, lässt sich hierin doch gerade der Wille zur Aufrechterhaltung des Gewaltmonopols erkennen. Eine Vertrauenserschütterung ist vielmehr zu befürchten, sofern der Staat seinen Verpflichtungen nicht nachkommt und zeitgleich auf der Sanktionierung derer beharrt, die lautstark ihre Umsetzung fordern.

Zwar werden der Vorrang staatlicher Maßnahmen und die Sperrwirkung staatlicher Verfahren durch klimaaktivistische Sitzblockaden formal tangiert. Zugleich wird aber das ihnen zugrunde liegende staatliche Gewaltmonopol nicht in Frage gestellt, sodass eine Ausnahme von den Grundsätzen nicht unmöglich, unter Heranziehung demokratietheoretischer Aspekte geradezu geboten erscheint. Der Ausschluss einer Rechtfertigungsmöglichkeit ist folglich keinesfalls zwingend.

4. Zwischenfazit

Feststellbar wird mit diesen Ausführungen letztlich nur eines: Eine Rechtfertigung klimaaktivistischer Sitzblockaden de lege lata ist nicht undenkbar. Ob dies der richtige Weg ist, mit einem entsprechenden Phänomen umzugehen, bleibt fraglich. Denn zum einen erscheint das erlaubte Eingreifen in das (derzeit) rechtmäßige Handeln Dritter als Folge der Rechtfertigung nicht unproblematisch – Ausgangspunkt des Eingriffes ist immerhin primär Staatsversagen, nicht das Handeln Privater. Zum anderen sind klimaaktivistische Sitzblockaden Teil einer gesellschaftlichen Bewegung, deren Gleichbehandlung mit anderen tatbestandlichen Verhaltensweisen zwar der Logik des Strafrechts entspricht, dem Wesen einer solchen Erscheinung aber nicht angemessen Rechnung trägt. Hierin spiegelt sich auch die eigentliche Problematik wider: § 34 StGB ist nicht zur Auflösung gesellschaftlicher Konflikte geeignet, sondern soll alleine Einzelfallwertungen ermöglichen. Und auch mit Blick auf das Strafrecht im Allgemeinen ergeben sich Hürden für die Bewältigung der Problematik.

IV. Negativ-Prognose für die Strafzweckerreichung

Schon über den*die zivil Ungehorsame*n hieß es, er*sie sehe „nicht nur nicht aus wie ein ‚Verbrecher', sondern [...] *ist* eben keiner"[56]. Und auch klimaaktivistische Sitzblockaden fügen sich nicht ohne Weiteres in die Logik des Strafrechts und seiner Rechtfertigungsdogmatik ein.

Erstens steht bei klimaaktivistischem Handeln im Gegensatz zu „herkömmlicher" Delinquenz der Schutz von Rechtsgütern, nicht deren Verletzung, im Vordergrund. Mit diesem Schutzgedanken einher geht, zweitens, das stets altruistische Motiv, die Lebensgrundlagen der Menschheit zu bewahren. Ergänzend zeigt sich, drittens, dass sich eine Bestrafung von Klimaaktivist*innen vor dem Hintergrund der Strafzwecke nicht überzeugend begründen lässt:

So bleibt aufgrund des Profils der Klimaaktivist*innen[57] die Resozialisierungsfunktion der Strafe (positive Spezialprävention) nicht nur voraussichtlich (überwiegend) aus, sondern wird potentiell sogar ins Gegenteil verkehrt: Denn bei jungen Personen, die politisch interessiert, aus altruistischem Antrieb (wiederholt) zu strafrechtswidrigen klimaaktivistischen Maßnahmen bereit sind, zugleich aber die Rechtsordnung als solche nicht ablehnen, kann eine Resozialisierung zwar angestrebt, nicht aber erreicht werden – an sozialer Integration mangelt es diesen Täter*innen immerhin nicht.[58] Insbesondere kurze, nicht zur Bewährung ausgesetzte Freiheitsstra-

---

56 *Schüler-Springorum* (Fn. 9), S. 82.

57 Jung, gebildet, sozial integriert, verantwortungsbewusst, dem Rechtstaat und seinen Mechanismen zugewandt, vgl. *De Moor et al.* (Hrsg.), Social Movement Studies, 2021, 205, 621 f.; *Wahlström et al.* (Hrsg.), Protest for a Future, 2019, S. 9 ff.; Analyse in Bezug auf Fridays For Future vgl. *Koos/Naumann*, Everybody For Future?, 2019, S. 6.

58 Damit scheint der primäre Vollzugszweck, § 2 S. 1 StVollzG, kaum erreichbar.

fen vermögen nun diese eigentlich vorhandene Integration zu gefährden[59] und damit statt der „Wiedereingliederung in die Gesellschaft“ ein Radikalisierungspotential zu entfalten. Auf der anderen Seite kann nur begrenzt verhindert werden, dass die Täter*innen nicht erneut straffällig werden (negative Spezialprävention). Denn es handelt sich um Personen, die ihre Taten aufgrund nicht erfüllter staatlicher Verpflichtungen begehen und teilweise unmittelbar im Anschluss an diese und damit ungeachtet der Verurteilung kommunizieren, weitere Taten begehen zu wollen, bis der Zustand nicht behoben werde.[60] Die Gesellschaft könnte also nur durch eine (unbedingte) Freiheitsstrafe vor den Täter*innen geschützt werden – sofern man dies im gegebenen Kontext überhaupt für notwendig und nicht vielmehr für schuldunangemessen hält. Eine Strafschärfung zur Verhinderung einer „erhebliche[n] Zunahme gleichartiger Taten“[61] ist als Teil der negativen Generalprävention zwar möglich, allerdings nicht erkennbar zielführend.[62] Denn für „den Bereich der leichten bis mittelschweren Kriminalität jedenfalls gilt grundsätzlich, dass Höhe und Schwere der Strafe keine messbare Bedeutung haben. Lediglich das wahrgenommene Entdeckungsrisiko ist – allerdings nur bei einer Reihe leichterer Delikte – etwas relevant.“[63] Dies bedeutet für klimaaktivistische Sitzblockaden, möglicherweise auch für den zivilen Ungehorsam allgemein, da diese gerade in der Öffentlichkeit stattfinden und darauf ausgelegt sind, Aufmerksamkeit auf sich zu ziehen, dass ein Entdeckungsrisiko keine generalpräventive Wirkung entfalten kann, der Zweck der negativen Generalprävention bei diesem Phänomen also vollständig verfehlt werden dürfte. Letztlich lässt sich weder nachweisen, ob sich Personen trotz höherer Strafandrohung klimaaktivistisch betätigen, noch das Gegenteil, also eine Eingrenzung der tatsächlich begangenen Delikte, belegen. Der generalpräventive Effekt ist nicht unmittelbar fest-

---

59 *Höffler*, Stellungnahme zu BT-Drs. 20/4310, S. 4; *Wenglarczyk/Wolf*, online abrufbar unter https://verfassungsblog.de/warum-haftstrafen-fur-klima-kleber-die-falsche-antwort-sind/ (zuletzt abgerufen am: 30.08.2024).

60 Vgl. AG Berlin-Tiergarten Urt. v. 26.04.2023 – 237 Js 2886/22, BeckRS 2023, 13582, Rn. 56.

61 Matt/Renzikowski/*Bußmann*, StGB, 2. Aufl. (2020), § 46 StGB Rn. 4.

62 A.A. *Rönnau* (Fn. 30), 114.

63 Auszugsweise Wiedergabe des Zitats von *Ostendorf*, in: Bundeszentrale für politische Bildung (Hrsg.), Informationen zur politischen Bildung Nr. 306/2018, S. 22 aus dem Zweiten Periodischen Sicherheitsbericht der Bundesregierung, 2006, S. 665 f.

stellbar.[64] Allerdings – und das dürfte nicht unbeachtlich sein – „nutzen“ verurteilte Aktivist*innen insb. die Strafhöhe für sich. Eine im Vergleich zum verwirklichten Unrecht überproportional hohe Strafe ruft dabei nicht nur Empörung in der Bevölkerung hervor, sondern ist auch rechtsstaatlich bedenklich.[65]

Die Erreichung des Zwecks der positiven Generalprävention erscheint bei klimaaktivistischen Blockaden ebenfalls fraglich. So dürfte (theoretisch) das Vertrauen in den Bestand der Rechtsordnung durch eine Bestrafung der Aufforderung zur Durchsetzung staatlicher Verpflichtungen nicht bestätigt, sondern vielmehr ins Gegenteil verkehrt werden. Die Androhung und Verhängung von Strafe würde dem Staat als Zwangsmittel, nicht aber der Gesellschaft und dem Schutz ihrer Freiheiten dienen.[66] Sofern, erstens, die positive Auswirkung der Strafe für die Gesellschaft gering ausfällt und, zweitens, Zweck der Strafe maßgeblich Statuierung eines Exempels zur Bestätigung der Autorität des Staates zum Erhalt des Vertrauens in die Rechtsordnung ist, ergibt sich jene Kritik, die seit jeher gegen die („reine“) Generalprävention eingewandt wird: der Mensch wird durch den Staat instrumentalisiert.[67] Auch lässt sich die ernsthafte Sozialschädlichkeit des Verhaltens der Aktivist*innen und eine damit einhergehende Verletzung elementarer Werte des Gemeinschaftslebens – insbesondere auch im Vergleich zu anderen Straftaten – nicht erkennen.[68] Vielmehr bleibt die Rechtsgutsverletzung bei klimaaktivistischen Sitzblockaden regelmäßig im unteren Bereich.[69]

Es zeigt sich damit, dass die Strafzwecke durch die Sanktionierung klimaaktivistischer Sitzblockaden nicht (hinreichend) erreicht werden können und auch im Übrigen Unterschiede zu „typischer“ Delinquenz bestehen. Dies zwingt den Gesetzgeber nicht zur Straflosstellung von Klimablo-

64 Zum allgemeinen Streit um dieses Merkmal aufgrund fehlender Nachweise zur Wirksamkeit vgl. nur Lackner/Kühl/Heger/*Heger*, StGB, 30. Aufl. (2023), § 46 StGB Rn. 29.

65 Insofern spannend der Vorschlag einer Abschaffung der Freiheitsstrafe bei Bagatellunrecht: *Meier*, ZStW 2/2017, 445.

66 Was aber letztlich Ziel von Strafe ist, s. *Sproß* (Fn. 9), S. 297.

67 Ausf. *Sproß* (Fn. 9), S. 309 ff.

68 Dies aber als obersten Zweck der Generalprävention formuliert BVerfGE 45, 187, 254.

69 Vgl. Fn. 32.

ckaden, sollte aber dennoch unbedingt berücksichtigt werden.[70] Denn das Strafrecht muss *ultima ratio* bleiben.

V. Fazit

Die strafrechtlichen Rechtfertigungsgründe sind nicht dazu konzipiert worden, ganze Protestbewegungen rechtlich aufzuarbeiten, sondern dienen der Bewertung des Einzelfalls.[71] Dieses Konzept gesamtheitlich auf eine gesellschaftliche Bewegung anwenden zu wollen, welche in ihrer konkreten Ausgestaltung vielfältige Formen annehmen kann, erscheint daher weder möglich noch sinnvoll. Wie schon *Engländer* richtigerweise bemerkt: § 34 StGB ist keine „Zauberformel"[72]. Hieraus abzuleiten, dass die entsprechenden Verhaltensweisen generell zu ahnden seien, wäre indes ebenso fehlerhaft, wie sie pauschal zu rechtfertigen. Gleichwohl erscheinen klimaaktivistische Sitzblockaden besonders privilegierungswürdig, da die üblicherweise geringe Eingriffsintensität bei zeitgleicher Ausübung grundrechtlich geschützter Freiheiten, die unter Heranziehung der zusätzlichen Wertungen, die den Klimaaktivismus allgemein betreffen, eine Strafwürdigkeit jedenfalls in Zweifel zu ziehen vermögen. Dem kann auch in der Verwerflichkeitsprüfung des § 240 Abs. 2 StGB nur in Teilen Rechnung getragen werden. Dies lässt die zuvor angesprochene, spezifisch auf dieses Phänomen zugeschnittene, strafrechtliche Privilegierung als sinnvoll erscheinen, da Rechtfertigungsgründe zwar durchaus, aber eben nur im Einzelfall greifen mögen, gleichzeitig aber eine verminderte Strafwürdigkeit und -bedürftigkeit in der Mehrheit der Fälle vorliegt.

Mit Blick auf die Folgen für unbeteiligte Dritte erscheint eine Lösung vorzugswürdig, die einerseits die Kriminalisierung demokratieerhaltenden Verhaltens verhindert, andererseits keine Legalisierung bedeutet, damit eine rechtliche Aufarbeitung auf zivilrechtlicher Ebene nicht versperrt wird und Private bei klimaaktivistischen Eingriffen in ihr rechtmäßiges Verhalten nicht schutzlos gestellt werden.[73] Einzelne Exzesse dabei weiter-

---

70 (Mindestens) Zurückhaltenden Einsatz des Strafrechts insb. bei Sitzblockaden fordert *Prittwitz* (Fn. 9), 25 f.

71 So auch *Dießner* (Fn. 31), 559.

72 Matt/Renzikowski/*Engländer* (Fn. 10), § 34 StGB Rn. 8.

73 Zur Unterscheidung zwischen Entkriminalisierung und Legalisierung siehe *Jungblut*, in: Dollinger/Schmidt-Semisch (Hrsg.), Sozialwissenschaftliche Suchtforschung, S. 286.

hin strafrechtlich zu ahnden, muss ebenfalls möglich bleiben. Auch die Instrumentalisierungsgefahr, die von einer solchen rechtlichen Sonderlösung möglicherweise ausgeht, ist ein ernstzunehmendes Problem und muss bei der Entwicklung einer rechtlichen Lösungsstrategie berücksichtigt werden. Konzentriert man sich aber darauf, dass die Irreversibilität alleine keinesfalls der einzige Gesichtspunkt ist, unter dem klimaaktivistischer Protest eine Sonderstellung im System zugewiesen werden soll,[74] so dürfte sich diese Befürchtung letztlich zerstreuen. Sollte man diese Argumentation trotzdem aufgrund der Sorge vor rechtsmissbräuchlichem Verhalten ablehnen, möge man sich der Fähigkeit des Gesetzgebers zur Entwicklung tauglicher Rechtsinstrumente wie auch die der Judikative, solches Verhalten zu erkennen und entsprechend zu werten, erinnern.

Es bleibt also letztlich Aufgabe des Staates, dem ironischerweise im selben Kontext ein Versagen bei der Umsetzung der eigenen Verpflichtungen vorgeworfen wird, den richtigen Umgang mit diesen Protesten auszuhandeln. In jeder intakten Demokratie, in der der Staat bereit ist, Verantwortung zu übernehmen, muss dabei folgender Gedanke leiten: Wo protestiert wird, weil durch ein Verhalten des Staates nachgewiesenermaßen die Gefährdung demokratischer Grundlagen droht, sollte die Antwort nicht das Strafrecht sein.

74 Die jeweiligen Kriterien sollen hier nicht erarbeitet werden.

Teil 3: Grenzen des Strafrechts in der Krise

Grenzerfahrungen: Zwischen Zufluchtsort und Pushback

*Franziska Gruber, Marburg an der Lahn**

> *„Du bist das elendeste Wesen unter der Sonne Europas. Fremder –! [...] Du [...] wirst von Ort zu Ort gejagt, du Fremder unserer Zeit, du bekommst hier keine Einreiseerlaubnis und dort keine Wohnungsgenehmigung, und dort darfst du keinen Speck essen, und da von da keinen mitnehmen – Fremder! [...] Eine Erde aber wölbt sich unter den törichten Menschen, ein Boden unter ihnen und ein Himmel über ihnen."*
>
> *Kurt Tucholsky*, Die Grenze (1920)[1]

I. Einleitung

Was wir als Krise verstehen, ist eine Frage der Perspektive, abhängig von politischen, gesellschaftlichen und historischen Umständen.[2] Nicht erst seit 2015 müssen Menschen ihre Heimat verlassen, nicht erst seit 2015 nehmen Menschen Todesgefahren auf sich, um über das Mittelmeer nach Europa zu flüchten. Tausende ertranken dabei.[3] Erst 2015 aber, als die Geflüchteten in großen Zahlen Kerneuropa erreichten, etablierte sich hierzulande der

* Für ihre hilfreichen Kommentare und Anmerkungen zu diesem Text sowie ihre Unterstützung für den korrespondierenden Vortrag möchte ich Nicolai Bülte, Pascale Fett und Katharina Riedel herzlich danken. Die Würdigungen gehen vom Rechtsstand Juni 2024 aus.

1 Erschienen in der Berliner Volkszeitung v. 27. Juni 1920 unter dem Pseudonym „Peter Panter".

2 *Nünning*, in: Meyer et al. (Hrsg.), Krisengeschichte(n), 2013, S. 117, 125 f.; *Steg*, Soziologie 2020, 423, 423 f. bezugnehmend auf den Titel („Was heisst heute Krise?") bei *Habermas*, in: Oelmüller (Hrsg.), Weiterentwicklungen des Marxismus, 1977, S. 408.

3 Siehe z.B. die Pressemeldung des UNHCR v. 31.01.2012, online abrufbar unter https://www.unhcr.org/news/briefing-notes/mediterranean-takes-record-most-deadly-stretch-water-refugees-and-migrants-2011 (zuletzt abgerufen am: 22.01.2025) bzw. UNHCR v. 10.12.2014, online abrufbar unter https://www.unhcr.org/news/stories/unhcr-urges-focus-saving-lives-2014-boat-people-numbers-near-350000 (zuletzt abgerufen am: 22.01.2025).

Begriff der „Flüchtlingskrise", der weniger die Notlage Geflüchteter im Blick zu haben scheint, als Europas Umgang damit.[4]

Häufig assoziieren wir Krisen mit schicksalhaften Ereignissen außerhalb unserer Kontrolle.[5] Dies bildet aber nur ein unzureichendes Bild ab. Der ursprüngliche griechische Begriff *krisis* steht auch für die Entscheidung[6] – eine Deutungsvariante, die ein differenzierteres Bild ermöglicht und uns aktiv in die Pflicht nimmt. Weder führen Krisensituationen zwanghaft in den Abgrund, noch stimmt der Kalenderspruch, dass Krisen immer auch Chancen seien.[7] Stattdessen eröffnen sie lediglich Entscheidungsräume,[8] die es zu füllen gilt. Es ist unsere Reaktion, die die Gesellschaft definiert, wenn sie in demokratischen gesellschaftlichen Prozessen ausdiskutiert und manchmal auch ausgestritten wird. Dem Strafrecht, das rote Linien zieht und das wohl schärfste zur Verfügung stehende Mittel ist, um Grundsatzentscheidungen abzusichern und durchzusetzen,[9] kommt in diesen Aushandlungsprozessen eine erhöhte Bedeutung zu. Umso wichtiger ist es, strafrechtliche Richtungsentscheidungen kritisch zu hinterfragen, ihre Konsequenzen aufzuzeigen und juristische Verantwortungs- und Entscheidungsspielräume auszuleuchten. Dazu sollen die folgenden Überlegungen einen Beitrag leisten.

II. Ver(straf)rechtlichung

1. Verrechtlichung

Betrachtet man die reinen Zahlen, kommt man nicht umhin, im Bereich des Asyl- und Aufenthaltsrechts in den vergangenen Jahren eine Verrechtlichung im Sinne einer Gesetzesflut[10] auszumachen. Allein zwischen 2015

---

4 Zum Begriff und dessen Deutungsmöglichkeiten siehe auch *Schulze Wessel*, INDES 2/2017, 61; weniger kritisch *Bitschnau*, Zeitschrift für Migrationsforschung 2/2023, 147.

5 *Steg* (Fn. 2), 430 f.; *Habermas* (Fn. 2), S. 408 f.

6 *Steg* (Fn. 2), 425.

7 Zur Zweischneidigkeit des Begriffs siehe auch *Steg* (Fn. 2), 431.

8 *Nünning* (Fn. 2), S. 133; *Steg* (Fn. 2), 426, 430.

9 Vgl. NK-StGB/*Neumann/Saliger*, 6. Aufl. (2023), Vorbemerkungen zu § 1 Rn. 157.

10 Zum Begriff *Kaufmann*, in: ders. (Hrsg.), Ärztliches Handeln zwischen Paragraphen und Vertrauen, S. 11 ff.; dass allein der quantitative Zuwachs an sich noch keine Problematik darstellt, betont zurecht *Teubner*, in: Zacher et al. (Hrsg.), Verrechtlichung von Wirtschaft, Arbeit und Sozialer Solidarität, 1984, S. 289, 294 ff.

und 2019 können mehr als 20 Reformen in diesem Bereich identifiziert werden.[11]

Wenn auch oft rein negativ konnotiert,[12] ist Verrechtlichung per se zunächst ambivalent. Mal mag sie sein, wie im eingangs zitierten Text von *Tucholsky*, wenn „hier keine Einreiseerlaubnis und dort keine Wohnungsgenehmigung" erlangt werden kann – ein Wald an undurchschaubaren Regelungen, die individuelle Handlungsspielräume verkleinern.[13] Mal schafft sie es aber auch, Stabilität zu bieten und Regelhaftigkeit in unsichere Situationen zu bringen. Dann tritt sie uns mit *Vobruba* als „die Herstellung von Erwartungssicherheit mit rechtlichen Mitteln"[14] entgegen.

Gerade im Bereich des Migrationsrechts ist diese letztgenannte Komponente durchaus eine wichtige. Asylverfahren oder andere Situationen der Beantragung von Aufenthaltstiteln o.ä. gehen für die Betroffenen regelmäßig mit Phasen der Unsicherheit einher – ein Faktor, der psychische Belastungen hervorrufen bzw. verstärken kann.[15] Unsicherheit durchzieht große Teile der Aufenthaltssicherung in Deutschland – sie betrifft z.B. die Wartedauer während des Asylantrags oder einer Klage, die Entscheidung über die Verlängerung eines Titels usw., aber auch die Unklarheit, ob und wann eine Abschiebung bei endgültiger Ablehnung aller Bleibemöglichkeiten vorgenommen wird.[16] Unsicherheit besteht nicht nur auf Seiten der Geflüchteten, sondern auch in der Aufnahmegesellschaft, wenn es z.B. um Fragen des Arbeitsmarktzugangs geht und rechtliche Rahmenbedingungen bzw. ein gesicherter Aufenthalt der potentiellen Mitarbeiter*innen unklar bleibt.[17]

11 *Glaubitz*, Gesetzgebung Asyl- und Migrationsrecht, 2015–2019, abrufbar unter https://www.asyl.net/fileadmin/_processed_/0/3/csm_Gesetze_seit_2015_A3_I-sos-6_7ca5d65c3d.png (zuletzt abgerufen am: 22.01.2025).

12 Zusammenfassung der Kritik bei *Vobruba*, Soziale Welt 1992, 168, 169 ff.

13 Vgl. *Kaufmann* (Fn. 10), S. 17.

14 *Vobruba* (Fn. 12), 172.

15 Siehe z.B. den Vergleich zwischen Personen im Asylverfahren und Resettlementgeflüchteten bei *Kleinert et al.*, Conflict and Health 13/39/2019, 1, 6 f.; Auswertung für die Lage in griechischen Camps, *Bjertrup et al.*, Social Science & Medicine 2018, 53, 56 f.; für australische Temporary Protection Visa siehe *Mansouri/Cauchi*, REFUGE 2006, 81, 89 f. Allen Studien ist gemein, dass sie einen Zusammenhang zwischen der Unsicherheit der betroffenen Migrant*innen bzgl. ihrer Situation und psychischen Belastungen herstellen.

16 Vgl. *Pauli*, Geflüchtete Personen mit aufenthaltsrechtlicher Unsicherheit in der Berufsausbildung, 2022, S. 19.

17 *Pollytix*, Arbeitsmarktintegration von Flüchtlingen, 2019, S. 4, online abrufbar unter https://www.uno-fluechtlingshilfe.de//fileadmin/redaktion/PDF/Allgemein/pollytix

Hier kann eine differenzierte rechtliche Regulierung diese Unwägbarkeiten minimieren, indem sie klarere Aufenthaltsmöglichkeiten bietet. Beispielhaft kann dies an der Entstehungsgeschichte der Ausbildungsduldung beobachtet werden. Nun ist die Duldung zunächst kein Aufenthaltstitel und wird stattdessen erteilt, wenn ein Titel nicht in Betracht kommt, eine Abschiebung aber aus rechtlichen oder tatsächlichen Gründen unmöglich ist[18] – eine „Behelfslösung“[19]. Sie lässt lediglich die Strafbarkeit des unerlaubten Aufenthalts entfallen, während die Ausreisepflichtigkeit unberührt bleibt.[20] Bestimmte Formen der Duldung, die sich in den letzten Jahren entwickelt haben, sind jedoch so ausgestaltet, dass sie einem Titel sehr nahekommen, quasi ein „Aufenthaltsrecht im Duldungsgewand“[21] darstellen. Zu ihnen zählt die Ausbildungsduldung. Sie reagierte auf die Problemstellung, dass viele Personen, die während des Asylverfahrens eine Ausbildung begonnen hatten, nach negativem Abschluss des Verfahrens plötzlich ohne Bleibeperspektive dastanden, was sowohl Betroffene als auch Betriebe mit erheblicher Planungsunsicherheit belastete.[22] § 60c AufenthG sieht für diese Konstellationen nun eine Duldung vor und federt so die Unwägbarkeiten ab. Explizites Ziel der Regelung war es „Geduldeten und ausbildenden Betrieben für die Zeit der Ausbildung und für einen begrenzten Zeitraum danach mehr Rechtssicherheit zu verschaffen“[23]. Seit März 2024 existiert daneben mit § 16g AufenthG ein tatsächlicher Aufenthaltstitel für diese

_Arbeitsmarktintegration_von_Fluechtlingen.pdf (zuletzt abgerufen am: 22.01.2025); *Aumüller*, Arbeitsmarktintegration von Flüchtlingen: bestehende Praxisansätze und weiterführende Empfehlungen, S. 13 f., online abrufbar unter https://www.bertelsmann-stiftung.de/fileadmin/files/Projekte/28_Einwanderung_und_Vielfalt/Studie_IB_Arbeitsmarktintegration_Fluechtlinge_2016.pdf (zuletzt abgerufen am: 22.01.2025); *Geis et al.*, Integrationsmonitor. Ein Fortschrittsbericht, 2016, S. 34, online verfügbar unter https://www.iwkoeln.de/studien/wido-geis-thoene-beate-placke-axel-pluennecke-ein-fortschrittsbericht.html (zuletzt abgerufen am: 22.01.2025).

18 Vgl. 60a Abs. 2 S. 1 AufenthG, näher dazu NK-AuslR/*Bruns/Hocks*, 3. Aufl. (2023), § 60a AufenthG Rn. 1; Huber/Mantel-AufenthG/*Gordzielik/Huber/Naghipour*, 4. Aufl. (2025), § 60a AufenthG Rn. 17.

19 *Rietig/Günnewig*, Deutsche Rückkehrpolitik und Abschiebungen, DGAP Analyse, 2020, S. 15, online abrufbar unter https://dgap.org/sites/default/files/article_pdfs/dgap-analyse-2020-03-de_0.pdf (zuletzt abgerufen am: 22.01.2025).

20 BeckOK-AuslR/*Kluth/Breidenbach*, 42. Ed. (Stand: 01.07.2024), § 60a AufenthG Rn. 45; NK-AuslR/*Bruns/Hocks* (Fn. 18), § 60a AufenthG Rn. 2.

21 *Röder/Wittmann*, ZAR 2017, 345, 352.

22 Vgl. *Sass*, Mehr Rechtssicherheit während der Ausbildung – die Ausbildungsduldung als gelungene gesetzliche Neuregelung?, 2017, online abrufbar unter https://www.juwiss.de/51-2017/ (zuletzt abgerufen am: 22.01.2025).

23 BT-Drs. 18/8615, S. 48.

Konstellationen. Allerdings setzt dieser regelmäßig die Lebensunterhaltssicherung und Erfüllung der Passpflicht voraus, vgl. § 5 Abs. 1 Nr. 1, Nr. 4 AufenthG.

2. Verstrafrechtlichung

Die Verrechtlichung im Bereich des Migrationsrechts ist dezidiert auch eine Verstrafrechtlichung. Betrachtet man alleine das Vorkommen der Wortkomponente „straf-“ bzw. „Straf-“ im Aufenthaltsgesetz, so hat sich die Nutzung von Schaffung des Gesetzes 2004 bis heute weit mehr als verdoppelt. Waren es 2004 noch 78 Nennungen, sind im Juni 2024 bereits 221 zu verzeichnen. Diese Verstrafrechtlichung kommt nicht überraschend. Statt als genuin menschenrechtliche Frage verhandelt zu werden, kreist die Debatte um Flucht und Migration regelmäßig um die Sicherheitslage in Deutschland.[24] Sicherheit als Topos der medialen Berichterstattung über Migration tritt zwar janusköpfig auf – einerseits wird das Bedürfnis nach Sicherheit als Motiv für Zuwanderung beschrieben, andererseits werden mit Zuwanderung negative Folgen für die Sicherheitslage in Deutschland verknüpft.[25] Betrachtet man allerdings die Bewertung von Migration als Chance bzw. Gefahr in Medienberichten zwischen 2015 und 2020, ergibt sich eine eklatante Neigung hin zur Gefahr.[26]

Diese Bewertung zeigt sich auch im Aufenthaltsrecht. Zum einen knüpfen Aufenthaltstitel, Duldungen, Familiennachzugsmöglichkeiten etc. an vollständige oder weitgehende Straftatfreiheit an (dazu sogleich). Umgekehrt baut ein Ausweisungsinteresse regelmäßig auf Straftaten auf. Ein besonders schwerwiegendes Ausweisungsinteresse liegt z.B. bei Verurteilungen wegen Vorsatztaten zu einer Freiheitsstrafe von mind. zwei Jahren vor (§ 54 Abs. 1 Nr. 1 AufenthG). Für ein schweres Ausweisungsinteresse wiederum genügt schon ein „nicht nur vereinzelte[r] oder geringfügige[r] Verstoß gegen Rechtsvorschriften oder gerichtliche oder behördliche Entscheidungen oder Verfügungen“ (§ 54 Abs. 2 Nr. 10 AufenthG).

---

24 Vgl. z.B. *Gelhaar*, Mit Sicherheit gegen Migration, VerfBlog v. 15.11.2021, online verfügbar unter https://verfassungsblog.de/os2-mit-sicherheit/ (zuletzt abgerufen am: 22.01.2025); Siehe auch *Huke* in: Dinkelaker et al. (Hrsg.), Nach der "Willkommenskultur": Geflüchtete zwischen umkämpfter Teilhabe und zivilgesellschaftlicher Solidarität, 2021, S. 89, 93 f.

25 *Maurer et al.*, Publizistik 2023, 13, 28 f.

26 *Maurer et al.* (Fn. 25), 26 f.

Zum anderen wird ein erleichterter Zugang zu Aufenthaltstiteln u.ä. für Opfer von Straftaten im Zusammenhang mit Ermittlungen, die durch Zeugenaussagen der Opfer vorangetrieben werden sollen, vorgesehen. Beispiel hierfür wäre § 25 Abs. 4a AufenthG[27] für Opfer von Menschenhandel, der ausweislich der Überschrift einen „Aufenthalt aus humanitären Gründen" darstellen soll. Bei genauerer Betrachtung stellen auch diese Aufenthaltsvarianten eher einen Beitrag zur öffentlichen Sicherheit in Deutschland in den Mittelpunkt, indem es doch vornehmlich um die Sicherung eines Strafverfahrens geht.[28] Darüber hinaus werden (verwaltungsakzessorische) Straftaten geschaffen/ausgeweitet[29] und der Informationsaustausch zwischen Behörden erleichtert[30].

Besonders Beachtung verdient der Anstieg im Bereich der Verknüpfung der Aufenthaltsmöglichkeit mit der Straftatfreiheit. Wo längerfristige Aufenthaltsmöglichkeiten geschaffen wurden, korrespondieren sie häufig mit einer Regelung zur Straftatfreiheit.[31] Hinzu kommt, dass für die wenigen

---

27 „Einem Ausländer, der Opfer einer Straftat nach den §§ 232 bis 233a des Strafgesetzbuches wurde, soll, auch wenn er vollziehbar ausreisepflichtig ist, für einen Aufenthalt eine Aufenthaltserlaubnis erteilt werden. Die Aufenthaltserlaubnis darf nur erteilt werden, wenn
1. seine Anwesenheit im Bundesgebiet für ein Strafverfahren wegen dieser Straftat von der Staatsanwaltschaft oder dem Strafgericht für sachgerecht erachtet wird, weil ohne seine Angaben die Erforschung des Sachverhalts erschwert wäre,
2. er jede Verbindung zu den Personen, die beschuldigt werden, die Straftat begangen zu haben, abgebrochen hat und
3. er seine Bereitschaft erklärt hat, in dem Strafverfahren wegen der Straftat als Zeuge auszusagen."
Eine vergleichbare Regel besteht in § 25 Abs. 4b AufenthG für Opfer von Straftaten nach dem Schwarzarbeitsbekämpfungsgesetz oder dem Arbeitnehmerüberlassungsgesetz.

28 NK-AuslR/*Fränkel*, 3. Aufl. (2023), § 25 AufenthG Rn. 65; BeckOK MigR/*Zimmerer*, 19. Ed. (Stand: 01.07.2024), § 25 AufenthG Rn. 75.

29 Vgl. z.B. der Anfang 2024 neu gefasste § 96 Abs. 4 AufenthG, der das Einschleusen von Ausländer*innen in ein anderes EU- oder Schengenland auf dem Landweg auch dann unter Strafe stellt, wenn es wiederholt oder zugunsten von mehreren Personen erfolgt, aber der*die Schleusende keinen Vorteil erhält bzw. sich versprechen lässt. Mit derselben Gesetzesänderung wurden u.a. die Qualifikation des § 96 Abs. 2 Nr. 6 AufenthG eingeführt und die Strafrahmen der Norm erhöht, vgl. Art. 1 Rückführungsverbesserungsgesetz, BGBl. I 2024 Nr. 54 v. 26.02.2024.

30 z.B. Auskünfte zur Durchführung bestimmter EU-Richtlinien, §§ 91d Abs. 2 S. 2 Nr. 3, 91f Abs. 4 S. 2 Nr. 3, 91g Abs. 2 S. 2 Nr. 3 AufenthG.

31 Vgl. die Ausbildungsduldung (§§ 60c Abs. 2 Nr. 4 i.V.m. 19d Abs. 1 Nr. 7 AufenthG), die Beschäftigungsduldung (§ 60d Abs. 1 Nr. 7, 9 AufenthG), die Aufenthaltserlaubnis für qualifizierte Geduldete zum Zweck der Beschäftigung (§ 19d Abs. 1 Nr. 7, Abs. 1b

bereits von Beginn an bestehenden bezifferten Ausschlussgrenzen für den Erhalt einer gesicherten Aufenthaltsmöglichkeit, die 2004 bei 6 Monaten auf Bewährung bzw. 180 Tagessätzen lagen, die Anforderungen abgesenkt[32] und bei Neuregelungen weit niedrigere Grenzwerte gewählt wurden.[33]

Betrachtet man wieder das Beispiel der Ausbildungsduldung, so sieht diese einen Ausschluss für Personen vor, die „wegen einer im Bundesgebiet begangenen vorsätzlichen Straftat verurteilt wurde[n], wobei Geldstrafen von insgesamt bis zu 50 Tagessätzen oder bis zu 90 Tagessätzen wegen Straftaten, die nach dem Aufenthaltsgesetz oder dem Asylgesetz nur von Ausländern begangen werden können, grundsätzlich außer Betracht bleiben."[34] Die Beschäftigungsduldung gem. § 60d AufenthG ist noch strikter. Sie sieht eine Null-Toleranz-Politik vor und verlangt vollkommene Straffreiheit von Antragstellenden, Ehe- und Lebenspartner*innen und (für einige Straftaten) auch von in familiärer Lebensgemeinschaft lebenden minderjährigen ledigen Kindern.[35]

Ermessen, Einzelfallentscheidungen, gegenläufige Abwägungsinteressen o.ä. sind jeweils nicht vorgesehen. In diesem Sinne liegt eine „Vollverrechtlichung" vor. So können bereits kleinere Straftaten den Aufenthalt kosten, ohne dass die Möglichkeit bestünde, individuelle Umstände zu erklären.

AufenthG), die Aufenthaltsgewährung bei gut integrierten Jugendlichen und jungen Volljährigen (§ 25a Abs. 3 AufenthG), das Chancen-Aufenthaltsrecht (§ 104c Abs. 1 Nr. 2 AufenthG), die Aufenthaltserlaubnis zur Berufsausbildung für ausreisepflichtige Ausländer (§§ 16g Abs. 2 Nr. 4 i.V.m. 19d Abs. 1 Nr. 7 AufenthG).

32 Vgl. §§ 9 Abs. 2 Nr. 4 [heute mit genereller Klausel, die Gründe der öffentlichen Sicherheit und Ordnung berücksichtigt], 35 Abs. 3 Nr. 2 [heute mindestens 3 Monate bzw. 90 Tagessätze], 104 Abs. 4 AufenthG 2004 [weggefallen].

33 Häufige Grenze sind heute 50 Tagessätze bei Vorsatztaten (bzw. 90 Tagessätze bei ausländerrechtlichen Straftaten), vgl. §§ 16g Abs. 2 Nr. 4 i.V.m. 19d Abs. 1 Nr. 7 AufenthG, § 19d Abs. 1 Nr. 7, § 25a Abs. 3, §§ 60c Abs. 1 Nr. 4 i.V.m. 19d Abs. 1 Nr. 7, § 104a Abs. 1 Nr. 6, § 104c Abs. 1 Nr. 2 AufenthG.

34 Vgl. §§ 60c Abs. 2 Nr. 4 i.V.m. 19d Abs. 1 Nr. 7 AufenthG. Dieselbe Grenze weisen auch viele Aufenthaltstitel auf (vgl. Fn. 33), z.B. auch der ebenfalls für die Berufsausbildung ausreisepflichtiger Ausländer vorgesehene § 16g AufenthG. Für diese Titel ergeben sich sodann vergleichbare Problematiken.

35 Vgl. *Dietz*, Ausländer- und Asylrecht, 5. Aufl. (2023), § 5, Rn. 76; kritisch BeckOK MigR/*Röder*, 19. Ed. (Stand: 01.07.2024), § 60d AufenthG Rn. 8 ff.; *Rosenstein/Koehler*, ZAR 2019, 222, 225 f.

3. Probleme der Ver(straf)rechtlichung

Eine Kehrseite der Ver(straf)rechtlichung tritt hier deutlich zu Tage: Geht man ein Phänomen ausschließlich mit rein rechtlichen Kategorien an, werden die reelle Vielfalt der Lebensverhältnisse und die Standardisierung des Rechts notwendigerweise an einem gewissen Punkt miteinander in Konflikt treten. Mit *Aichingers* Worten gesagt: „Das Recht stabilisiert das Denken, es schafft Sicherheit und Gleichmäßigkeit des Ablaufs, aber es vereinfacht und simplifiziert auch, es opfert die größtmögliche Annäherung an die Situation, um Durchschnittsergebnisse sicher zu haben."[36]

Nun bewegen wir uns im Migrationsrecht in einem Bereich, in dem über die und anhand der Lebensgeschichte von Personen entschieden wird[37] und es im Umkehrschluss um die personelle Zusammensetzung unserer eigenen Gesellschaft geht. Individualität sollte gerade dort bestimmender Faktor sein. Dies erfordert einen Blick auf die ganze Person, nicht nur ihr Vorstrafenregister oder ihre Einkommenssituation. Verrechtlichung mag in diesem Feld dazu dienen, generelle Kategorisierungen aufzustellen und Leitlinien zu setzen.[38] Tritt sie aber verabsolutiert auf, kann sie der Vielfalt der Lebensrealitäten, die unser Land ausmachen (könnten), nicht gerecht werden.

Ein Minus an Verrechtlichung kann nun aber auch nicht der Königsweg sein.[39] Wo von außen Einlass in eine geschlossene Gesellschaft begehrt wird, ist die Grundentscheidung tendenziell eine, die auf Exklusion beruht.[40] Es existiert keine (idealisierte) "vorrechtliche" Gemeinschaft, die in kommunikativen und gleichberechtigten Prozessen konsensuale Lösungen finden könnte[41] – in Frage steht ja gerade die Zugehörigkeit zur Gemein-

36 *Aichinger*, Sozialpolitik als Gesellschaftspolitik, 1979, S. 80.

37 Vgl. nur den beispielhaften Fragenkatalog für eine Asylanhörung beim BAMF, online abrufbar unter https://www.fluechtlingsrat-mv.de/wp-content/uploads/2019/05/BAMF_Standardfragen_deutsch_v2.pdf (zuletzt abgerufen am: 22.01.2025).

38 Vgl. *Aichinger* (Fn. 36), S. 80.

39 Zur Kritik an Delegalisierungstendenzen siehe auch *Teubner* (Fn. 10), S. 297; *Abel*, in: Blankenburg et al. (Hrsg.), Alternative Rechtsformen und Alternativen zum Recht, 1980, S. 27.

40 Dass ein Recht auf Exklusion bzw. Migrationskontrolle bestünde, wird in der Debatte politisch und völkerrechtlich vorausgesetzt, vgl. *Cassee/Goppel*, in: dies. (Hrsg.), Migration und Ethik, 2012, S. 10 f., die in ihrem Sammelband der Frage nach der moralischen Legitimität dieser Position nachgehen.

41 Dazu, dass diese Vorstellung, die Habermas in seiner Theorie des kommunikativen Handelns, 1988, insb. S. 540 ff. darstellt, auch in Bezug auf Familie u.ä. immer ideali-

schaft. Dies bringt ein strukturelles Ungleichgewicht zwischen den Parteien mit sich. Genau dieses soll durch rechtlich gesicherte Ansprüche ausgeglichen werden.[42] Denkt man die formalisierenden Prozesse des Rechts hinweg, liefert man den Diskurs den reinen Machtverhältnissen aus.[43]

Wie kann man also beides vereinen, Verrechtlichung im Sinne einer Erwartungssicherheit ermöglichen und zugleich den Blick auf die Individualität der Situationen und die Betroffenen erhalten? Wo finden sich Einbruchsstellen für den Einzelfall? Wie integriert man Vermenschlichung in die Verrechtlichung?

III. Strafzumessung

Bleiben wir zunächst beim Beispiel der Ausbildungsduldung. Wie beschrieben bietet das Verwaltungsrecht keinerlei Spielräume, im Einzelfall vom Erlöschen der Duldung abzusehen bzw. eine solche trotz entsprechender Vorstrafen zu erteilen. Nichtsdestotrotz sind Konstellationen vorstellbar, in denen diese Konsequenz übermäßig hart erscheint, zumal die Grenzwerte mit 50 (bzw. 90) Tagessätzen recht niedrig angesetzt sind.

Anzudenken ist daher, ob im Strafrecht der Raum eröffnet werden kann, die Gesamtsituation genauer zu betrachten und ggf. die Folgen zu milden. Dass dies nicht wohlmeinende Auslegung, sondern gesetzliche Vorgabe ist, deutet bereits § 46 Abs. 1 S. 2 StGB an, wenn er sagt, dass „[d]ie Wirkungen, die von der Strafe für das künftige Leben des Täters in der Gesellschaft zu erwarten sind, [...] zu berücksichtigen“ seien. Darunter fallen z.B. berufsrechtliche Konsequenzen,[44] die das Leben sicher auf den Kopf stellen können. Dies gilt aber erst recht für die Entscheidung, das Bundesgebiet verlassen zu müssen.[45]

Dennoch stellt der BGH in Regelmäßigkeit – hier 2022 im Falle einer drohenden Ausweisung (§§ 53 ff. AufenthG) – fest:

„Ausländerrechtliche Folgen einer Verurteilung sind nach der Rechtsprechung des Bundesgerichtshofs grundsätzlich keine bestimmenden Strafmil-

---

siert war, siehe *Loick*, in: Bittlingmayer et al. (Hrsg.), Handbuch Kritische Theorie, 2016, S. 6 ff.

42 Vgl. *Abel* (Fn. 39), S. 40 f.

43 *Teubner* (Fn. 10), S. 297; siehe auch *Abel*, (Fn. 39), S. 41 f.

44 BGH NStZ 2022, 353; BGH BeckRS 2016, 115655; BGHR StGB § 46 Abs. 1 Schuldausgleich 23; BGH NJW 1988, 2749; BGH NStZ 1987, 550; BGH BeckRS 1986, 31109874.

45 Zur Vergleichbarkeit der Folgen siehe auch *Epik*, StV 2017, 268, 269.

derungsgründe. [...] Eine andere strafzumessungsrechtliche Bewertung ist nur gerechtfertigt, wenn im Einzelfall zusätzliche Umstände hinzutreten, welche die Beendigung des Aufenthalts im Inland als besondere Härte erscheinen lassen."[46]

Eine grundlegende Entscheidung von 1996 liest sich zumindest etwas differenzierter. Sie unterscheidet danach, ob die Ausweisung (nach damaliger Rechtslage) zwingend vorgeschrieben war oder nicht:

„Ob ein Verurteilter, der sein Bleiberecht durch erhebliche Straffälligkeit verwirkt hat, durch eine Ausweisung so hart getroffen wird, daß dies ausdrücklich strafmildernd zu erwägen ist, hängt von den Umständen des Einzelfalles ab. Ist die Ausweisung nicht zwingend vorgeschrieben, können besondere Härten ohnehin im Ausweisungsverfahren berücksichtigt werden. Sofern ein Ausländer nach § 47 Abs. 1 AuslG zwingend auszuweisen ist, wird nach dem Gesetzeszweck eine Erörterung in der Regel nur vorzunehmen sein, wenn die gesetzlichen Grenzwerte der zwingend zu einer Ausweisung führenden Freiheitsstrafe nicht erheblich überschritten werden."[47]

Die Differenzierung nach zwingender und möglicher Folge erscheint zunächst noch plausibel. So bliebe jeweils zumindest ein Fenster – das verwaltungsrechtliche oder das strafrechtliche – für die Härtefallentscheidung offen.[48] Nach neuer Rechtslage ist bei Ausweisungen ohnehin immer eine verwaltungsrechtliche Abwägung zwischen Ausweisungs- und Bleibeinteressen vorzunehmen.[49] Hier vermag der BGH nun in Einzelfällen noch eine besondere Härte anzunehmen, die bereits im Strafverfahren berücksichtigt werden kann, wenn z.B. faktische Inländer*innen betroffen sind.[50] Abseits

46 BGH NStZ 2022, 353; in diesem Sinne auch BGH NStZ 2022, 474; BGH BeckRS 2018, 26591; BGH BeckRS 2017, 131919; BGH NStZ 2012, 147; BGH NStZ 2002, 196; BGH NStZ 1999, 240; BGH NStZ 1997, 77. Nichtsdestotrotz finden sich immer wieder Urteile, die ausländerrechtliche Konsequenzen strafmildernd berücksichtigen, z.B. LG Dortmund, Urteil v. 06.11.2020 – 36 KLs 24/20, openJur 2021, 23645; LG Dortmund, Urteil v. 03.06.2020 – 36 Kls 7/20, openJur 2020, 79005.

47 BGH NStZ 1997, 77.

48 In Bereichen, in denen Art. 6 GG bzw. 8 EMRK betroffen war, war auch nach alter Rechtslage eine Ermessenentscheidung im Verwaltungsrecht vorzunehmen, vgl. BVerwG NVwZ 2008, 326, 328; NK-AuslR/*Cziersky-Reis*, 3. Aufl. (2023), § 53 AufenthG Rn. 14. Ausführlich dazu auch *Thym*, Migrationsverwaltungsrecht, 2010, S. 236 ff.

49 Vgl. § 53 Abs. 1 AufenthG; Siehe auch BeckOK-AuslR *Fleuß*, 42. Ed. (Stand: 01.07.2024), § 53 AufenthG Rn. 2; NK-AuslR/*Cziersky-Reis* (Fn. 48), § 53 AufenthG Rn. 16.

50 BGH BeckRS 2017, 131919, Rn. 11.

dieser Einzelfälle bleibt es aber bei der generellen Nicht-Berücksichtigung. Bei berufsrechtlichen Konsequenzen, die auch nicht in allen Fällen zwingend sind,[51] hat hingegen die Befassung damit im Urteil regelmäßig zu erfolgen.[52]

Diese unterschiedliche Behandlung berufs- und ausländerrechtlicher Konsequenzen erscheint schwer nachvollziehbar, zumal der BGH an keiner Stelle eine ausführlichere Begründung dafür liefert.[53] Bei beiderlei Konsequenzen handelt es sich zweifelsohne um schwere „Wirkungen […] für das künftige Leben", die mit der Strafe verbunden wären. Warum ein und dieselbe Norm, § 46 Abs. 1 S. 2 StGB, die von dem*der Angeklagten und dessen*deren Lebensumständen her denkt, hier je nach Betroffenenkreis und Folge unterschiedlich zu lesen sein sollte, erschließt sich unter Gleichbehandlungsgesichtspunkten nicht.[54]

Nichtsdestotrotz hat die Allgemeinformel, dass ausländerrechtliche Folgen keine bestimmenden Strafmilderungsgründe seien, ihren Weg in Kommentare und Urteile gefunden[55] und damit Handlungsspielräume verkürzt. So allgemein sie auch formuliert ist, stellt sich dennoch die Frage, ob die Rechtsprechung, die anhand der Ausweisung entwickelt wurde, für alle „ausländerrechtlichen Folgen" gelten kann. Konkret: Gilt sie z.B. auch (unabhängig von der Ausweisungsmöglichkeit) für den drohenden Entzug einer Ausbildungsduldung bei geringfügigen Straftaten? Wie gesehen liegt hier ausländerrechtlich kein Entscheidungsspielraum vor, ein Ausgleich kann nur im Strafverfahren gesucht werden. In der Konsequenz lässt ein Verlust der Duldung den Abschiebungsschutz entfallen.[56] Vergleichbarkeit

---

51 Für Rechtsanwält*innen siehe § 114 BRAO; die Berufsordnung der Pharmazeut*innen spricht nur von Verhalten, „aus dem sich seine Unwürdigkeit oder Unzuverlässigkeit zur Ausübung des Apothekerberufs ergibt", § 6 Abs. 2 i.V.m. 4 Abs. 1 S. 1 Nr. 2 BApO.

52 BGH NStZ 2022, 353; BGH NStZ 1987, 550; BGHR StGB § 46 Abs. 1 Schuldausgleich 23. Kritisch zu der Differenzierung auch *Epik* (Fn. 45), 269; *Mestek-Schmülling*, Mittelbare Straftatfolgen und ihre Berücksichtigung bei der Strafzumessung, 2004, S. 52 f.

53 *Epik* (Fn. 45), 269; *Mestek-Schmülling* (Fn. 52), S. 48.

54 a.A. *Epik* (Fn. 45), 269, der aber im Ergebnis ebenso zu einer Einbeziehung kommt.

55 z.B. LG Deggendorf, Urteil v. 20.07.2021 – 1 KLs 8 Js 7992/20 jug, BeckRS 2021, 48054; LG Kiel, Beschluss v. 11.03.2021 – 1 Qs 26/21, BeckRS 2021, 57981; MüKo-StGB/*Oğlakcıoğlu*, 4. Aufl. (2022), § 29a BtMG Rn. 153a; HK-GS/*Kempfer*, 5. Aufl. (2022), § 46 StGB Rn. 33; BeckOK-StGB/*v. Heintschel-Heinegg*, 63. Ed. (Stand: 01.11.2024), § 46 StGB Rn. 71.

56 *Röder/Stahlmecke*, Asylmagazin 2021, 66, 74.

besteht so eher mit den Fällen, in denen die Ausweisung noch zwingend vorgeschrieben war. Größter Unterschied aber: Der Grund, den der BGH 1996 für die generelle Nicht-Berücksichtigung bzw. Nicht-In-Frage-Stellung ausländerrechtlicher Konsequenzen heranzog, nämlich, dass das „Bleiberecht durch erhebliche Straffälligkeit verwirkt" sein soll, trägt an der 50 Tagessatzgrenze nicht mehr. Ist dieses Argument schon zweifelhaft, wenn die „Verwirkung" bei möglicher aber nicht zwingender Ausweisung in einem Ausweisungsverfahren erst festgestellt werden muss,[57] so ist sie bei den Duldungsgrenzen, die eher im Bereich der Bagatellkriminalität liegen, generalisiert nicht haltbar. Daher kann die Rechtsprechung nicht übertragen werden. Durch einen Verlust der Duldung aus geringem Anlass würde der*die Betroffene unter Umständen unverhältnismäßig[58] hart getroffen. In diesen Fällen ist eine Einbeziehung der ausländerrechtlichen Konsequenzen im Gegensatz zur Grundregel des BGH im Rahmen des § 46 Abs. 1 S. 2 StGB dennoch vorzunehmen.[59]

Zuzustimmen ist daher dem AG Dortmund,[60] wenn es in einem Fall, in dem der Angeklagte eine Ausbildungsduldung mit konkreter Aussicht auf eine anschließende Aufenthaltserlaubnis für qualifiziert Geduldete zum Zwecke der Beschäftigung (§ 19d AufenthG) hat, die den selben Grenzen unterliegt, u.a. auch „mit Rücksicht auf die dem Angeklagten bislang mit Sicherheit nicht bewusste Konsequenz der zwingenden Versagung einer Aufenthaltserlaubnis [...] bei Verwirkung von Geldstrafen von insgesamt mehr als 50 Tagessätzen" auf eine niedrigere Geldstrafe entscheidet.

Gezeigt werden soll mit diesem Beispiel nicht, dass die Praxis in ihrer bisherigen Form unproblematisch ist – im Gegenteil. Stattdessen soll der Blick darauf gelenkt werden, dass das Rechtssystem immer wieder Möglichkeiten eröffnet, die es – wie § 46 Abs. 1 S. 2 StGB – erlauben, das Gesamtbild der Lebenssituation zu würdigen. Sie sind Sollbruchstellen im steifen Korsett des Rechts, die Vermenschlichung ermöglichen.

---

57 *Mestek-Schmülling*, (Fn. 52), S. 51 f. sieht darin eine unzulässige moralische Bewertung.

58 Zur generellen Lösung über die Schuldangemessenheit *Epik* (Fn. 45).

59 Ebenso ist in diesen Fällen eine notwendige Verteidigung anzunehmen, vgl. AG Dortmund, Beschluss v. 12.01.2021 – 723 Cs-257 Js 1941/20–419/20, asyl.net: M29369; *Röder/Stahlmecke* (Fn. 56), 73 f.; MüKo-StPO/*Kämpfer/Travers*, 2. Aufl. (2023), § 140 StPO Rn. 33; a.A. LG Kiel, Beschluss v. 11.03.2021 – 1 Qs 26/21, BeckRS 2021, 57981, Rn. 8.

60 AG Dortmund, 24.03.2021 – 723 Cs-257 Js 1941/20–419/20, openJur 2022, 4531.

IV. Außerrechtliche Räume im Recht

Dass systemische Entscheidung und Einzelfallgerechtigkeit bzw. auch gesellschaftliche Wahrnehmung davon auseinanderfallen, ist im Ausländerrecht keine Ausnahme. Daher gibt es im Bereich des Asyl- und Migrationsrechts immer wieder Einbruchsstellen, an der sich der Einzelfall gegenüber der generellen Regelung Bahn bricht.[61]

Zu nennen wären hier z.B. die Härtefallkommissionen.[62] Rechtlich vorgesehen, sind sie institutionalisierte Sollbruchstellen. Sie können in Ausnahmefällen Personen für Aufenthaltserlaubnisse vorschlagen, wenn „dringende humanitäre oder persönliche Gründe die weitere Anwesenheit des Ausländers im Bundesgebiet rechtfertigen" (vgl. § 23a Abs. 2 S. 3 AufenthG).[63] Es besteht aber kein Anspruch darauf, dass eine Kommission sich mit einem Fall befasst.[64]

Ein weiteres Institut, das sich eher in einem rechtlichen Graubereich bewegt, ist das Kirchenasyl. Bereits in der Antike bestand die Möglichkeit, in Tempeln Zuflucht zu suchen und so vor Verfolger*innen geschützt zu sein.[65] In neuerer Zeit entwickelt sich das Kirchenasyl seit den 80er Jahren.[66] Nach 2015 wurde es kontrovers diskutiert – der damalige Innenminister Thomas de Maiziere ließ sich zu einem Vergleich mit der Scharia hinreißen, den er später zurücknehmen musste.[67] Häufig kommt Kirchenasyl in sog. Dublinverfahren zum Einsatz.[68] Verhindert werden soll so eine

61 Dass Frei- und Gestaltungsräume enger werden, merkt auch *Hailbronner*, ZAR 2011, 138, 139 an, bezieht sich dabei aber vorwiegend auf verfassungs- und europarechtliche Grenzen.

62 *Hailbronner* (Fn. 61), 139; Huber/Mantel AufenthG/*Hupke/Amir-Haeri*, 4. Aufl. (2025), § 23a AufenthG Rn 2.

63 Zur Funktion der Härtefallkommissionen vergleiche BeckOK AuslR/*Kluth* 42. Ed. (Stand: 01.07.2024), § 23a AufenthG Rn. 1; NK-AuslR/*Keßler*, 3. Aufl. (2023)18, § 23a AufenthG Rn. 2; Huber/Mantel AufenthG/*Hupke/Amir-Haeri*, (Fn. 62), § 23a AufenthG Rn 2.

64 Huber/Mantel AufenthG/*Hupke/Amir-Haeri*, (Fn. 62), § 23a AufenthG Rn. 9.

65 *Krannich*, Das Kirchenasyl. Eine empirische Studie zu den Auswirkungen auf das Gemeindeleben, 2011, S. 2 ff.

66 *Krannich* (Fn. 65), S. 8 ff.

67 *Bewarder et al.*, Welt v. 25.02.2015, online abrufbar unter https://www.welt.de/politik/deutschland/article137825674/De-Maiziere-nimmt-seinen-Scharia-Vergleich-zurueck.html (zuletzt abgerufen am: 22.01.2025).

68 Im Jahr 2022 waren von 1119 dokumentierten Kirchenasylen 1098 Dublin-Fälle, vgl. Asyl in der Kirche, Kirchenasyle 2022, online abrufbar unter https://kirchenasyl.de/kirchenasyle/kirchenasyle-2022/ (zuletzt abgerufen am: 22.01.2025).

Überstellung der Asylsuchenden zum Zwecke der Prüfung ihres Antrags in andere Dublin-Mitgliedstaaten, denen z.T. erhebliche Mängel in Asyl- und Aufnahmesystem vorgeworfen werden.[69] Das Kirchenasyl bedeutet kein Verstecken, sondern wird direkt an das BAMF kommuniziert. In einer Vereinbarung von 2015 zwischen Kirchen und BAMF einigte man sich darauf, dass in solchen Fällen eine nochmalige Prüfung vorgenommen wird, ob nicht ein Selbsteintritt Deutschlands in Frage kommt (sog. Dosierverfahren).[70] Des Weiteren verhindert Kirchenasyl den Zugriff des Staates nicht – aus reiner Konvention wird es in der Regel respektiert. Es gibt aber keinerlei rechtlichen Schutzmechanismus, der Abschiebungen verhindern würde, entschieden sich staatliche Behörden zur Räumung eines Kirchenasyls.[71] Kirchenasyl fungiert also als letztes Mittel, wo alle regulären rechtlichen Möglichkeiten ausgeschöpft sind, im Einzelfall aber Gemeinden dennoch der Überzeugung sind, dass eine Überstellung die Betroffenen besonderen Gefahren aussetzen würde.[72]

V. Verstrafrechtlichung durch Strafverfahren

Auch diese Räume werden jedoch von Ver(straf)rechtlichung mehr und mehr bedroht – hier weniger durch die Rechtssetzung, sondern auf Rechtsprechungsebene. Ungefähr ab 2017 häuften sich v.a. in Bayern Strafverfahren gegen Pfarrer*innen und Ordensleute, die Kirchenasyl gewährten, wegen Beihilfe zum unerlaubten Aufenthalt.[73] Einer Debatte, die zunächst

69 2022 bezog sich eine Vielzahl der Kirchenasyle auf eine Überstellung nach Italien, Asyl in der Kirche, Kirchenasyle 2022, online abrufbar unter https://kirchenasyl.de/kirchenasyle/kirchenasyle-2022/ (zuletzt abgerufen am: 22.01.2025). Inwieweit die Überstellung unzulässig ist, weil Dublin-Rückkehrer*innen in Italien von extremer materieller Not betroffen sind, ist unter Gerichten umstritten. Die Überstellung ablehnend z.B. OVG Münster, BeckRS 2023, 13591, eine Überstellung zulassend z.B. VGH Bayern, BeckRS 2022, 40274.

70 *BAMF*, Merkblatt Kirchenasyl im Kontext von Dublin-Verfahren, 2022, online abrufbar unter https://www.bamf.de/SharedDocs/Anlagen/DE/AsylFluechtlingsschutz/merkblatt-kirchenasyl.pdf?__blob=publicationFile&v=7 (zuletzt abgerufen am: 22.01.2025).

71 *Botta*, ZAR 2017, 434, 439 f.; OLG München, Urteil v. 03.05.2018 – 4 OLG 13 Ss 54/18, openJur 2018, 9107, Rn. 44.

72 *Asyl in der Kirche*, FAQ, online abrufbar unter https://kirchenasyl.de/info-fuer-gemeinden/ (zuletzt abgerufen am: 22.01.2025), für einen Überblick zum Kirchenasyl siehe auch *Fruchtmann*, KJ 2020, 555, 556 ff.

73 Jahresbericht der Ökumenischen BAG Asyl in der Kirche e.V. 2017, 7 f.

auf politischer Ebene ausgetragen wurde, wurde ein strafrechtliches Gewand übergestülpt.[74] Damit geriet ein strukturelles Ungleichgewicht in die Diskussion. Die Debatte ging trotzdem weiter, diesmal allerdings vor allem unter den Gerichten. Die Bandbreite der Entscheidungen spannte sich von der Geldstrafe[75] über die Einstellung[76] bis hin zum Freispruch.[77] Diese Art der Justizialisierung geht gerade nicht mit erhöhter Erwartungssicherheit einher, sondern schafft zunächst einen rechtlichen Graubereich und damit erhebliche Unsicherheit für potentiell Betroffene.[78]

Einige Gerichte zeigten sich zweifelnd, ob der Gerichtssaal das richtige Forum für diese eigentlich genuin politische Richtungsentscheidung – die explizit nie getroffen wurde, im Gegenteil, die Duldungspraxis zeigt, dass eine klare Positionierung gegen Kirchenasyl gerade vermieden wird – sei. Das LG Bad Kreuznach sah in der Unterbringung z.B. nur eine neutrale Handlung, keine strafbare Beihilfe:

„Allein die bloße – rechtlich nicht begründbare – Hoffnung, der Staat werde von einer Vollstreckung absehen, wenn der Ausländer sich in kirchlichen Räumlichkeiten befindet, macht eine rechtlich neutrale Handlung noch nicht strafbar. [...] Wenn es aber der Staat unterlässt, sich im Kirchenasyl befindliche Personen nötigenfalls unter Anwendung unmittelbaren Zwangs, abzuschieben, kann dies nicht der gegenüber der Behörde offen handelnden Beschuldigten angelastet werden."[79]

Besonders interessant in diesem Zusammenhang ist auch die Entscheidung des AG Kitzingen. In der Sache ging es zwar von der Tatbestandsmäßigkeit des Verhaltens aus, nahm allerdings einen Entschuldigungsgrund nach Art. 4 GG an. In diesem Zusammenhang führte das Gericht aus:

„Das Gericht hat keine Zweifel daran, dass der Angeklagte, wenn ihm dies erforderlich scheint, [...] eine vergleichbare Tat erneut begehen wird.

74 Der entpolitisierende Aspekt war gerade das Zentrum der ursprünglichen Kritik an der Verrechtlichung, vgl. die Darstellung bei *Teubner* (Fn. 10), 298 f.

75 *Strack*, DW v. 03.06.2021, online abrufbar unter https://www.dw.com/de/verurteilung-einer-ordensfrau-nach-kirchenasyl/a-57761497 (zuletzt abgerufen am: 22.01.2025).

76 SZ v. 18.09.2019, online abrufbar unter https://www.sueddeutsche.de/bayern/immenstadt-kirchenasyl-gericht-verfahren-eingestellt-1.4605547 (zuletzt abgerufen am: 22.01.2025).

77 beck-aktuell v. 27.04.2021, online abrufbar unter https://rsw.beck.de/aktuell/daily/meldung/detail/ag-kitzingen-freispruch-fuer-moench-nach-aufnahme-von-fluechtling-in-kirchenasyl (zuletzt abgerufen am: 22.01.2025).

78 *Fruchtmann* (Fn. 72), 560.

79 LG Bad Kreuznach, Beschluss v. 05.04.2019 – 2 Qs 42/19, openJur 2020, 20516, Rn. 31 f.

Und da es gerichtsbekannt ist, dass die Zuständigkeitsregeln der Dublin-III-Verordnung von nicht wenigen Menschen als korrekturbedürftig erachtet werden, ist die Prognose zulässig,: (sic!) dass es auch dabei (sic!) anderen Personen [...] zu vergleichbaren Gewissensentscheidungen wie der vorliegenden kommen wird."[80]

Unabhängig davon, ob man diese Begründung über Art. 4 GG für überzeugend hält,[81] zeigt das Urteil klar: Eine „Verstrafrechtlichung" verfehlt in einer solchen Konstellation ihre üblichen Ziele – mit Blick auf eine negative Spezial- oder Generalprävention scheint das Gericht keinerlei Wirkungen zu erwarten. Zudem ist auch eine positive Generalprävention zweifelhaft, wenn die Norm, die gestärkt werden soll, derart von Aushandlungsprozessen umgeben ist. Einzig die Fronten im Diskussionsprozess werden verschärft.

Letztlich beendete das Bayerische Oberste Landesgericht die Debatte vorerst, indem es offenes Kirchenasyl grundsätzlich für straffrei erklärte. Im Gegensatz zum AG Kitzing verneinte es schon die Tatbestandsmäßigkeit: Wenn ins Dossierverfahren eingetreten würde, bestünde für diese Zeit ein Anspruch auf Duldung, sodass schon kein unerlaubter Aufenthalt, d.h. keine Haupttat, vorläge.[82] Werde das Kirchenasyl nach negativer Beendigung des Dossierverfahrens aufrechterhalten, käme nur eine Unterlassensstrafbarkeit in Betracht, für die aber regelmäßig die Garantenstellung fehlen dürfte.[83]

Aktuell ist der Ball damit zurückgespielt ins politische Diskussionsfeld. In jüngster Zeit zeigen sich neue Tendenzen, den stillen Konsens zum Kirchenasyl – diesmal politisch – aufzukündigen. In Niedersachsen wurde im Mai 2024 beispielsweise ein Kirchenasyl geräumt und die Betroffenen nach Spanien überstellt.[84] Eine ähnliche Überstellung aus dem Kirchenasyl heraus war im Dezember 2023 in Schwerin dramatisch gescheitert.[85]

---

80 AG Kitzingen, Urteil v. 26.04.2021 – 1 Cs 882 Js 16548/20, openJur 2021, 20654, Rn. 94.

81 Gewissensfreiheit als Entschuldigungsgrund bejaht z.B. bei Schönke/Schröder/*Sternberg-Lieben*, 30. Aufl. (2019), Vorbemerkungen zu den §§ 32 ff. Rn. 119.

82 BayOLG, Urteil v. 25.02.2022 – 201 StRR 95/2, openJur 2022, 5019, Rn. 22 ff.

83 BayOLG, Urteil v. 25.02.2022 – 201 StRR 95/2, openJur 2022, 5019, Rn. 30 ff.

84 *Conti*, taz v. 16.05.2024, online abrufbar unter https://taz.de/Schutzraum-geraeumt/!6007697/ (zuletzt abgerufen am: 22.01.2025).

85 *Bruhn*, taz v. 20.12.2023, online abrufbar unter https://taz.de/Abschiebung-einer-Familie-in-Schwerin/!5975779/ (zuletzt abgerufen am: 22.01.2025).

VI. Gesamteuropäische Tendenzen

Dass migrationsrechtliche Debatten mit den Mitteln des Strafrechts ausgefochten werden, ist kein deutsches Phänomen. Überall in Europa können Tendenzen beobachtet werden, Flucht und Migration bzw. Geflüchtetenhelfer*innen zu kriminalisieren.[86]

Das Spiel mit der rechtlichen Grauzone ist hier kein Einzelfall. Ein Beispiel, das immer wieder Schlagzeilen macht,[87] ist der italienische Umgang mit Seenotrettung. Art. 12 Abs. 1 des italienischen Einwanderungsgesetzes verbietet die Erleichterung der illegalen Einreise (vgl. für Deutschland § 96 AufenthG).[88] Dieser greift auch bei der Einreise über den Seeweg.[89] Die Tat muss keine materiellen Vorteile für die Täter*innen bringen, auch altruistisches Handeln ist strafbar.[90] Zwar können im Einzelfall Rechtfertigungsgründe vorgetragen werden, insbesondere auch der Notstand. Diese Verlagerung auf die Rechtfertigungsebene belastet Seenotretter*innen

---

86 Siehe *International Commission of Jurists*, Criminalization of humanitarian and other support and assistance, 2022; *Amnesty International*, Punishing Compassion, 2020, online verfügbar unter https://www.amnesty.org/en/documents/eur01/1828/2020/en/ (zuletzt abgerufen am: 22.01.2025).

87 Beispielhaft *Guiffrida*, The Guardian v. 30.12.2022, online abrufbar unter https://www.theguardian.com/world/2022/dec/30/sea-rescue-charities-rebel-against-italian-anti-immigration-rules (zuletzt abgerufen am: 22.01.2025); *Horowitz*, The New York Times v. 16.08.2019, online abrufbar unter https://www.nytimes.com/2019/08/16/world/europe/salvini-italy-migrants-open-arms.html (zuletzt abgerufen am: 22.01.2025); *Povoledo*, The New York Times v. 29.06.2019, online abrufbar unter https://www.nytimes.com/2019/06/29/world/europe/italy-migrants-captain-arrest.html (zuletzt abgerufen am: 22.01.2025).

88 Zu dieser Norm siehe *From sea to prison project*, Summary of the request of admission to the Italian Constitutional Court in relation to the case against the crew of the Iuventa, 2023, S. 3 ff., online abrufbar unter https://www.ecchr.eu/fileadmin/user_upload/IUVENTA_Summary_of_Constitutional_Complaint.pdf (zuletzt abgerufen am: 22.01.2025), *Amnesty International* (Fn. 86), S. 59 f.

89 Um eine Kriminalisierung von Seenotrettung zu vermeiden, enthält der deutsche § 96 AufenthG für die wiederholte bzw. zugunsten mehrerer Personen erfolgende Beihilfe zur unerlaubten Einreise ins EU-/Schengen-Gebiet eine Beschränkung auf die Einreise auf dem Landweg. Zu den Lücken *Betschka/Hackenbruch*, Tagesspiegel v. 17.01.2024, online abrufbar unter https://www.tagesspiegel.de/politik/zwei-rechtsgutachten-warnen-ausgerechnet-die-seenotrettung-minderjahriger-konnte-doch-strafbar-werden-11065984.html (zuletzt abgerufen am: 22.01.2025).

90 *From sea to prison project* (Fn. 88), S. 3 ff.; *Amnesty International* (Fn. 86), S. 60.

jedoch mit einem erhöhten Risiko der Strafverfolgung[91] – zumal im Bereich des Notstandes offene Fragen bleiben.[92] Wie lange ist die Gefahr z.B. gegenwärtig – bis ans Land oder nur bis auf das Deck des Rettungsschiffes?[93] In Italien kommt hinzu, dass seit 2017 ein Verhaltenskodex für private Seenotretter*innen besteht, der zum einen ohnehin geltende Seerechtsregeln festhält, aber auch im Verdacht steht, Seenotrettungsoperationen durch technische Regeln zu erschweren.[94]

Beispielhaft für die Problematik kann der Fall der „Open Arms“ stehen. Gegen deren Besatzung wurden im Jahr 2018 Ermittlungen eingeleitet, nachdem das Schiff 218 Personen vor der libyschen Küste aufgegriffen und nach Italien gebracht hatte. Nach Beschreibung der Crew hatte die italienische Leitstelle dem Schiff durchgegeben, dass die Rettung durch die lybische Küstenwache vorgenommen würde. Da diese aber nach Einschätzung des Rettungsschiffes noch zu weit entfernt gewesen sei, habe die Open Arms die Personen an Bord genommen und in der Folge auch auf Aufforderung nicht an die Libyschen Behörden übergeben.[95] Hintergrund sind die Vorwürfe der Misshandlung gegen die lybische Küstenwache und die problematischen Zustände, denen Migrant*innen in Libyen ausgesetzt sind.[96] In den nachfolgenden rechtlichen Auseinandersetzungen – sowohl um Anklagen gegen Kapitän und einige Crewmitglieder als auch um das Schiff selbst, das im Zusammenhang mit den Vorwürfen festgesetzt worden war, wurde der Verhaltenskodex, dem selbst keine rechtliche Qualität

91 Vgl. *Amnesty International* (Fn. 86), S. 60; *Epik/Schatz*, Kriminalisierung der Seenotrettung? Gutachten zur geplanten Neufassung des § 96 Abs. 4 AufenthG, 2923, S. 39, 44.

92 *Epik/Schatz* (Fn. 91), S. 31 ff.; *Epik/Schatz*, LTO v. 20.12.2023, online abrufbar unter https://www.lto.de/recht/hintergruende/h/entwurf-aufenthaltsgesetz-seenotrettung-strafbarkeit-rechtsgutachten/ (zuletzt abgerufen am: 22.01.2025).

93 *Epik/Schatz* (Fn. 91), S. 31 f.

94 *Amnesty International* (Fn. 86), S. 57 f.; *Zagst*, Bedenklicher Italienischer Verhaltenskodex für Seenotrettung durch NGOs im Mittelmeer, 2017, online abrufbar unter https://www.juwiss.de/139-2017/ (zuletzt abgerufen am: 22.01.2025).

95 *Amnesty International* (Fn. 86), S. 62 ff.; *Petrillo et al.*, Open Migration v. 29.03.2018, online abrufbar unter https://openmigration.org/en/analyses/the-prosecutors-case-against-the-rescue-ship-open-arms/ (zuletzt abgerufen am: 22.01.2025); Rekonstruktion auch bei *Mas/Bertral*, ARA, online abrufbar unter https://interactius.ara.cat/openarms/en (zuletzt abgerufen am: 22.01.2025).

96 Final report of the Panel of Experts on Libya established pursuant to resolution 1973 (2011), 2017, S/2017/466, S. 21; Report of the Independent Fact-Finding Mission on Libya, 2023, A/HRC/52/83, Rn. 40 ff.

zukommt,[97] herangezogen, um zu argumentieren, dass eine illegale Einreise i.S.d. Art. 12 Einwanderungsgesetz vorläge, da die Nicht-Befolgung Unwillen im Rahmen des italienischen Rechts zu operieren zum Ausdruck bringe.[98] Die Festsetzung des Schiffes wurde bereits 2018 wieder aufgehoben, nachdem ein Untersuchungsrichter zu dem Ergebnis gekommen war, dass eine Notstandssituation vorgelegen hätte.[99] Die Ermittlungen wurden hingegen erst 2023 nach fünf Jahren mit einer Entscheidung des Berufungsgerichts endgültig eingestellt[100] – eine Wartezeit, die mit erheblicher Unsicherheit verbunden gewesen sein dürfte.

VII. Verstrafrechtlichung zum Schutze von Geflüchteten

Bei genauer Betrachtung zeigt sich auch eine Gegenbewegung, die mit den Mitteln des Strafrechts versucht, ein höheres Schutzniveau für Migrant*innen einzuziehen. In einem anderen kürzlich ebenso in Italien geführten Verfahren hatte der Kapitän des Ölversorgungsschiffes Asso 28 gerade den gegensätzlichen Weg eingeschlagen und die Schiffsbrüchigen nach Tripolis gebracht. Dies wurde genauso mit einem Strafverfahren beantwortet. In diesem Fall kam es letztlich zu einer Verurteilung, u.a. wegen einer Aussetzung minderjähriger oder handlungsunfähiger Personen in einer Gefahrensituation[101] ob der Lebensumstände, denen Migrant*innen in Libyen ausgesetzt sind. Diese wurde letztlich vom obersten Gerichtshof Italiens bestätigt.[102] In der Essenz wurde damit das völkerrechtliche Refoulmentver-

97 *Wissenschaftliche Dienste des Deutschen Bundestags*, Der italienische Verhaltenskodex für private Seenotretter im Mittelmeer, 2017, WD 2 – 3000 – 068/17, online abrufbar unter https://www.bundestag.de/resource/blob/516166/90470cc9ff31524a40522ac738f79fbd/wd-2-068-17-pdf-data.pdf (zuletzt abgerufen am: 22.01.2025).

98 Tribunale di Catania, Decreto di convalida e die sequestro preventivo, 17.03.2018; *Amnesty International* (Fn. 86), Fn. 273.

99 *Amnesty International* (Fn. 86), S. 63.

100 swissinfo.ch v. 22.11.2023, online abrufbar unter https://www.swissinfo.ch/spa/justicia-italiana-exonera-definitivamente-a-capit%C3%A1n-y-jefa-de-misi%C3%B3n-del-open-arms-en-2018/49000726 (zuletzt abgerufen am: 22.01.2025).

101 Für das deutsche Recht ebenso unter Heranziehung des Tatbestandes der Aussetzung siehe *Hahn/Schatz*, ZIS 2020, 537, 543 f.

102 ORF v. 17.02.2024, online abrufbar unter https://orf.at/stories/3349000/ (zuletzt abgerufen am: 22.01.2025); Corte Suprema di Cassazione, Sentenza, 01.02.2024, Nr. 4557. Zu den Fakten des Falles siehe auch *Zirulia*, Refoulement As A Crime, VerfBlog, 02.04.2024, online abrufbar unter https://verfassungsblog.de/refoulement-as-a-crime/ (zuletzt abgerufen am: 22.01.2025).

bot ins einfache Strafrecht übertragen.[103] Vor dem Hintergrund, dass die italienische Regierung aktiv dafür gesorgt hat, dass die Libysche Küstenwache für die Rettung in bestimmten Zonen die primäre Zuständigkeit hat,[104] ist die Entscheidung durchaus bemerkenswert. Ihr kann (und sollte) Signalwirkung für andere Staaten zukommen, wenn z.B. über bestimmte Modelle der Auslagerung von Asylverfahren diskutiert wird[105] oder Kooperationen mit Drittstaaten angestrebt werden[106]. Jüngste Berichte bringen neben Libyen auch andere nordafrikanische Staaten unter Druck. Tunesien, Marokko und Mauretanien wird vorgeworfen, Migrant*innen systematisch in der Wüste auszusetzen.[107] Gleichzeitig gelten die Länder als wichtige Partner der europäischen Migrationspolitik, mit Tunesien war erst 2023 ein Migrationsabkommen geschlossen worden.[108]

Bei dem Versuch rote Linien gegen eine Verschärfung des Migrationsrechts einzuziehen, kommt Gerichten eine relevante Funktion zu. Jedoch nutzen auch NGOs etc. die Mittel, die das Strafrecht zur Verfügung stellt, um Debatten eine neue Stoßrichtung zu geben, sie – weg von reinen europäischen Sicherheits- und Kapazitätserwägungen – wieder auf ihren menschenrechtlichen Kern hin zu fokussieren und die Geflüchteten in den Mittelpunkt zu stellen. Aus einer strukturell unterlegenen Position bleibt ihnen nur, Aufmerksamkeit auf bestimmte Problemfelder zu lenken. Das kann national passieren – das Verfahren gegen den Kapitän der Asso 28

---

103 Vgl. *Zirulia* (Fn. 102).

104 *Riegert*, DW v. 07.05.2018, online abrufbar unter https://www.dw.com/en/libya-takes-over-from-italy-on-rescuing-shipwrecked-migrants/a-44546754 (zuletzt abgerufen am: 22.01.2025).

105 Deutschlandfunk v. 30.04.2024, online abrufbar unter https://www.deutschlandfunk.de/fdp-fordert-debatte-ueber-sogenanntes-ruanda-modell-bei-asylverfahren-100.html (zuletzt abgerufen am: 22.01.2025); *Bewarder/Ludwig*, SZ v. 17.06.2024, online abrufbar unter https://www.sueddeutsche.de/politik/asyl-ruanda-bundesregierung-experten-lux.HnuH4hS5A26V7VGrsVTn32 (zuletzt abgerufen am: 22.01.2025).

106 Der Standard v. 08.02.2024, online abrufbar unter https://www.derstandard.de/story/3000000206707/eu-kommission-will-in-migrationsfragen-staerker-mit-mauretanien-kooperieren (zuletzt abgerufen am: 22.01.2025).

107 *Grüll/Häußler*, Tagesschau v. 21.05.2024, online abrufbar unter https://www.tagesschau.de/investigativ/report-muenchen/eu-asylsuchende-nordafrika-100.html (zuletzt abgerufen am: 22.01.2025); *Rößler*, Frankfurter Allgemeine Zeitung v. 21.05.2024, online abrufbar unter https://www.faz.net/aktuell/politik/ausland/nordafrika-eu-partner-setzen-migranten-in-der-wueste-aus-19733688.html (zuletzt abgerufen am: 22.01.2025).

108 Tagesschau v. 16.07.2023, online abrufbar unter https://www.tagesschau.de/ausland/afrika/tunesien-migration-eu-100.html (zuletzt abgerufen am: 22.01.2025).

kam auch auf öffentlichen Druck hin zustande[109] – aber vor allem auch unter Einbeziehung internationaler Strafnormen, die gerade den Schutz fundamentaler Menschenrechte zum Ziel haben: 2023 warf ein UN-Bericht der EU Beihilfe zu Verbrechen gegen die Menschlichkeit durch die Kooperation mit der Libyschen Küstenwache vor.[110] Bereits 2022 reichten verschiedene NGOs beim IStGH eine „Strafanzeige“ gegen hochrangige EU-Beamte und Vertreter*innen aus Nationalstaaten ein.[111] Eine ähnliche Anzeige hatte es schon 2019 gegeben.[112] Bisher blieb der Erfolg jedoch aus. Denkbar wäre es, auch hier ein Vorgehen über die nationale (völker-)strafrechtliche Ebene anzustrengen. Noch scheinen Phänomene wie Pushbacks u.ä. aber vorwiegend in menschenrechtlichen Termini diskutiert zu werden.[113] Das könnte auch damit zusammenhängen, dass Völkerstrafrecht strukturell ein „Krisenfokus“ unterstellt wird.[114] So setzt die Behandlung durch eine völkerstrafrechtliche Linse in der Regel die allgemeine Wahrnehmung als Krise voraus.[115] Wie eingangs geschildert ist diese Bewertung aber eine höchst subjektive und wandelbare. Die Krise – das ist (auch) die europäische Migrationspolitik,[116] wenn wir sie denn als solche begreifen. In diesem Sinne kann die Erzeugung von öffentlicher Aufmerksamkeit erst die Voraussetzung für strafrechtliche Aufarbeitung schaffen. Umgekehrt dürfte kaum eine rechtliche Bewertung so stark wahrgenommen werden, wie eine

---

109 *Crescini*, The asso ventotto case, 01.05.2023, online abrufbar unter https://civilmrcc.eu/the-asso-ventotto-case/ (zuletzt abgerufen am: 22.01.2025).

110 Report of the Independent Fact-Finding Mission on Libya, 2023, A/HRC/52/83, Rn. 4, 46 f.

111 *ECCHR et al.*, Communication to the Office of the Prosecutor of the International Criminal Court, 19.11.2021, online abrufbar unter https://www.ecchr.eu/fileadmin/user_upload/Redacted_Art_15__Communication_to_the_ICC_on_crimes_against_refugees_and_migrants_in_Libya.pdf (zuletzt abgerufen am: 22.01.2025).

112 *Shatz/Branco*, Communication to the Office of the Prosecutor of the International Criminal Court, 21.10.2019, online abrufbar unter https://www.statewatch.org/media/documents/news/2019/jun/eu-icc-case-EU-Migration-Policies.pdf (zuletzt abgerufen am: 22.01.2025).

113 Der EGMR ist regelmäßig mit der Frage von Pushbacks befasst. Für einen Überblick über die Rechtsprechung siehe EGMR, Guide on Article 4 of Protocol No. 4 to the European Convention on Human Rights, 29.02.2024, https://ks.echr.coe.int/documents/d/echr-ks/guide_art_4_protocol_4_eng (zuletzt abgerufen am: 22.01.2025); vgl. zu den Fällen in jüngerer Zeit auch *Schmalz*, ZAR 2021, 360; *Lübbe*, EuR 2020, 450; *Czech*, NLMR 2022, 180.

114 *Starr*, Northwestern University Law Review 2007, 1257, 1260 ff.

115 Gründe dafür bei *Starr* (Fn. 114), 1265 ff.

116 *Schulze Wessel* (Fn. 4), 64 ff.

strafrechtliche Einordnung. So können Verstrafrechtlichung von Diskussion und Praxis sich an dieser Stelle gegenseitig bedingen und unterstützen.

Nun ließe sich anbringen, dass so auch hier der Raum für politische Verhandlungen geschlossen wird. Diese Gefahr bestünde durchaus, wenn ein übermäßiger Einsatz von (ggf. unsubstantiierten) strafrechtlichen Vorwürfen erfolgen würde oder Strafausdehnungen in Bereiche, die politisch diskutiert werden, gefordert würden. Der Unterschied zur obigen Konstellation ist jedoch, dass gerade das Völkerstrafrecht bereits das Unverhandelbare schützen will – fundamentale Menschenrechte.[117] Ziel dieser Art von Verstrafrechtlichung ist es daher, diese Grenzen des politisch Verfügbaren aufrecht zu erhalten, nicht sie in den legitimen Diskursraum zu verschieben.

VIII. Fazit

Verstrafrechtlichungen können in einem emotionalisierten Bereich wie dem Migrationsrecht in den vergangenen Jahren in erhöhtem Ausmaß beobachtet werden. Politische Debatten werden ins Strafrecht verschoben und so unterbunden. Diskussionsräume, an denen sich Einzelfälle gegenüber generalisierten Regelungen Raum brechen könnten, laufen Gefahr wegzufallen. Aufenthaltsmöglichkeiten erfahren eine „Vollverrechtlichung". Gerade die außerrechtlichen Einbruchstellen können nun aber auch das sein, was die Legitimität und Akzeptanz der generellen Regelung aufrechterhält. Die Individualität der Betroffenen zu betonen, ihnen eine Stimme zu geben und so eine Vermenschlichung auch in der Verrechtlichung zu ermöglichen, muss in einem Rechtsgebiet, das über ganze Biographien entscheidet, daher immer das Ziel sein. Hier Diskursräume, die genau dies sichern wollen, einseitig zu schließen, erscheint fatal.

Dass die Glaubwürdigkeit der Asylpolitik an mangelnder Konsequenz bei Abschiebungen leide, wird häufig vorgebracht.[118] Angesichts dessen,

---

117 *Marguerritte*, in: Schabas/Bernaz (Hrsg.), Routledge Handbook of International Criminal Law, 2011, S. 435, 436 ff.

118 *Wendt*, Rede v. 29.11.2018, online abrufbar unter https://www.cducsu.de/themen/marian-wendt-abschiebungen-und-rueckfuehrungen-sind-fuer-die-glaubwuerdigkeit-unseres-rechtsstaats-mehr-als-notwendig (zuletzt abgerufen am: 22.01.2025); Zeit Online v. 24.01.2023, online abrufbar unter https://www.zeit.de/politik/ausland/2023-01/migration-eu-kommission-rueckfuehrungen (zuletzt abgerufen am: 22.01.2025).

dass in einer Umfrage fast drei Viertel der Deutschen angegeben haben, für Abschiebungen zu sein,[119] mag das abstrakt stimmen. Das Gegenteil gilt aber auch, wenn die generelle Einstellung konkret auf die Probe gestellt wird: Wo Personen abgeschoben werden, die persönlich starke Bindungen durch Arbeitsplatz oder Gemeindezugehörigkeit entwickelt haben oder die in besonderer Weise vulnerabel sind, erzeugt dies im Umfeld Unverständnis und Kritik.[120] Den Einzelfall nicht aus den Augen zu verlieren, ist daher unerlässlich – auch für die gesellschaftliche Akzeptanz unseres Aufenthaltssystems.

Der Einsatz von Strafrecht ist jedoch nicht nur zulasten Geflüchteter und deren Helfer*innen zu beobachten. Es kann auch Mittel dazu sein, Mindestschutzstandards für Geflüchtete zu sichern. Eine Debatte in der Terminologie des Strafrechts vermag es, Schutzlücken aufzudecken, Aufmerksamkeit auf unterbelichtete Situationen zu lenken und Grenzen des politisch Möglichen zu kommunizieren.

Beide Verstrafrechtlichungstendenzen ziehen in unterschiedliche Richtungen: Während erstere den Blick weg von den konkreten Betroffenen auf generelle Kategorien lenkt, hat die zweitere zum Ziel, die betroffenen Geflüchteten wieder zum Kern der Debatte zu machen und ihre Menschenrechte zu wahren. Wie wir Strafrecht einsetzen, spiegelt in erhöhtem Maße gesellschaftliche Identität wider.[121] Welcher Tendenz wir schlussendlich in dieser „Krise" nachgeben, welche Identität wir unserer Gesellschaft geben, ist eine aktive Entscheidung.

---

119 *Pew Research Center*, Global Attitudes Survey, "Around the World, More Say Immigrants Are a Strength Than a Burden", Spring 2018, S. 11.

120 Statt vieler Beispiele: *Eckl*, Mittelbayerische Zeitung v. 13.03.2024; *Trefz/Flößer*, SWR v. 13.12.2023, online abrufbar unter https://www.swr.de/swraktuell/baden-wuerttemberg/stuttgart/altenpfleger-pflegekraft-asyl-abschiebung-kirchheim-am-neckar-gambia-100.html (zuletzt abgerufen am: 22.01.2025); *Plett*, taz v. 12.08.2021, online abrufbar unter https://taz.de/Kurdischer-Familie-droht-Abschiebung/!5793426/ (zuletzt abgerufen am: 22.01.2025).

121 *Jakobs*, ZStW 1995, 843, 844.

Strafrecht und Krise in Zeiten der Pandemie: Vergehens- und Verbrechenstatbestände in bundesrätlichen Notverordnungen

Linda Bläsi, Basel

I. Einleitung

Am 25.02.2020 bestätigte das Bundesamt für Gesundheit den ersten Fall einer COVID-19-Infektion im Kanton Tessin.[1] Daraufhin entwickelten sich die Ereignisse sehr schnell. Aufgrund der rasant steigenden Infektionszahlen erklärte die Weltgesundheitsorganisation am 11.03.2020 die in China beginnende Epidemie zu einer weltweiten Pandemie.[2] In der Schweiz wurde infolgedessen die „ausserordentliche Lage" ausgerufen und am 16.03.2020 der erste Lockdown verhängt.[3] Um das dynamische Infektionsgeschehen unter Kontrolle zu bringen, erließ der Bundesrat diverse Regelungen, darunter die Verordnung 2 über Maßnahmen zur Bekämpfung des Coronavirus (nachfolgend COVID-19-Verordnung 2), die auch eine Strafbestimmung, die teilweise als Vergehen ausgestaltet war, enthielt.[4] Der Bundesrat beschloss am 27.05.2020 die Rückkehr zur besonderen Lage.[5]

Dieser Beitrag beschäftigt sich mit der Frage, welche Probleme mit der Statuierung von *Freiheitsstrafen*[6] in Vergehens- und Verbrechenstatbestän-

---

1 Online abrufbar unter https://www.bag.admin.ch/bag/de/home/das-bag/aktuell/medienmitteilungen.msg-id-78233.html (zuletzt abgerufen am: 30.08.2024).

2 Online abrufbar unter https://www.nzz.ch/wissenschaft/covid-19-who-erklaert-corona-epidemie-zur-pandemie-ld.1546030 (zuletzt abgerufen am: 30.08.2024).

3 Online abrufbar unter https://www.swissinfo.ch/ger/alle-news-in-kuerze/lockdown--vor-einem-jahr-hat-der-bundesrat-die-schweiz-abgeriegelt/46451438 (zuletzt abgerufen am: 30.08.2024).

4 SR 818.101.24; *Niggli*, Corona-Maßnahmen und Verfassung, Anwaltsrevue 2021, 426, 426.

5 Online abrufbar unter https://www.admin.ch/gov/de/start/dokumentation/medienmitteilungen/bundesrat.msg-id-79268.html (zuletzt abgerufen am: 30.08.2024).

6 Dieser Beitrag widmet sich ausschließlich der Zulässigkeit von Freiheitsstrafen in bundesrätlichen Notverordnungen. Getrennt zu beantworten wäre die Frage, inwiefern Geldstrafen und Bußen zulässig sind. Dabei wäre insbesondere zu thematisieren, dass sowohl Geldstrafen als auch Bußen als Strafen zu qualifizieren sind und gem. Art. 36 StGB bzw. Art. 106 Abs. 2 StGB bei Nichtbezahlung in eine Ersatzfreiheitsstrafe

den in bundesrätlichen Notverordnungen einhergehen. Ihm liegt damit die in der Lehre vorherrschend vertretene Auffassung zugrunde, dass es sich bei der während der außerordentlichen Lage in Kraft befundenen COVID-19-Verordnung 2 um eine bundesrätliche Notverordnung im Sinne von Art. 185 Abs. 3 BV handelte.[7]

umgewandelt werden können. Vgl. zu dieser Problematik auch *Hurtado Pozo/Illánez*, in: Moreillon et al. (Hrsg.), Commentaire romand, Code pénal I, 2. Aufl. (2021), Art. 1 N 22; *Wohlers*, Strafrechtlicher Zwang in der „ausserordentlichen Lage", in: Pärli/Weber-Fritsch (Hrsg.), Symposium #iuscoronae, Rechtswissenschaft in der Corona-Krise, Tagungsband mit Referaten zu Forschungsarbeiten an der Juristischen Fakultät Basel, 2021, S. 59, Rn. 24 f.

7 Botschaft v. 03.12.2010 zur Revision des Bundesgesetzes über die Bekämpfung übertragbarer Krankheiten des Menschen (Epidemiengesetz, EpG), BBl 2011, S. 311, 365: „Diese Bestimmung ist deklaratorischer Natur. Sie wiederholt auf Gesetzesstufe die verfassungsmässige Kompetenz des Bundesrates gemäss Artikel 185 Absatz 3 BV, in ausserordentlichen Situationen ohne Grundlage in einem Bundesgesetz Polizeinotverordnungsrecht zu erlassen."; *Bernard*, La répartition des compétences entre la Confédération et les cantons en situation de pandémie, ZSR Sondernummer – Pandemie und Recht 2020, 55, 58 f.; *Binder et al.*, Der Anwendungsbereich von Art. 6a COVID-19-Verordnung 2, Jusletter v. 06.04.2020, Rn. 6; *Brunner et al.*, Das Coronavirus und die Grenzen des Notrechts, Überlegungen zu einer ausserordentlichen ausserordentlichen Lage, AJP 2020, 685, 693 f.; *Burrichter/Vischer*, Der Vergehenstatbestand nach Art. 10f Abs. 1 der COVID-19-Verordnung 2, forumpoenale 2020, 300, 302 f.; *Ege/Eschle*, Das Strafrecht in der Krise, Eine Untersuchung der Strafbestimmungen in der COVID-19-Verordnung 2 und welche Lehren daraus zu ziehen sind, sui-generis 2020, 279, Rn. 10 f.; *Geiser et al.*, Klärung arbeitsrechtlicher Fragen in Zusammenhang mit dem Coronavirus, Jusletter v. 23.03.2020, Rn. 11; *Gerber*, Wissenschaftliche Evidenz und Corona-Massnahmen des Bundes, Jusletter v. 14.04.2020, Rn. 5; *Graf*, in: Graf (Hrsg.), StGB Annotierter Kommentar, 2020, Art. 1 N 5; *Kuster*, Navigieren auf Sicht, Grundsatzentscheide hinter den Kulissen zu den Notverordnungen des Bundesrates in der Covid-19-Krise, Jusletter v. 15.02.2021, Rn. 48 f.; *Poledna et al.*, Entschädigung von Gesundheitseinrichtungen zu Zeiten der Epidemie und Pandemie, Eine Skizze bestehender und möglicher Entschädigungsgrundlagen mit Blick auf die Corona-Pandemie, ZSR Sondernummer – Pandemie und Recht 2020, 103, 106; *Saxer/Brunner*, in: Ehrenzeller et al. (Hrsg.), Die schweizerische Bundesverfassung, St. Galler Kommentar, Bd. 2, 4. Aufl. (2023), Art. 185 N 125, 131; *Trümpler/Uhlmann*, Problemstellungen und Lehren aus der Corona-Krise aus staats- und verwaltungsrechtlicher Sicht, in: Helbling Lichtenhahn Verlag (Hrsg.), COVID-19, Ein Panorama der Rechtsfragen zur Corona-Krise, 2020, S. 567, § 19 Rn. 6, 8 ff.; *Waldmann*, Staatsrechtliche Herausforderungen, in: Uhlmann/Höfler (Hrsg.), Notrecht in der Corona-Krise, 19. Jahrestagung des Zentrums für Rechtsetzungslehre, 2021, S. 3, 13 f.; kritisch: *Biaggini*, „Notrecht" in Zeiten des Coronavirus – Eine Kritik der jüngsten Praxis des Bundesrates zu Art. 185 Abs. 3 BV, ZBl 2020, 239, 265; a.A.: *Kley*, "Ausserordentliche Situationen verlangen nach ausserordentlichen Lösungen." – Ein staatsrechtliches Lehrstück zu Art. 7 EpG und Art. 185 Abs. 3 BV, ZBl 2020, 268, 273; *Roos/Fingerhut*, COVID-19: Straf- und strafprozessrechtliche Implikationen, in: Helbling Lichtenhahn Verlag (Hrsg.), CO-

Die nachfolgende Untersuchung beschäftigt sich in einem ersten Schritt mit den für die vorliegende Abhandlung notwendigen Grundlagen (II.) und geht im Anschluss zur Frage über, ob Vergehens- und Verbrechenstatbestände in Notverordnungen als zulässig zu erachten sind (III.). Abschließend werden mit Blick auf die im Zusammenhang mit bundesrätlichen Notverordnungen allgemein geltenden Voraussetzungen sowie das Bestimmtheitsgebot ausgewählte Fragen und Probleme aufgeworfen (IV.).

II. Grundlagen

1. Bundesrätliche Notverordnungen

Die schweizerische Bundesverfassung (nachfolgend BV) sieht in Art. 184 Abs. 3 vor, dass der Bundesrat dazu befugt ist, Verordnungen und Verfügungen zu erlassen, wenn dies zur Wahrung der Interessen des Landes erforderlich ist.[8] Des Weiteren kann Art. 185 Abs. 3 BV entnommen werden, dass die Regierung unmittelbar auf diesen Artikel gestützt dazu befugt ist, Verordnungen und Verfügungen zu erlassen, um eingetretene oder unmittelbar drohende schwere Störungen der öffentlichen Ordnung oder der inneren oder äußeren Sicherheit zu begegnen. Auf diese Grundlagen erlassene Verordnungen der Regierung werden bundesrätliche Notverordnungen genannt.[9] Sie sind gemäß ausdrücklichem Wortlaut der beiden Bestimmungen jeweils auf eine bestimmte Dauer zu befristen.

VID-19, Ein Panorama der Rechtsfragen zur Corona-Krise, 2020, S. 875, § 26 N 51; *Verde*, Das Legalitätsprinzip und die Strafnorm Art. 10f Abs. 1 Covid-19-Verordnung 2, Jusletter v. 10.05.2021, Rn. 16, 19; *Zünd/Errass*, Pandemie – Justiz – Menschenrechte, ZSR Sondernummer – Pandemie und Recht 2020, 69, 88 f.

8 Bundesverfassung der Schweizerischen Eidgenossenschaft, SR 101.
Der *Bundesrat* ist die Regierung der Schweiz und die oberste leitende und vollziehende Behörde des Bundes. Der Bundesrat besteht aus sieben Politiker*innen verschiedener Parteien.

9 Statt vieler *Künzli*, in: Waldmann et al. (Hrsg.), Basler Kommentar, Bundesverfassung, 2015, Art. 185 N 26 ff.; *Rechsteiner*, Recht in besonderen und ausserordentlichen Lagen. Unter besonderer Berücksichtigung des Rechts bei Katastrophen, 2016, S. 12 f.; SGK-BV/*Saxer/Brunner* (Fn. 7), Art. 185 N 60 f.; *Trümpler*, Notrecht – Eine Taxonomie der Manifestationen und eine Analyse des intrakonstitutionellen Notrechts de lege lata und de lege ferenda, 2012, S. 110; *Trümpler/Uhlmann* (Fn. 7), § 19 Rn. 4; kritisch zur Verwendung des Terminus „Notrechts" bei intrakonstitutionellem Notrecht: *Biaggini*, BV Kommentar, Bundesverfassung der Schweizerischen Eidgenossenschaft, Orell Füssli Kommentar, 2. Aufl. (2017), Art. 185 N 9; *Brunner et al.* (Fn. 7), 688.

Für den Erlass von bundesrätlichen Notverordnungen ist es gemäß Lehre und Rechtsprechung erforderlich, dass ein relevantes Schutzgut betroffen ist, sachliche als auch zeitliche Dringlichkeit bestehen und die ergriffenen Maßnahmen durch überwiegende öffentliche Interessen gerechtfertigt und verhältnismäßig sind.[10] In diesem Zusammenhang von Bedeutung ist, dass zwischen *extrakonstitutionellem* und *intrakonstitutionellem* Notrecht unterschieden wird.[11] Von *extrakonstitutionellem* Notrecht wird gesprochen, wenn eine qualifizierte außerordentliche Lage (Staatsnotstand) vorliegt, was beispielsweise dann der Fall ist, wenn der Bestand der Schweiz als Staat oder das Überleben der Bevölkerung bedroht ist und die Regierung, gestützt auf eine Vollmacht der Bundesversammlung, mittels Notverordnungen umfassend tätig wird und dabei auch von der Bundesverfassung abweichen kann.[12] Von dieser Kompetenz wurde während des Ersten und Zweiten Weltkriegs Gebrauch gemacht.[13] Dagegen werden bundesrätliche Notverordnungen gestützt auf Art. 184 Abs. 3 bzw. 185 Abs. 3 BV dem *intrakonstitutionellen* Notrecht zugeordnet, da diese ihre Grundlage in der Verfassung selbst haben und den Boden der Verfassung nicht verlassen dürfen.[14] Dies bedeutet, dass die Bundesverfassung und insbesondere die Grundrechte bei den Maßnahmen des intrakonstitutionellen Notrechts grundsätzlich Geltung beanspruchen.[15]

---

10 BGE 123 IV 29, E. 3.a; BGE 122 IV 258, E. 2.a; statt vieler: OFK Kommentar-BV/*Biaggini* (Fn. 9), Art. 185 N 10 ff.; *Brunner et al.* (Fn. 7), 689; *Gonin*, in: Martenet/Dubey (Hrsg.), Commentaire romand, Constitution fédérale, 2021, Art. 185 N 62 ff.; CR-CP/*Hurtado Pozo/Illánez* (Fn. 6), Art. 1 N 21; *Jeanneret*, Légalité, contravention et nouveau droit: des surprises?, RPS 2004, 21, 24 f.; *Lienhard/Zielniewicz*, Zum Anwendungsbereich des bundesrätlichen Notrechts, ZBl 2012, 111, 121 ff.; SGK-BV/*Saxer/Brunner* (Fn. 7), Art. 185 N 94 ff.

11 *Bernard*, Lutte contre le nouveau coronavirus et respect des droits fondamentaux, Sicherheit & Recht 2020, 130, 135 ff.; *Flückiger*, Le droit expérimental, Sicherheit & Recht 2020, 142, 146; CR-CF/*Gonin* (Fn. 10), Art. 185 N 11; BSK-BV/*Künzli* (Fn. 9), Art. 185 N 40; *Lienhard/Zielniewicz* (Fn. 10), 116; kritisch zur Verwendung des Terminus „Notrechts" bei intrakonstitutionellem Notrecht: *Brunner et al.* (Fn. 7), 688.

12 *Bernard* (Fn. 11), 136 f.; *Lienhard/Zielniewicz* (Fn. 10), 116 f.; *Rechsteiner*, Notrecht und mehr, ex ante 1/2019, 38, 43 f.; *Tschannen*, Staatsrecht der Schweizerischen Eidgenossenschaft, 5. Aufl. (2021), Rn. 456 f.

13 *Bernard* (Fn. 11), 136 f.; *Brunner et al.* (Fn. 7), 688; *Kley*, Verfassungsgeschichte der Neuzeit, 4. Aufl. (2020), S. 305 ff., 333 ff.; *Lienhard/Zielniewicz* (Fn. 10), 116 f.

14 *Bernard* (Fn. 11), 136 f.; *Brunner et al.* (Fn. 7), 688 sowie 695 ff. zur Problematik von Massnahmen contra legem und contra constitutionem; *Flückiger* (Fn. 11), 146; BSK-BV/*Künzli* (Fn. 9), Art. 185 N 40; *Lienhard/Zielniewicz* (Fn. 10), 116.

15 *Brunner et al.* (Fn. 7), 688; *Trümpler* (Fn. 9), S. 185 ff.

2. Zum Grundsatz *„nulla poena sine lege“*

Art. 1 des Schweizerischen Strafgesetzbuches (nachfolgend StGB) ist das Legalitätsprinzip zu entnehmen.[16] Gemäß dessen Wortlaut darf eine Strafe oder Maßnahme nur wegen einer Tat verhängt werden, die das Gesetz ausdrücklich unter Strafe stellt. Das Gesetzmäßigkeitsprinzip kennt vier Ausprägungen: nämlich das Verbot des strafbegründenden Gewohnheitsrechts, das Bestimmtheitsgebot, das Rückwirkungsverbot sowie das Analogieverbot.[17] Das Legalitätsprinzip findet eine entsprechende Grundlage ebenfalls im Völkerrecht in Art. 7 der Europäischen Menschenrechtskonvention (nachfolgend EMRK)[18] und genießt laut Art. 5 Abs. 1, 9 und 164 Abs. 1 BV Verfassungsrang. Das Gesetzmäßigkeitsprinzip gehört gemäß Art. 15 Abs. 2 EMRK zu den notstandsfesten Garantien. Dies bedeutet, dass von diesem Prinzip auch in Notstandssituationen nicht abgewichen werden darf.[19]

Art. 1 StGB schweigt sich darüber aus, auf welcher Stufe eine Strafnorm verankert sein muss. Nach einhelliger Auffassung in der Lehre ist ein Gesetz im formellen Sinn mindestens dann erforderlich, wenn Freiheitsstrafen angedroht werden.[20] Das Bundesgericht folgt dieser Auffassung seit einem Leitentscheid aus dem Jahr 1986, in dem es festhielt: „Jede Strafe, welche

---

16 SR 311.0.

17 Ann.Komm.-StGB/*Graf* (Fn. 7), Art. 1 N 1; *Trechsel/Fateh-Moghadam*, in: Trechsel/Pieth (Hrsg.), Praxiskommentar, Schweizerisches Strafgesetzbuch, 4. Aufl. (2021), Art. 1 N 1; vgl. dazu auch *Popp/Berkemeier*, in: Niggli/Wiprächtiger (Hrsg.), Basler Kommentar, Strafrecht, 4. Aufl. (2018), Art. 1 N 24 ff.

18 Konvention zum Schutze der Menschenrechte und Grundfreiheiten, SR 0.101.

19 *Grabenwarter/Pabel*, Europäische Menschenrechtskonvention, Ein Studienbuch, 7. Aufl. (2021), § 24 Rn. 145; *Harrendorf et al.*, in: Meyer-Ladewig et al. (Hrsg.), EMRK, Europäische Menschenrechtskonvention, Handkommentar, 5. Aufl. (2023), Art. 7 N 13; *Stöckli*, Regierung und Parlament in Pandemiezeiten, ZSR Sondernummer – Pandemie und Recht 2020, 9, 25 f.; *Trümpler/Uhlmann* (Fn. 7), § 19 Rn. 8 ff.; vgl. dazu auch: Art. 4 Abs. 2 i.V.m. Art. 14 UNO-Pakt II.

20 *Donatsch et al.*, Strafrecht I, Verbrechenslehre, 10. Aufl. (2022), S. 32; *Graven*, L'infraction pénale punissable, 2. Aufl. (1995), S. 25; *Killias et al.*, Précis de droit pénal général, 4. Aufl. (2016), Rn. 805; *Payer*, L'Ordonnance 2 COVID-19 ne constitue pas une base légale suffisante pour prononcer une peine privative de liberté ou une peine pécuniaire, 06.07.2021, online abrufbar unter https://www.crimen.ch/14// (zuletzt abgerufen am: 30.08.2024), III. Ziff. 2; BSK-StGB/*Popp/Berkemeier* (Fn. 17), Art. 1 N 28; *Stratenwerth*, Schweizerisches Strafrecht, Allgemeiner Teil: Die Straftat, 4. Aufl. (2011), § 4 Rn. 7; PK-StGB/*Trechsel/Fateh-Moghadam* (Fn. 17), Art. 1 N 13; *Wohlers*, in: Wohlers et al. (Hrsg.), Schweizerisches Strafgesetzbuch, Handkommentar, 4. Aufl. (2020), Art. 1 N 3.

einen Freiheitsentzug mit sich bringt, bedarf als schwerer Eingriff in die persönliche Freiheit einer klaren Grundlage in einem formellen Gesetz."[21] Somit ist klar, dass Vergehens- und Verbrechenstatbestände, die gemäß gesetzlicher Definition in Art. 10 Abs. 2 und 3 StGB mit Freiheitsstrafen von mehr als drei Jahren (Verbrechen) bzw. mit Freiheitsstrafen bis zu drei Jahren bedroht sind (Vergehen), einer gesetzlichen Grundlage im formellen Sinn bedürfen und somit durch das Parlament im dafür vorgesehenen Verfahren erlassen werden müssen.

Nach dem eben Ausgeführten stellt sich die Frage, ob im Rahmen von bundesrätlichen Notverordnungen, die sich grundsätzlich an die Verfassung und das Völkerrecht zu halten haben, vom Erfordernis des Gesetzes im formellen Sinn abgewichen werden darf und bundesrätliche Notverordnungen auch Strafbestimmungen mit Freiheitsentzug enthalten dürfen.

III. Zur Zulässigkeit von Verbrechens- und Vergehenstatbeständen in bundesrätlichen Notverordnungen

1. Der Meinungsstand in Rechtsprechung und Lehre

a) Rechtsprechung des Bundesgerichts

Aufgrund der Konflikte in der ehemaligen jugoslawischen Republik erließ der Bundesrat im Jahre 1991 gestützt auf alt Artikel (aArt.) 102 Ziff. 8 BV eine selbstständige Verordnung.[22] Diese bundesrätliche Notverordnung enthielt in Art. 11, welcher den Titel „Vergehen" trug, eine Strafbestimmung, wonach es jugoslawischen Staatsangehörigen unter anderem untersagt war, eine Schusswaffe zu erwerben, in der Öffentlichkeit eine Schusswaffe zu tragen oder mit sich zu führen. Ein allfälliger Verstoß wurde mit Gefängnis oder einer Buße bis zu 100.000 Franken bestraft.[23]

Die Frage nach der Zulässigkeit einer solchen strafrechtlichen Vergehensbestimmung in einer bundesrätlichen Notverordnung lies das Bundes-

---

21 BGE 112 Ia 107, E. 3b; Praxis unter anderem bestätigt in BGE 118 Ia 305, E. 7a; BGE 124 IV 23, E. 1; BGer, Urteil v. 09.12.2022, 6B_22/2022, E. 6.2.3. Das *Bundesgericht* ist die oberste rechtsprechende Behörde der Schweiz. Ein Verfassungsgericht existiert nicht.

22 BGE 123 IV 29, E. 1; BGE 122 IV 258, E. 1.

23 Verordnung über den Erwerb und das Tragen von Schusswaffen durch jugoslawische Staatsangehörige v. 18.12.1991, SR 514.545.

gericht in seinem amtlich publizierten Entscheid BGE 122 IV 258 noch offen.[24] In einem späteren Leitentscheid hatte das Bundesgericht dann aber diese Frage zu klären, da ein jugoslawischer Staatsangehöriger in der Öffentlichkeit eine Schusswaffe auf andere Landsleute gerichtet hatte und daraufhin zu einer bedingt vollziehbaren Gefängnisstrafe von 30 Tagen verurteilt worden war.[25]

In einem ersten Schritt hielt das Bundesgericht fest, dass der Bundesrat unter gewissen Voraussetzungen gestützt auf aArt. 102 Ziff. 8–10 BV befugt ist, Verordnungen zu erlassen. Die darin enthaltenen Anordnungen müssen – wie bereits unter II.1. ausgeführt – notwendig, zeitlich dringlich, durch überwiegende öffentliche Interessen gerechtfertigt und verhältnismäßig sein. Darüber hinaus dürfen sie nicht im Widerspruch zu Erlassen der Bundesversammlung stehen und sie müssen die Grundsätze der Rechtsgleichheit sowie von Treu und Glauben etc. respektieren.[26]

Das Gericht erwog, dass angesichts der Ereignisse im ehemaligen Jugoslawien ernsthaft zu befürchten gewesen sei, dass es auch in der Schweiz zu gewalttätigen Auseinandersetzungen zwischen jugoslawischen Staatsange-

---

24 BGE 122 IV 258, E. 2. Der Kassationshof des Bundesgerichts hat diese Frage in seinem unveröffentlichten Urteil v. 09.05.1996, 6 S.106/1996, ebenfalls offengelassen. Auszugsweise abgedruckt in plädoyer 4/96, 64, 66. Vgl. dazu auch *Gächter*, Selbständiges Verordnungsrecht des Bundesrates und Gesetzesvorbehalt für Freiheitsstrafen, Anmerkung zu BGE 123 IV 29 ff., in: Ackermann (Hrsg.), Strafrecht als Herausforderung, 1999, S. 231, 232 f.

25 BGE 123 IV 29, vgl. zu dieser Thematik bereits BGE 64 I 365, E. 5: „Dass Strafbestimmungen zum Inhalt einer bundesrätlichen Verordnung gemacht werden können, ist anerkannt […]. Wenn die Erzwingung eines Verbotes in anderer Weise nicht möglich ist, muss dessen Übertretung bestraft werden können. Es würde sonst zu seiner Rechtsnatur in Widerspruch treten und zu einer bloss unverbindlichen Einladung erniedrigt werden. Ohne Strafandrohungen konnte auch der Bundesrat das Verbot, die Feindseligkeiten in Spanien zu unterstützen, nicht durchsetzen. Dagegen ist zu prüfen, ob durch Verordnung auch kriminelle Straftatbestände aufgestellt werden dürfen. Die Frage stellt sich für eine Verordnung, die gestützt auf einen Bundesbeschluss ergangen ist, der den Bundesrat zum Erlass krimineller Strafandrohungen ermächtigt und für eine Notverordnung auf Grund ausserordentlicher Vollmachten nicht in gleicher Weise, wie für eine selbständige Verordnung des Bundesrates. Eine gesetzliche Ermächtigung bindet das Bundesgericht. Im Falle der Ausübung des staatlichen Notrechtes galt bisher der Bundesrat ebenfalls als ermächtigt, der Verfassung und den Gesetzen zu derogieren, woraus sich seine Befugnis zum Erlass krimineller Strafdrohungen ergab. Für die übrigen Fälle ist die Lösung eine verschiedene, je nachdem der Erlass des Bundesrates für die Dauer berechnet ist, oder sich als vorübergehende Massnahme darstellt: […]."

26 Zum Ganzen BGE 123 IV 29, E. 3a.

hörigen kommen könnte. Zur Verminderung dieser Gefahr sei ein generelles Verbot des Tragens und Mitführens von Schusswaffen in der Öffentlichkeit durch jugoslawische Staatsangehörige, das nur eine sehr geringfügige Beschränkung von Freiheitsrechten darstelle, gerechtfertigt gewesen. Weil, so das Bundesgericht weiter, im Zeitpunkt der inkriminierten Handlung ungewiss war, in welche Richtung sich die Konflikte im ehemaligen Jugoslawien entwickeln und welche Folgen sie auch in der Schweiz zeitigen würden, sei es angemessen gewesen, ausnahmslos allen jugoslawischen Staatsangehörigen das Tragen und Mitführen von Schusswaffen zu verbieten.[27] Ferner sei dieses generelle Verbot auch geeignet gewesen, den Verkauf sowie den Erwerb von Schusswaffen unter jugoslawischen Staatsangehörigen zu verhindern und damit indirekt die Häufigkeit von Handwechseln und somit das Risiko, dass Schusswaffen in die Hände von jugoslawischen Staatsangehörigen gelangen, welche sie in das Konfliktgebiet ausführen könnten, zu verhindern.[28]

Das Bundesgericht kam zum Schluss, dass die Verordnung über den Erwerb und das Tragen von Schusswaffen für jugoslawische Staatsangehörige zur Zeit der inkriminierenden Handlung den Anforderungen an eine polizeiliche Notverordnung genüge.[29]

In einem zweiten Schritt hatte das Bundesgericht zu beurteilen, ob der Bundesrat befugt ist, in solchen Verordnungen Vergehenstatbestände zu erlassen.[30] Einleitend bestätigt das Bundesgericht zunächst seine Praxis, wonach Strafen, die einen Freiheitsentzug androhen, einen schweren Eingriff in die persönliche Freiheit darstellen und deshalb einer klaren Grundlage in einem formellen Gesetz bedürfen, während für andere Strafen eine Verordnung genügt.[31] Des Weiteren hält das Bundesgericht fest, dass die Frage, ob der Bundesrat unmittelbar gestützt auf aArt. 102 Ziff. 8–10 BV auch Gefängnis androhen kann, bislang ungeklärt sei.[32] Das Bundesgericht gelangt diesbezüglich zur Auffassung, dass der Bundesrat in Verordnungen, die an die Stelle von formellen Gesetzen treten, diejenigen Strafen androhen kann, „welche dem Unwert angemessen sind, das in der Missachtung

27 Zum Ganzen BGE 123 IV 29, E. 3b.
28 Zum Ganzen BGE 123 IV 29, E. 3b.
29 Zum Ganzen BGE 123 IV 29, E. 3b.
30 BGE 123 IV 29, E. 4.
31 BGE 123 IV 29, E. 4a mit Verweis auf BGE 112 Ia 107, E. 3b und BGE 118 Ia 305, E. 7a.
32 BGE 123 IV 29, E. 4b und c ebenfalls unter Verweis auf BGE 112 Ia 107, E. 3b und BGE 118 Ia 305, E. 7a.

der von ihm erlassenen Anordnungen und Verbote liegt, nötigenfalls also auch Gefängnisstrafen".[33]

Mit Blick auf den konkreten Fall hält das Bundesgericht fest, dass das Verbot des Tragens und Mitführens von Schusswaffen durch jugoslawische Staatsangehörige in erster Linie dem Schutz der inneren Sicherheit der Eidgenossenschaft diene, indem auf diese Weise die Gefahr von gewalttätigen Auseinandersetzungen zwischen jugoslawischen Staatsangehörigen in der Schweiz vermindert werde. In Anbetracht der zu schützenden Rechtsgüter, welche durch das verbotene Mitführen und Tragen von Schusswaffen in der Öffentlichkeit gefährdet würden, sei die Androhung einer Gefängnisstrafe angemessen. Im Übrigen könne dieses Verbot gerade gegenüber zu Gewalttätigkeiten bereiten Personen durch die Androhung von Buße oder Haft allein nicht durchgesetzt werden.[34] Ferner müsse namentlich bei Androhung einer Gefängnisstrafe in einer verfassungsunmittelbaren Verordnung des Bundesrates möglichst rasch eine Grundlage in einem formellen Gesetz geschaffen werden.[35]

b) Kritik an der Rechtsprechung des Bundesgerichts

An der eben dargelegten bundesgerichtlichen Rechtsprechung geben verschiedene Dinge Anlass zur Kritik. *Erstens* bestätigt das Bundesgericht seine Praxis, wonach eine Freiheitsstrafe aufgrund ihrer Eingriffsintensität einer Grundlage in einem formellen Gesetz bedürfe, kommt dann aber ohne weiterführende Begründung zum Schluss, dass dies für Gefängnisstrafen in bundesrätlichen Notverordnungen nicht gelten soll.

Zweitens geht aus dem bundesgerichtlichen Urteil nicht unmissverständlich hervor, was unter dem Kriterium der Angemessenheit einer Strafe angesichts des Unwerts der Missachtung der entsprechenden Anordnung zu verstehen bzw. zu prüfen ist. Die diesbezüglichen Ausführungen des Bundesgerichts sind wohl dahin gehend zu verstehen, dass die angedrohte Strafe – wie die Maßnahme an sich – eine Grundrechtseinschränkung

33 BGE 123 IV 29, E. 4c.
34 Zum Ganzen BGE 123 IV 29, E. 4c.
35 BGE 123 IV 29, E. 4d.

darstellt, die mit Ausnahme der genügenden gesetzlichen Grundlage den Voraussetzungen von Art. 36 Abs. 2–4 BV zu entsprechen hat.[36]

Drittens sucht man in den bundesgerichtlichen Erwägungen vergebens nach einer Begründung, weshalb sich das Verbot des Tragens und Mitführens einer Schusswaffe gerade gegenüber zu Gewalttätigkeiten bereiten Personen durch die Androhung von Buße oder Haft allein nicht hätte durchsetzen lassen.

Und *abschließend* ist es zweifelhaft, ob das Kriterium des Bundesgerichts, wonach es bei der Beurteilung der Zulässigkeit von Freiheitsstrafen in bundesrätlichen Verordnungen auf den Umstand ankommen soll, dass möglichst rasch eine Grundlage in einem formellen Gesetz geschaffen wird, verfängt (dazu nachfolgend III.2.d).

c) Lehrmeinungen

Bereits vor der Pandemie gab es in der Lehre – wie beispielsweise nachfolgend *Kolly* – Stimmen, die sich zur Zulässigkeit von Freiheitsstrafen in bundesrätlichen Notverordnungen geäußert haben.[37] Die Diskussion ist im Zuge der Pandemie neu entfacht und nebst der herrschenden Lehre, die Freiheitsstrafen in bundesrätlichen Notverordnungen nach wie vor für zulässig hält (vgl. statt vieler nachfolgend *Burrichter/Vischer* und *Trüm-*

36 Vgl. dazu auch *Ege/Eschle* (Fn. 7), Rn. 8; *Gächter* (Fn. 24), S. 241; *Trümpler* (Fn. 9), S. 175; SGK-BV/*Saxer/Brunner* (Fn. 7), Art. 185 N 130; *Trümpler/Uhlmann* (Fn. 7), § 19 Rn. 11.

37 *Gächter* (Fn. 24), 235 ff., 241 f.; *Hangartner*, Bemerkungen zu BGE 123 IV 29 ff., AJP 1997, 610, 611; *Jenny*, Die strafrechtliche Rechtsprechung des Bundesgerichts im Jahre 1997, ZBJV 1998, 606, 606 ff.; *Kolly*, Selbständige Verordnungen als Grundlage für Freiheitsstrafen, SJZ 1993, 352, 353 f.; *Trechsel et al.*, Schweizerisches Strafrecht, Allgemeiner Teil I, Allgemeine Voraussetzungen der Strafbarkeit, 7. Aufl. (2017), S. 52.

pler/Uhlmann),[38] sind nun in der Lehre auch kritische Meinungen – nachfolgend *Niggli* und *Wohlers* – zu finden.[39]

aa) Kolly

Kolly führt aus, dass die Frage, ob und gegebenenfalls unter welchen Umständen eine selbstständige Verordnung als Grundlage für eine Freiheitsstrafe genügt, ausschließlich aus dem nationalen Recht zu beantworten sei. Zwar garantiere Art. 7 Abs. 1 EMRK den Grundsatz „ohne Strafe kein Gesetz", aber eine Verordnung der Exekutive, ja, sogar ungeschriebenes Recht genüge als gesetzliche Grundlage im Sinne dieser Konventionsbestimmung.[40] Im Lichte der Bundesverfassung sei es gemäß aArt. 102 Ziff. 8 und 10 BV die Aufgabe des Bundesrates, sowohl die Interessen der Eidgenossenschaft nach außen hin zu wahren als auch für die innere Sicherheit der Schweiz sowie die Handhabung von Ruhe und Ordnung zu sorgen. Diese Aufträge müsse der Bundesrat wahrnehmen. Unter Umständen könnten diese Verordnungen nur unter Androhung von Freiheitsstrafen durchgesetzt werden. Ferner nehme der Erlass von Strafbestimmungen in einem formellen Gesetz, sofern sie rasch greifen müssen, aufgrund der langsamen Abläufe in einer halbdirekten Demokratie zu viel Zeit in Anspruch. Die Bundesverfassung könne aber dem Bundesrat nicht Kompetenzen übertragen und ihm dann verunmöglichen, sie wahrzunehmen. Deshalb kommt *Kolly* zum Schluss, dass der aus der Bundesverfassung

38 *Burrichter/Vischer* (Fn. 7), 302 f.; *Donatsch et al.* (Fn. 20), S. 32; *Dupuis et al.*, in: Dupuis et al. (Hrsg.), Petit commentaire, Code pénal, 2. Aufl. (2017), Art. 1 N 11; *Ege/Eschle* (Fn. 7), Rn. 7 ff.; CR-CF/*Gonin* (Fn. 10), Art. 185 N 183 f.; Ann.Komm.-StGB/*Graf* (Fn. 7), Art. 1 N 4 f.; *Jeanneret* (Fn. 10), 24 f.; *Märkli*, Notrecht in der Anwendungsprobe – Grundlegendes am Beispiel der COVID-19-Verordnungen, Sicherheit und Recht 2020, 59, 63; *Märkli/Gut*, Missbrauch von Krediten nach COVID-19-Solidarbürgschaftsverordnung, AJP 2022, 722, 735; *Payer* (Fn. 20), III. Ziff. 2; *Stöckli* (Fn. 19), 25 f.; *Stratenwerth* (Fn. 20), § 4 Rn. 7; *Trümpler/Uhlmann* (Fn. 7), § 19 Rn. 8 ff.

39 *Niggli*, Gastkommentar „Bundesrat darf keine Strafen erlassen", NZZ v. 16.04.2020, S. 7; mit weiteren Ausführungen *Niggli* (Fn. 4), 428 ff.; *Wohlers* (Fn. 6), Rn. 23 f.; *Wohlers et al.*, Strafrecht in Zeiten der Pandemie, Der Einsatz strafrechtlichen Zwangs zur Bekämpfung normwidrigen Verhaltens in „ausserordentlichen" Lagen, 2021, S. 89 f.; ebenfalls eher kritisch: CR-CP/*Hurtado Pozo/Illánez* (Fn. 6), Art. 1 N 21; PK-StGB/*Trechsel/Fateh-Moghadam* (Fn. 17), Art. 1 N 13.

40 *Kolly* (Fn. 37), 353 f. mit weiteren Hinweisen.

abgeleitete Grundsatz „*nulla poena sine lege*" nicht bedeute, dass der Bundesrat in Notverordnungen keine Freiheitsstrafen vorsehen dürfe.[41]

bb) Burrichter/Vischer

Burrichter/Vischer gehen davon aus, dass der Bundesrat befugt gewesen sei, in der COVID-19-Verordnung 2 gewisse Verstöße gegen Maßnahmen der Verordnung mit einem Vergehenstatbestand zu sanktionieren. Sie begründen dies mit dem Umstand, dass die Verfassung dem Bundesrat in Krisensituationen die Befugnis einräume, *praeter legem* (außerhalb des Gesetzes) oder gar *contra legem* (gegen den Wortlaut des Gesetzes) zu legiferieren.[42] Darüber hinaus verweisen sie zur Untermauerung ihrer Auffassung auf die oben ausgeführte bundesgerichtliche Rechtsprechung.[43] Eine vertiefte Auseinandersetzung mit der Zulässigkeit von Freiheitsstrafen in Notverordnungen findet – wie bei vielen anderen Autor*innen[44] – nicht statt.

cc) Trümpler/Uhlmann

Trümpler/Uhlmann halten hinsichtlich der Zulässigkeit von Vergehenstatbeständen fest, dass solche auf den ersten Blick unumgänglich scheinen, um polizeiliche Maßnahmen gegebenenfalls durchzusetzen. Unter Umständen sei die strafrechtliche Sanktionierung entscheidend, um das Ziel des Notrechtshandelnden zu erreichen. Es nütze nichts, Vorschriften aufzustellen, wenn ein Regelungsverstoß nicht geahndet werden könne. Ferner sei es dem Wesen von Art. 185 Abs. 3 BV immanent, dass das Legalitätsprinzip derogiert werde.[45]

Hinsichtlich des Spannungsverhältnisses zwischen Strafnormen in Notverordnungen und dem Grundsatz „*nulla poena sine lege*" als notstandsfeste Garantie nach Art. 7 EMRK halten *Trümpler/Uhlmann* folgendes fest: „[...] offensichtlich beißen sich die mit intrakonstitutionellem Notrecht erlassenen Strafbestimmungen mit dem Grundsatz Keine Strafe ohne Ge-

41 Zum Ganzen *Kolly* (Fn. 37), 353 f.
42 Zum Ganzen *Burrichter/Vischer* (Fn. 7), 303.
43 *Burrichter/Vischer* (Fn. 7), 303.
44 Statt vieler: *Ege/Eschle* (Fn. 7), Rn. 7 ff.; Ann.Komm.-StGB/*Graf* (Fn. 7), Art. 1 N 4 f.; *Jeanneret* (Fn. 10), 24; *Stratenwerth* (Fn. 20), § 4 Rn. 7.
45 Zum Ganzen *Trümpler/Uhlmann* (Fn. 7), § 19 Rn. 10.

setz, weil bei Ersteren von einer zulässigen und unumgänglichen Derogation des Legalitätsprinzips ausgegangen werden muss und bei Letzterem gerade umgekehrt eine Abweichung vom Legalitätsprinzip nicht möglich erscheint."[46] Diesen Widerspruch wollen sie dahin gehend auflösen, dass sie strafrechtliche Bestimmungen in bundesrätlichen Notverordnungen mit genügendem Konnex zu notrechtlichen Maßnahmen in jenen Fällen für zulässig erachten, in welchen die rechtsstaatlichen Erfordernisse sowohl beim Erlass der notrechtlichen Maßnahme als auch bei der ihr zugehörigen notrechtlichen Sanktion eingehalten wurden und darüber hinaus die von Art. 7 EMRK vorausgesetzten qualitativen Erfordernisse der Zugänglichkeit und der Vorhersehbarkeit der Sanktion beachtet bleiben.[47] Diese Auffassung begründen sie im Wesentlichen einerseits mit dem Argument, dass der Europäische Gerichtshof für Menschenrechte (nachfolgend EGMR) in der Vergangenheit für eine Differenzierung beim Gesetzesbegriff offen gewesen sei, und andererseits mit dem Umstand, dass die Berufung auf die polizeiliche Generalklausel vom EGMR – auf jeden Fall außerhalb des strafrechtlichen Kontexts – grundsätzlich akzeptiert und überprüft werde.[48]

dd) Niggli

Niggli vertritt die Auffassung, dass der Bundesrat gestützt auf Art. 183 Abs. 3 BV nicht befugt sei, Strafen zu erlassen, mit der Begründung, dass eine Strafe keine Maßnahme sei und deshalb nichts durchsetze. Dies übernehme die Polizei. Eine Strafe erhebe einen Vorwurf, nämlich den, gegen eine bedeutsame Wertvorstellung verstoßen zu haben. Sie sei eine Reaktion auf diese Verletzung und komme deshalb immer erst danach. Folglich diene die Strafe nicht der Gefahrenabwehr – dies übernehme die Polizei –, sondern der Bekräftigung von Wertvorstellungen. Für Letzteres sei aber weder die Regierung noch die Verwaltung zuständig, sondern der Souverän.[49]

---

46 *Trümpler/Uhlmann* (Fn. 7), § 19 Rn. 11.

47 *Trümpler/Uhlmann* (Fn. 7), § 19 Rn. 11; vgl. dazu auch *Stöckli* (Fn. 19), 25 f.

48 Zum Ganzen *Trümpler/Uhlmann* (Fn. 7), § 19 Rn. 11 unter Verweis auf *Demko*, Keine Strafe ohne Gesetz – Das Gesetzlichkeitsprinzip des Art. 7 EMRK in der Rechtsprechung des EGMR, HRRS 2004, 19, 20 ff., und *Stöckli* (Fn. 19), 25 f.

49 Zum Ganzen *Niggli* (Fn. 39), 7; mit weiteren Ausführungen *Niggli* (Fn. 4), 428 ff.

ee) Wohlers

Wohlers äußert sich gegenüber der in der herrschenden Lehre vertretenen Auffassung, wonach strafrechtliche Bestimmungen in bundesrätlichen Notverordnungen zulässig seien, kritisch. Er vertritt die Meinung, dass es sich bei der Aussage, wonach es der Androhung von Freiheitsstrafen bedürfe, um in bundesrätlichen Notverordnungen statuierte Verhaltensnormen durchzusetzen, um eine bloße Behauptung handle.[50] Ferner führt er an, in außerordentlichen Lagen – also bei Vorliegen eines Polizeinotstands – sei genau jene Situation gegeben, in der die Gefahr bestehe, dass der Bundesrat im Bestreben, der Bedrohungssituation Herr zu werden, über dieses Ziel hinausschieße und Zuwiderhandlungen mit strafrechtlichen Sanktionen belege, die bei besonnener Betrachtung als verfehlt oder überzogen qualifiziert werden müssten.[51] Zu überlegen sei, ob es nicht gerade in Krisensituationen geboten wäre, dass der Gesetzgeber seiner ureigenen Aufgabe nachgehe, nämlich zu entscheiden, welche Verhaltensweisen als strafwürdig einzustufen sind und welche nicht. Stelle man sich auf den Standpunkt, dass die Legislative in derartigen Situationen überfordert sei, hinreichend schnell zu regieren, müsse diese Situation gemäß der Auffassung von *Wohlers* nicht zwangsläufig dahin gehend gelöst werden, dass stattdessen die Exekutive zu reagieren habe. Vielleicht sei es angebrachter, zum Schluss zu kommen, dass diesen Notstandssituationen mit den Mitteln des Strafrechts nicht in angemessener Weise begegnet werden könne.[52]

d) Fazit

Zusammenfassend kann festgehalten werden, dass die herrschende Lehre und Rechtsprechung die Androhung von Freiheitsstrafen in bundesrätlichen Verordnungen im Wesentlichen unter Anführung von vier Argumenten bzw. Voraussetzungen für zulässig halten: *Erstens* sollen Freiheitsstrafen, die üblicherweise eines Gesetzes im formellen Sinne bedürfen, aufgrund der Aufhebung des Gesetzmäßigkeitsprinzips in Art. 184 Abs. 3 bzw. Art. 185 Abs. 3 BV zulässig sein. *Zweitens* seien Freiheitsstrafen in bundesrätlichen Verordnungen gegebenenfalls nötig, um Maßnahmen in

50 *Wohlers* (Fn. 6), Rn. 23; vgl. dazu auch *Wohlers et al.* (Fn. 39), S. 89 f.
51 *Wohlers* (Fn. 6), Rn. 24 f.; vgl. dazu auch *Wohlers et al.* (Fn. 39), S. 89 f.
52 Zum Ganzen *Wohlers* (Fn. 6), Rn. 24 f.; vgl. dazu auch *Wohlers et al.* (Fn. 39), S. 89 f.

einer Krisensituation durchzusetzen. *Drittens* soll das Konventionsrecht der Anordnung von Strafbestimmungen in Notverordnungen nicht entgegenstehen, sofern die vom EGMR im Rahmen von Art. 7 EMRK entwickelten Mindeststandards – wie die Zugänglichkeit und Vorhersehbarkeit – erfüllt sind. *Viertens* wird die Androhung von Freiheitsstrafen auch deshalb als zulässig erachtet, weil die Verordnungen zu befristen sind.[53]

2. Kritische Auseinandersetzung mit der herrschenden Lehre und Rechtsprechung

a) Derogation des Gesetzmäßigkeitsprinzips

Art. 185 Abs. 3 BV sieht vor, dass die Regierung Verordnungen und Verfügungen erlassen darf, um schweren Störungen der öffentlichen Ordnung und Sicherheit zu begegnen. Welche Maßnahmen konkret ergriffen werden dürfen, sagt die Bestimmung nicht und auch die Materialien geben darüber keinen Aufschluss.[54] Dies ist auf den Umstand zurückzuführen, dass Art. 185 Abs. 3 BV bei verschiedensten Bedrohungslagen zur Anwendung gelangen kann und deshalb die möglichen Inhalte der zu treffenden Maßnahmen nicht abschließend aufgezählt werden können.[55] Sie können sowohl belastender – wie z.B. Evakuierungsbefehle, Räumungsbefehle, Verbote, Beschlagnahmen etc. – als auch begünstigender Natur – z.B. Gewährung von Rettungspaketen – sein.[56]

---

53 Dazu auch *Gächter* (Fn. 24), S. 244: „Sofern die ausserordentliche Situation also nicht ohnehin bereits vorüber ist, sollte die maximale Geltungsdauer bundesrätlicher Polizeinotverordnungen irgendwo zwischen wenigen Wochen und einigen Monaten liegen. Sie ist m.E. bedeutend näher bei der für den Erlass dringlicher Gesetzgebung benötigten Zeit anzusiedeln, da diese […] der Bewältigung solcher Situationen dient. Die Dauer ist dabei kürzer zu bemessen, wenn die Verordnungen gewichtige Grundrechtsbeschränkungen mit sich bringen bzw. Freiheitsstrafen androhen. Sofern nicht sofort ersichtlich ist, dass die zu bewältigende Situation nur wenige Tage anhält, hat der Bundesrat in diesen Fällen sofort den Erlass eines (dringlichen) Gesetzes zu initiieren. Die Befristung einer solchen Verordnung hat sich an der (realistisch geschätzten) Dauer bis zum Entscheid des Parlaments zu orientieren.“; *Märkli* (Fn. 38), 65 f.

54 *Materialien* sind jene Dokumente, die zur Entstehung eines Erlasses Auskunft geben.

55 BSK-BV/*Künzli* (Fn. 9), Art. 185 N 8; SGK-BV/*Saxer/Brunner* (Fn. 7), Art. 185 N 129.

56 SGK-BV/*Saxer/Brunner* (Fn. 7), Art. 185 N 129; vgl. dazu auch *Häfelin et al.*, Allgemeines Verwaltungsrecht, 8. Aufl. (2020), Rn. 2644 f.

Die in den Notverordnungen ergriffenen Maßnahmen dienen also der Gefahrenabwehr. Art. 185 Abs. 3 BV wird als eine auf den Bundesrat zugeschnittene *„lex specialis"* zur polizeilichen Generalklausel gesehen.[57] Kraft des zwingenden Charakters des Verwaltungsrechts kennt auch dieses Rechtsgebiet die zwangsweise Durchsetzung von verwaltungsrechtlichen Pflichten.[58] Dem Verwaltungszwang werden sowohl *exekutorische* als auch *repressive* Zwangsmaßnahmen zugeordnet.[59] *Exekutorische* Zwangsmaßnahmen dienen dem Schutz des gesetzmäßigen Zustands vor drohenden Störungen oder streben dessen Wiederherstellung an, wenn die Störung bereits eingetreten ist. Sie dienen damit der unmittelbaren Durchsetzung von verwaltungsrechtlichen Pflichten.[60] Im Gegensatz dazu zielen die *repressiven* Zwangsmaßnahmen darauf ab, die Betroffenen unter Druck zu setzen, sodass sie ihre Obliegenheiten künftig korrekt erfüllen.[61] Unter die letzte Kategorie fallen unter anderem Verwaltungsstrafen,[62] die ebenfalls Freiheitsstrafen vorsehen dürfen, wobei auch hier eine Grundlage im Gesetz im formellen Sinne gefordert wird.[63] Dass das Verwaltungsrecht gleicherweise repressive Sanktionen vorsieht, könnte auf den ersten Blick den Schluss nahelegen, dass der Bundesrat, wie von der herrschenden Meinung angenommen,[64] aufgrund der Derogation des Gesetzmäßigkeitsprinzips in Art. 185 Abs. 3 BV ausnahmsweise tatsächlich befugt ist, Freiheitsstrafen zu erlassen.

Wird aber danach gefragt, welche Maßnahmen im Rahmen der polizeilichen Generalklausel bzw. des Polizeirechts ergriffen werden können, kommen Zweifel an den obigen Ausführungen auf. Ganz grundsätzlich ist festzuhalten, dass es Kernaufgabe der Polizei ist, Maßnahmen zu treffen,

---

57 *Bernet*, Entscheidbesprechung VGer Zürich AN. 2020.0004: Ausfallentschädigung zur Verminderung der wirtschaftlichen Auswirkungen der Corona-Pandemie, AJP 2020, 1057, 1059; BSK-BV/*Künzli* (Fn. 9), Art. 185 N 31; *Lehner*, Notverordnungsrecht, Die Kompetenzen des schweizerischen Bundesrats, des spanischen Ministerrats und des französischen Staatspräsidenten, 2016, S. 17 f.; *Lienhard/Zielniewicz* (Fn. 10), 119 f.; *Trümpler* (Fn. 9), S. 175 f.; SGK-BV/*Saxer/Brunner* (Fn. 7), Art. 185 N 77.

58 *Häfelin et al.* (Fn. 56), Rn. 1440; *Tschannen et al.*, Allgemeines Verwaltungsrecht, 5. Aufl. (2022), Rn. 882, 884.

59 *Häfelin et al.* (Fn. 56), Rn. 1442 ff.; *Tschannen et al.* (Fn. 58), Rn. 887 ff.

60 Zum Ganzen *Häfelin et al.* (Fn. 56), Rn. 1442 f.; *Tschannen et al.* (Fn. 58), Rn. 888.

61 Zum Ganzen *Häfelin et al.* (Fn. 56), Rn. 1444 ff.; *Tschannen et al.* (Fn. 58), Rn. 889.

62 *Häfelin et al.* (Fn. 56), Rn. 1444 ff.; *Tschannen et al.* (Fn. 58), Rn. 889.

63 *Häfelin et al.* (Fn. 56), Rn. 1492.

64 Statt vieler: CR-CF/*Gonin* (Fn. 10), Art. 185 N 183 f.; *Stöckli* (Fn. 19), 25; *Trümpler/Uhlmann* (Fn. 7), § 19 Rn. 8 ff.

um konkrete Gefahren für die öffentliche Sicherheit und Ordnung abzuwehren und eingetretene Störungen zu beseitigen.[65] Repressive polizeiliche Maßnahmen dienen damit der Wiederherstellung des ordnungsgemäßen Zustandes und sind von repressiven Sanktionen (vgl. vorangehender Absatz), welche Druck auf die Pflichtigen ausüben sollen, zu unterscheiden.[66] Dies wiederum legt die Vermutung nahe, dass die Maßnahmen, die gestützt auf Art. 185 Abs. 3 BV ergriffen werden, lediglich der unmittelbaren Beseitigung der Gefahr zu dienen haben.[67]

b) Zur Notwendigkeit von Freiheitsstrafen zwecks Durchsetzung von bundesrätlichen Maßnahmen

Die Idee, wonach bundesrätliche Maßnahmen in Notverordnungen allfällig nur mit der Androhung von Straftatbeständen bzw. mit Freiheitsstrafen durchzusetzen sind, entspringt der generalpräventiven Begründung von Strafen, wonach diese die Gesellschaft vor der Begehung einer Tat abschrecken sollen.[68] Empirische Untersuchungen zur generalpräventiven Wirkung von Strafen sind aufgrund methodischer Probleme schwierig.[69] Dennoch legen die vorhandenen Befunde den Schluss nahe, dass weniger die Schwere der abstrakten Strafandrohung als vielmehr das Entdeckungs- bzw. das Sanktionsrisiko die Kriminalitätsrate beeinflusst.[70] Dies wiederum lässt zumindest an der Wirksamkeit von Vergehens- und Verbrechenstatbeständen in bundesrätlichen Notverordnungen zwecks Durchsetzung zweifeln. Dies gilt umso mehr, als bei Ausbruch einer Pandemie oder einer anderen Gefahr für die öffentliche Sicherheit und Ordnung die Strafjustiz nicht über mehr Kapazitäten verfügt als vor dem Entstehen der Gefahr, was die Wirk-

---

65 *Häfelin et al.* (Fn. 56), Rn. 2546 f., 2576, 2580 ff., 2592 ff.; *Tschannen et al.* (Fn. 58), Rn. 889; vgl. dazu auch *Schweizer/Krebs*, in: Ehrenzeller et al. (Hrsg.), Die schweizerische Bundesverfassung, St. Galler Kommentar, Bd. 2, 4. Aufl. (2023), Art. 136 N 42.

66 *Häfelin et al.* (Fn. 56), Rn. 2592.

67 Vgl. dazu auch *Niggli* (Fn. 39), 7; mit weiteren Ausführungen *Niggli* (Fn. 4), 428.

68 Statt vieler *Donatsch et al.* (Fn. 20), S. 4 f., 9; *Geth*, Strafrecht, Allgemeiner Teil, 7. Aufl. (2021), Rn. 67 ff.; *Stratenwerth* (Fn. 20), § 2 Rn. 20 ff.; *Trechsel et al.* (Fn. 37), S. 19.

69 *Bock*, Kriminologie für Studium und Praxis, 5. Aufl. (2019), Rn. 867; *Singelnstein/Kunz*, Kriminologie, Eine Grundlegung, 8. Aufl. (2021), § 20 N 10 f.

70 *Bock* (Fn. 69), Rn. 868 f.; vgl. dazu auch *Dölling et al.*, Zur generalpräventiven Abschreckungswirkung des Strafrechts: Befunde einer Metaanalyse, Zeitschrift für soziale Probleme und soziale Kontrolle, 2006 Heft 2, 193, 206 f.; *Neubacher*, Kriminologie, 5. Aufl. (2023), § 8 Rn. 10 ff.; *Singelnstein/Kunz* (Fn. 69), § 20 N 12 ff.

samkeit aufgrund des möglicherweise gar geringeren Entdeckungsrisikos zusätzlich infrage stellt.[71]

c) Das Prinzip der Gesetzmäßigkeit in der EMRK

Wie bereits ausgeführt, findet sich das Legalitätsprinzip auch in Art. 7 EMRK und gehört gemäß Art. 15 Abs. 2 EMRK zu den notstandsfesten Garantien. Soweit ersichtlich, hat sich der EGMR bislang nicht zur Zulässigkeit von Vergehens- und Verbrechenstatbeständen in bundesrätlichen Notverordnungen im Lichte von Art. 7 und ggf. Art. 15 Abs. 2 EMRK geäußert. In einer jüngeren Entscheidung hatte die Kammer der 3. Sektion des EGMR die Beschwerde einer Gewerkschaft als zulässig erklärt und das in der COVID-19-Verordnung 2 vorgesehene Versammlungsverbot als unverhältnismäßig erachtet und darin eine Verletzung von Art. 11 EMRK (Versammlungs- und Vereinigungsfreiheit) gesehen.[72] Die Frage, ob die COVID-19-Verordnung 2 eine genügende gesetzliche Grundlage darstellt, lies das Gericht explizit offen.[73] Der EGMR erinnert die Schweiz aber im Rahmen seiner Verhältnismäßigkeitsabwägungen daran, dass es sich bei der drohenden Strafe von bis zu drei Jahren Freiheitsstrafe bei Verletzung des Versammlungsverbots um eine sehr strenge Sanktion handle, deren Verhängung einer besonderen Rechtfertigung bedürfe, und friedliche Demonstrationen grundsätzlich nicht mit Strafe zu bedrohen seien.[74] Darüber hinaus weist der EGMR die Schweiz darauf hin, dass sie nicht den Notstand gem. Art. 15 EMRK ausgerufen habe und folglich ausnahmslos an die Voraussetzungen des Art. 11 Abs. 2 EMRK gebunden sei.[75] Die schweizerische

---

71 *Bläsi*, Grenzen des Strafrechts in Krisenzeiten, fp 2024, 48, 51; dazu auch *Singelnstein/Kunz* (Fn. 69), § 20 N 12 ff.

72 EGMR, Urteil v. 15.03.2022, Communauté genevoise d'action syndicale (CGAS) c. Suisse, Nr. 21881/20.

73 EGMR, Urteil v. 15.03.2022, Communauté genevoise d'action syndicale (CGAS) c. Suisse, Nr. 21881/20, § 79; vgl. dazu auch *Walther*, Europäischer Gerichtshof für Menschenrechte, Urteil 21881/20 v. 15.03.2022 (Verweisung an die Große Kammer), Communauté genevoise d'action syndicale (CGAS) gegen Schweiz, Versammlungsverbot konventionswidrig (COVID-19-Verordnung 2), AJP 2022, 1343, 1345.

74 EGMR, Urteil v. 15.03.2022, Communauté genevoise d'action syndicale (CGAS) c. Suisse, Nr. 21881/20, § 89; vgl. dazu auch *Walther* (Fn. 73), 1345.

75 EGMR, Urteil v. 15.03.2022, Communauté genevoise d'action syndicale (CGAS) c. Suisse, Nr. 21881/20, § 90; vgl. dazu auch *Walther* (Fn. 73), 1345.

Regierung beantragte daraufhin die Verweisung an die Große Kammer,[76] welche mit Urteil vom 27.11.2023 entschied, dass die Beschwerde der Gewerkschaft – entgegen der Auffassung der Kammer der 3. Sektion des EGMR – unzulässig ist, womit eine materielle Prüfung der Rechtmäßigkeit des Versammlungsverbots unterblieb.[77]

In Art. 7 Abs. 1 EMRK findet sich das speziell auf das Strafrecht bezogene Gesetzlichkeitsprinzip, welches die Auslegung der Strafgerichte auf die Vorgaben des demokratisch legitimierten Gesetzgebers begrenzt.[78] Es soll nur ein Verhalten unter Strafe gestellt werden, über dessen Strafbarkeit die Bürger*innen mitentscheiden konnten.[79] Das in Art. 7 EMRK verankerte Prinzip ist als wesentlicher Bestandteil des Rechtsstaats anzusehen und nimmt einen herausragenden Platz im Schutzsystem der Konvention ein, was durch Art. 15 EMRK bekräftigt wird.[80] Dieses Prinzip ist so auszulegen und anzuwenden, dass sein Ziel und Zweck – der wirksame Schutz gegen willkürliche Strafverfolgung, Verurteilung und Bestrafung – garantiert ist.[81] Der Inhalt des Begriffs *law* oder *loi* wird gemäß Rechtsprechung des EGMR ebenso wie der Begriff in anderen Konventionsvorschriften ausgelegt. Darunter fallen nicht nur Gesetze, sondern auch Richterrecht *(case law)*.[82] Mit Blick auf letztere Kategorie ist *Trümpler/Uhlmann* sowie *Kolly* zuzustimmen,[83] dass der EGMR in der Vergangenheit auch ungeschriebenes Recht hat genügen lassen.[84] Im Sinne eines Umkehrschlusses kann daraus aber nicht ohne Weiteres folgen, dass strafrechtliche Bestimmungen in

---

76 EGMR GR, Urteil v. 27.11.2023, Communauté genevoise d'action syndicale (CGAS) c. Suisse, Nr. 21881/20, § 6.

77 EGMR GR, Urteil v. 27.11.2023, Communauté genevoise d'action syndicale (CGAS) c. Suisse, Nr. 21881/20, § 75 ff.; vgl. dazu auch *Seiler*, Europäischer Gerichtshof für Menschenrechte, Große Kammer, 27.11.2023, Urteil 21881/20, Communauté Genevoise d'action syndicale (CGAS) g. Schweiz, ZBl 2024, 133, 140.

78 *Grabenwarter/Pabel* (Fn. 19), § 24 Rn. 150; *Sinner*, in: Karpenstein/Mayer (Hrsg.), EMRK, Konvention zum Schutz der Menschenrechte und Grundfreiheiten, Kommentar, 3. Aufl. (2022), Art. 7 N 11.

79 EMRK-Kommentar/*Sinner* (Fn. 78), Art. 7 N 11.

80 EGMR, Urteil v. 22.11.1995, S.W. v. the United Kingdom, Nr. 20166/92, § 34; vgl. dazu auch *Grabenwarter/Pabel* (Fn. 19), § 24 Rn. 145.

81 EGMR, Urteil v. 22.11.1995, S.W. v. the United Kingdom, Nr. 20166/92, § 34; vgl. dazu auch *Grabenwarter/Pabel* (Fn. 19), § 24 Rn. 145.

82 Statt vieler EGMR, Urteil v. 11.02.2016, Dallas v. the United Kingdom, Nr. 38395/12, § 70; EGMR, Urteil v. 22.11.1995, S.W. v. the United Kingdom, Nr. 20166/92, § 35; *Grabenwarter/Pabel* (Fn. 19), § 24 Rn. 146 und 150; EMRK-HK/*Harrendorf et al.* (Fn. 19), Art. 7 N 13; EMRK-Kommentar/*Sinner* (Fn. 78), Art. 7 N 12.

83 Vgl. vorangehend III.1.c.aa) und cc); dazu auch *Stöckli* (Fn. 19), 25 f.

84 Vgl. dazu auch *Grabenwarter/Pabel* (Fn. 19), § 24 Rn. 150.

Notstandsverordnungen der Regierung zulässig sind, da die Schweiz nicht der Rechtstradition des *common law* folgt.

Der Rückgriff auf ungeschriebenes Recht zur Begründung der Vereinbarkeit von bundesrätlichen Notverordnungen mit Art. 7 Abs. 1 und Art. 15 Abs. 2 EMRK ist wohl ohnehin gar nicht notwendig. Dem Entscheid Kafkaris gegen Zypern ist nämlich in den generellen Ausführungen zu Art. 7 EMRK Folgendes zu entnehmen: „When speaking of law, Article 7 alludes to the very same concept as that to which the Convention refers elsewhere when using that term, a concept which comprises statute law as well as case-law [...]. In this connection, the Court has always understood the term law in its substantive sense, not its formal one. *It has thus included both enactments of lower rank than statutes and unwritten law* (see, in particular, mutatis mutandis, De Wilde, Ooms and Versyp v. Belgium, 18 June 1971, § 93, Series A no. 12). In sum, the law is the provision in force as the competent courts have interpreted it [...]."[85] Diese Entscheidung ist dahin gehend zu verstehen, dass auch eine Verordnung dem Gesetzlichkeitsprinzip genügen kann.[86]

Fraglich ist aber, ob bundesrätliche Notverordnungen den vom EGMR entwickelten qualitativen Erfordernissen des Gesetzlichkeitsprinzips entsprechen. In seiner gefestigten Rechtsprechung verlangt der EGMR, dass das Gesetz zugänglich und die Bestrafung vorhersehbar sein muss.[87] Das bedeutet, dass der oder die Rechtsunterworfene aus dem Wortlaut der Norm – gegebenenfalls auch unter Zuhilfenahme der Auslegung durch die Rechtsprechung – erkennen muss, welche Handlung und Unterlassung strafbar ist.[88] Die Tragweite des Begriffs Vorhersehbarkeit hängt vom Inhalt

85 EGMR, Urteil v. 12.02.2008, Kafkaris v. Cyprus, Nr. 21906/04, § 139.

86 Vgl. dazu auch EMRK-HK/*Harrendorf et al.* (Fn. 19), Art. 7 N 13.

87 EGMR, Urteil v. 12.10.2023, Total S.A. and Vitol S.A. v. France, Nr. 34634/18 und 43546/18, § 52; EGMR, Urteil v. 12.02.2008, Kafkaris v. Cyprus, Nr. 21906/04, § 140; EGMR, Urteil v. 07.02.2002, E.K. v. Turkey, Nr. 28496/95, § 51; EGMR, Urteil v. 11.11.1996, Cantoni v. France, Nr. 17862/91, § 29; *Grabenwarter/Pabel* (Fn. 19), § 24 Rn. 150; EMRK-HK/*Harrendorf et al.* (Fn. 19), Art. 7 N 15; EMRK-Kommentar/*Sinner* (Fn. 78), Art. 7 N 15.

88 EGMR, Urteil v. 12.10.2023, Total S.A. and Vitol S.A. v. France, Nr. 34634/18 und 43546/18, § 53; EGMR, Urteil v. 12.02.2008, Kafkaris v. Cyprus, Nr. 21906/04, § 140; EGMR, Urteil v. 11.11.1996, Cantoni v. France, Nr. 17862/91, § 29; EGMR, Urteil v. 25.05.1993, Kokkinakis v. Greece, Nr. 14307/88, § 52; EMRK-HK/*Harrendorf et al.* (Fn. 19), Art. 7 N 15; EMRK-Kommentar/*Sinner* (Fn. 78), Art. 7 N 15.

des Textes, von seinem Regelungsgegenstand (Rechtsgebiet) sowie von der Anzahl und Status seiner Adressat*innen ab.[89]

Selbstverständlich muss die Frage, ob diese Kriterien erfüllt sind, im Hinblick auf jede einzelne Strafbestimmung in einer bundesrätlichen Notverordnung gesondert geprüft werden. Mit Blick auf eine Pandemie, deren Verlauf sehr dynamisch ist, hat sich aber in der Schweiz mit der COVID-19-Verordnung 2 gezeigt, dass die besagte Regierungsverordnung in den ersten Monaten unzählige Male geändert werden musste, was am Erfordernis der Vorhersehbarkeit zweifeln lässt (vgl. dazu und zum Folgenden IV.2.).[90] Darüber hinaus ist zu bedenken, dass die Strafbestimmung der Verordnung nicht nur eine Blankettnorm war,[91] sondern strafbare Handlungen teilweise als Allgemeindelikte ausgestaltet waren, mithin jede*r Bürger*in sich strafbar machen konnte. Ferner wies die Verordnung unbestimmte und unklare Rechtsbegriffe auf.[92] Dies ist wohl unter anderem dem Umstand geschuldet, dass die Verordnung jeweils unter großem zeitlichen Druck angepasst werden musste.[93] Nach dem Geschilderten ist es zweifelhaft, ob solche Strafbestimmungen im Einzelnen dem Kriterium der Vorhersehbarkeit des EGMR noch ausreichend Rechnung tragen können. Aufgrund der herausragenden Stellung des Gesetzlichkeitsprinzips in einem Rechtsstaat wäre es daher ratsam, in bundesrätlichen Notverordnungen auf Verbrechens- und Vergehenstatbestände, die Freiheitsstrafen vorsehen, zu verzichten.

---

89 EGMR, Urteil v. 20.10.2015, Vasiliauskas v. Lithuania, Nr. 35343/05, § 157; EGMR, Urteil v. 06.10.2011, Soros v. France, Nr. 50425/06, § 53; EGMR, Urteil v. 11.11.1996, Cantoni v. France, Nr. 17862/91, § 35; EMRK-HK/*Harrendorf et al.* (Fn. 19), Art. 7 N 16; EMRK-Kommentar/*Sinner* (Fn. 78), Art. 7 N 17.

90 Vgl. dazu auch *Brunner et al.* (Fn. 7), 686 f.; *Burrichter/Vischer* (Fn. 7), 303; *Ege/Eschle* (Fn. 7), Rn. 24; *Niggli* (Fn. 4), 426; *Wohlers* (Fn. 6), Rn. 40; *Wohlers et al.* (Fn. 39), S. 97 f.

91 Vgl. dazu statt vieler: *Ege/Eschle* (Fn. 7), Rn. 23.

92 Vgl. dazu *Burrichter/Vischer* (Fn. 7), 303 f.; *Ege/Eschle* (Fn. 7), Rn. 22 ff.; *Höfler*, Legistische Herausforderungen, in: Uhlmann/Höfler (Hrsg.), Notrecht in der Corona-Krise: 19. Jahrestagung des Zentrums für Rechtsetzungslehre, 2021, S. 81, 106 ff.; *Niggli* (Fn. 4), 429 f.; *Wohlers* (Fn. 6), Rn. 32 ff.; *Wohlers et al.* (Fn. 39), S. 92 f.

93 Vgl. dazu auch *Cramer*, Wünsche aus der Politik an die Rechtswissenschaft für die Zeit nach der Pandemie, in: Pärli/Weber-Fritsch (Hrsg.), Symposium #iuscoronae, Rechtswissenschaft in der Corona-Krise, Tagungsband mit Referaten zu Forschungsarbeiten an der Juristischen Fakultät Basel, 2021, S. 1, Rn. 6.

d) Die zeitliche Befristung von Notverordnungen

Das Bundesgericht hat mit seiner Rechtsprechung in BGE 123 IV 29 klargestellt (vgl. oben III.1.a), dass insbesondere bei der Androhung von Freiheitsstrafen möglichst rasch eine Grundlage in einem formellen Gesetz geschaffen werden müsse, und bejahte dies im Falle der Verordnung über den Erwerb und das Tragen von Schusswaffen durch jugoslawische Staatsangehörige.[94] Die Schwierigkeiten der Umsetzung zeigte sich exemplarisch nicht zuletzt bei dieser Verordnung: Anstelle einer zügigen Überführung der Verordnung in Gesetzesrecht wurde diese mehrmals um mehrere Jahre verlängert.[95] Die Geltungsdauer der Verordnung betrug insgesamt sieben Jahre.[96]

Seit Inkrafttreten der neuen Bundesverfassung im Jahre 1999 sehen Art. 184 Abs. 3 BV sowie Art. 185 Abs. 3 BV explizit vor, dass bundesrätliche Notverordnungen zu befristen sind. Seit dem Jahr 2011 sieht Art. 7d Abs. 2 des Regierungs- und Verwaltungsorganisationsgesetzes (nachfolgend RVOG) für bundesrätliche Notverordnungen gestützt auf Art. 185 Abs. 3 BV vor, dass eine solche außer Kraft tritt, wenn der Bundesrat der Bundesversammlung nicht innerhalb von sechs Monaten nach ihrem Inkrafttreten einen Entwurf für ein Gesetz oder eine Verordnung gemäß Art. 173 Abs. 1 lit. c BV vorlegt (lit. a), wenn die Bundesversammlung den Entwurf ablehnt (lit. b) oder wenn die sie ersetzenden Gesetze bzw. Notverordnungen der Bundesversammlung in Kraft treten (lit. c).[97] Die Vorlagefrist von sechs Monaten darf aber nicht mit der Geltungsdauer von bundesrätlichen Notverordnungen verwechselt werden, denn für Letztere ist keine Frist vorgesehen.[98]

Der „Ablösungsmechanismus“[99] von Art. 7d Abs. 2 RVOG ist zwar zu begrüßen, lässt aber im Hinblick auf die Geltungsdauer von bundesrätlichen Notverordnungen immer noch relativ viel Spielraum. Denkbar ist beispielsweise, dass der Bundesrat die Geltungsdauer einer bundesrätlichen

94 BGE 123 IV 29, E. 4d.

95 *Gächter* (Fn. 24), S. 245 f.

96 *Gächter* (Fn. 24), S. 245 f.

97 SR 172.010. Diese Bestimmung ist auf eine parlamentarische Initiative aus dem Jahr 2009 zurückzuführen, die ihrerseits als Reaktion auf die notrechtlichen Maßnahmen des Bundesrates unter anderem in der Finanzkrise und die Aktenvernichtung im Fall Tinner erfolgte.

98 *Brunner et al.* (Fn. 7), 699 f.; SGK-BV/*Saxer/Brunner* (Fn. 7), Art. 185 N 132 und 134.

99 Begriff zu finden bei: *Brunner et al.* (Fn. 7), 691.

Notverordnung großzügig ansetzt, dann bei der Ausarbeitung eines Gesetzesentwurfs zuhanden der Bundesversammlung die Maximalfrist von sechs Monaten ausschöpft und sich die Bundesversammlung ihrerseits mit der Behandlung des Geschäfts Zeit lässt. Dies unter Umständen so lange, bis sich die Situation aufgrund von veränderten Umständen selbst erledigt hat.[100] Des Weiteren stellen sich im Zusammenhang von Art. 185 Abs. 3 BV sowie Art. 7d RVOG diverse Fragen: Können Notverordnungen im Notfall verlängert werden, wenn die Geltungsdauer der Verordnung vor der Unterbreitung des Entwurfs an die Bundesversammlung oder vor deren Entscheid abläuft?[101] Darf die Regierung die Notverordnung während laufender Vorlagefrist ergänzen oder abändern und beginnt in einem solchen Fall die Frist von Neuem zu laufen?[102]

Dass der aufgezeigte Spielraum sowie die eben aufgeworfenen Fragen nicht unberechtigt sind, zeigt die Verordnung vom 02.10.2000 über Maßnahmen gegenüber den Taliban (Afghanistan),[103] welche gemäß Lehre über einen Zeitraum von mehr als einem Jahrzehnt eine notrechtliche Grundlage hatte und ebenfalls Strafbestimmungen enthielt.[104]

Mit Blick auf Freiheitsstrafen in bundesrätlichen Notverordnungen bedeutet dies, dass sie unter Umständen trotz der in Art. 185 Abs. 3 BV vorgesehenen Befristung und des „Ablösungsmechanismus" in Art. 7d Abs. 2 RVOG relativ lange Geltung haben können, was zumindest bedenklich erscheint.

e) Fazit

Das Argument, wonach der Bundesrat aufgrund der in Art. 185 Abs. 3 BV vorgesehenen Derogation des Gesetzmäßigkeitsprinzips zur Absicherung der Maßnahmen ohne weiterführende Begründung in Vergehens- und Verbrechenstatbeständen auch Freiheitsstrafen vorsehen darf, vermag nur

100 Vgl. zum Ganzen *Brunner et al.* (Fn. 7), 700, die dieses Vorgehen als nicht zulässig bezeichnen.

101 Dazu *Brunner et al.* (Fn. 7), 700; vgl. auch SGK-BV/*Saxer/Brunner* (Fn. 7), Art. 185 N 135 f.

102 Dazu SGK-BV/*Saxer/Brunner* (Fn. 7), Art. 185 N 137.

103 SR 946.203.

104 *Biaggini*, „Ausserordentliche Umstände" – oder: Gefangen in der „Notrechts-Falle"?, ZBl 2012, 109, 109 f.; statt vieler: OFK Kommentar-BV/*Biaggini* (Fn. 9), Art. 185 N 10b; *Brunner et al.* (Fn. 7), 700; SGK-BV/*Saxer/Brunner* (Fn. 7), Art. 185 N 132 und 166 f.

begrenzt zu überzeugen. Das Verwaltungsrecht kennt zwar zur Durchsetzung von verwaltungsrechtlichen Pflichten die Sanktion der Freiheitsstrafe; wird die bundesrätliche Notverordnungskompetenz aber als *lex specialis* zur polizeilichen Generalklausel gesehen, wirft dies zumindest die Frage auf, ob die ergriffenen Maßnahmen nicht ausschließlich der unmittelbaren Gefahrenabwehr zu dienen haben.[105] Hinzu kommt, dass zumindest aus kriminologischer Sicht an der Wirksamkeit und damit auch an der zwingenden Notwendigkeit von Vergehens- und Verbrechenstatbeständen zwecks Durchsetzung bundesrätlicher Maßnahmen in Notverordnungen gezweifelt werden kann.[106] Zwar sind die in Art. 184 Abs. 3 BV und Art. 185 Abs. 3 BV vorgesehene Befristung sowie der für Art. 185 Abs. 3 BV vorgesehene „Ablösungsmechanismus" zu begrüßen, sie können aber nicht verhindern, dass Vergehens- und Verbrechenstatbestände in bundesrätlichen Notverordnungen unter Umständen relativ lange in Kraft sind.[107] Wird das Legalitätsprinzip und damit auch das Erfordernis der gesetzlichen Grundlage im formellen Sinne als wesentlicher Bestandteil eines demokratischen Rechtsstaates ernst genommen und soll der viel postulierten Auffassung der Strafe als *ultima ratio* konsequent nachgelebt werden,[108] so ist es nicht wirklich nachvollziehbar, weshalb Verbrechens- und Vergehenstatbestände in bundesrätlichen Notverordnungen zulässig sein sollen.

Im Hinblick auf die Vereinbarkeit von Strafbestimmungen in bundesrätlichen Notverordnungen mit dem notstandsfesten Legalitätsprinzip gemäß Art. 7 und 15 EMRK lässt sich festhalten, dass der EGMR in seinen allgemeinen Ausführungen zu eben dieser Garantie festgehalten hat, dass im Rahmen der EMRK von einem materiellen Gesetzesbegriff auszugehen ist und damit auch Erlasse unterhalb des formellen Gesetzes dem Gesetzgebungsbegriff zu genügen haben. Daraus folgt, dass bundesrätliche Notverordnungen wohl dem Gesetzmäßigkeitsprinzip entsprechen, sofern die weiteren qualitativen Kriterien des EGMR an das Gesetzlichkeitsprinzip erfüllt sind. Wie bereits angedeutet und noch aufzuzeigen sein wird (vgl.

105 Vgl. dazu vorangehend III.2.a).

106 Vgl. dazu vorangehend III.2.b).

107 Vgl. dazu vorangehend III.2.d).

108 Zum Begriff und der Problematik der Strafe als *ultima ratio* vgl. *Wohlers*, Strafrecht als ultima ratio – tragender Grundsatz eines rechtsstaatlichen Strafrechts oder Prinzip ohne eigenen Aussagegehalt?, in: v. Hirsch et al. (Hrsg.), Mediating Principles, Begrenzungsprinzipien bei der Strafbegründung, 2006, S. 54, 54 ff.

nachfolgend IV.), ist aber genau dies aufgrund des dynamischen Verlaufs einer Pandemie zweifelhaft.[109]

Trotz dieses Befunds sollen noch einige ausgewählte Gesichtspunkte zu den von der Lehre und Rechtsprechung entwickelten, allgemeinen Zulässigkeitsvoraussetzungen von bundesrätlichen Notverordnungen und zum strafrechtlichen Bestimmtheitsgebot angebracht werden.

IV. Ausgewählte Gesichtspunkte zu den Zulässigkeitsvoraussetzungen und zum Bestimmtheitsgebot

1. Zu den Zulässigkeitsvoraussetzungen von bundesrätlichen Notverordnungen und deren Strafbestimmungen

Einleitend ist festzuhalten, dass für die Beurteilung der Zulässigkeit einer Maßnahme und der damit verbundenen Strafbestimmung auf den Zeitpunkt der inkriminierten Handlung abzustellen ist.[110]

In einem ersten Schritt wird verlangt, dass ein relevantes Schutzgut betroffen ist.[111] Im Zuge einer Pandemie ist dies unter anderem die öffentliche Gesundheit.[112] Welche Güter im Einzelnen als relevante Schutzgüter erachtet werden, ist aber in der Lehre umstritten.[113] Darüber hinaus muss sowohl sachliche als auch zeitliche Dringlichkeit bestehen. Eine Pandemie bezeichnet eine neue, aber zeitlich begrenzt in Erscheinung tretende, weltweit starke Ausbreitung einer Infektionskrankheit mit hohen Erkrankungszah-

109 Vgl. dazu vorangehend III.2.c).

110 Vgl. dazu SGK-BV/*Saxer/Brunner* (Fn. 7), Art. 185 N 99: „Diese Anwendungsvoraussetzungen sind konstitutive Dauervoraussetzungen, das heisst, sie müssen während der Dauer der Massnahme immer erfüllt sein. Der Bundesrat hat die Pflicht zur laufenden Überprüfung der Voraussetzungen, insbesondere wenn neue Erkenntnisse vorliegen." Mit Verweis auf BGE 147 I 450, E. 3.2.7 für kantonale Maßnahmen.

111 Vgl. vorangehend Verweise in Fn. 10.

112 *Ege/Eschle* (Fn. 7), Rn. 17.

113 Vgl. zu diesem Diskurs SGK-BV/*Saxer/Brunner* (Fn. 7), Art. 185 N 103 ff. mit weiteren Hinweisen: Strittig ist unter anderem, ob nur die sog. Polizeigüter relevante Schutzgüter sind und wenn ja, wie der Begriff des Polizeiguts definiert wird. Diese Fragen stellten sich im Zusammenhang mit der Coronakrise insbesondere mit den bundesrätlichen Notverordnungen, die sozial-, kultur- oder wirtschaftspolitische Maßnahmen enthielten und die Folgen der gesundheitspolizeilichen Maßnahmen abfedern sollten. Diese Maßnahmen werden auch als Sekundärmaßnahmen bezeichnet.

len und in der Regel auch mit schweren Krankheitsverläufen.[114] Aufgrund des Umstandes, dass sich Pandemien wegen der Globalisierung rasch ausbreiten und gegebenenfalls aufgrund fehlender Forschung entsprechende Erkenntnisse und Medikamente nicht verfügbar sind, wird – wie Covid gezeigt hat – insbesondere in der Anfangsphase von einer erheblichen und schwerwiegenden Störung der öffentlichen Gesundheit auszugehen sein (sachliche Dringlichkeit), welche ein rasches Handeln erfordert.[115] Die zeitliche Dringlichkeit ist gegeben, wenn der Erlass von gesetzlichen Normen auf dem Weg der ordentlichen oder dringlichen Rechtssetzung aufgrund von deren Langsamkeit versagen bzw. zu spät kommen würden.[116] Die Voraussetzung der zeitlichen und sachlichen Dringlichkeit wird damit zu Beginn einer Pandemie regelmäßig gegeben sein.

Des Weiteren muss – wie bereits zu Beginn dieser Abhandlung ausgeführt[117] – sowohl die gewählte Maßnahme als auch deren Sanktion dem Verhältnismäßigkeitsprinzip i.w.S. Rechnung tragen. Das bedeutet, dass die Maßnahme bzw. die angedrohte Strafe zur Erreichung des gewünschten Ziels bzw. zur Beseitigung der Gefahr geeignet, erforderlich und angemessen (verhältnismäßig i.e.S.) sein muss.[118] Betreffend der Geeignetheit bzw. Wirksamkeit von strafrechtlichen Normen zwecks Durchsetzung einer Maßnahme kann auf die obigen Ausführungen verwiesen werden.[119]

Hinsichtlich der Beurteilung der Erforderlichkeit einer Strafnorm in Pandemiezeiten könnten folgende Überlegungen maßgeblich sein: Die erste Frage ist, ob die geltende Rechtsordnung nicht bereits genügend strafrechtliche Normen kennt, um einer solchen Gefahr zu begegnen.[120] Eine weitere Überlegung ist, ob die große Wahrscheinlichkeit, sich bei risikoreichem Verhalten mit einer unter Umständen schwer verlaufenden Krankheit mit Todesfolge anzustecken, nicht bereits genügend Abschreckungswirkung entfaltet. Dies gilt insbesondere zu Beginn einer Pandemie, wenn die Fol-

114 *Kiehl*, Infektionsschutz und Infektionsepidemiologie, Fachwörter – Definitionen – Interpretationen, Robert Koch-Institut, 2015, S. 99.

115 Vgl. dazu auch *Burrichter/Vischer* (Fn. 7), 303; zum Erfordernis der sachlichen Dringlichkeit: SGK-BV/*Saxer/Brunner* (Fn. 7), Art. 185 N 116 ff.

116 *Lienhard/Zielniewicz* (Fn. 10), 128 f.; SGK-BV/*Saxer/Brunner* (Fn. 7), Art. 185 N 120 ff.

117 Vgl. dazu vorangehend II.1.

118 Statt vieler: SGK-BV/*Saxer/Brunner* (Fn. 7), Art. 185 N 130; vgl. auch Verweise in Fn. 10 und 36.

119 Vgl. dazu vorangehend III.2.b).

120 Vgl. dazu *Lienhard/Zielniewicz* (Fn. 10), 130; SGK-BV/*Saxer/Brunner* (Fn. 7), Art. 185 N 123.

gen einer möglichen Infektion noch nicht geklärt sind. Es liegt aber die Vermutung nahe, dass dieser Effekt über die Zeit nachlässt. Darüber hinaus ist die Frage, ob eine strafrechtliche Sanktion notwendig ist, unter Berücksichtigung sämtlicher getroffener Maßnahmen zu beurteilen. Mit Blick auf eine Pandemie bedeutet dies, dass insbesondere zu überprüfen ist, ob allfällige Sekundärmaßnahmen,[121] die der Abfederung von gesundheitspolizeilich motivierten Maßnahmen dienen, nicht bereits ausreichen, um die Akzeptanz und damit die Einhaltung der Primärmaßnahmen zu erhöhen bzw. sicherzustellen. Ferner ist zu fragen, ob eine mildere Bestrafung – also eine Buße – genügt, zumal härtere Strafen – wie bereits ausgeführt – nicht zwingend zu weniger Delinquenz führen.[122] In diesem Zusammenhang gilt es zu bedenken, dass Bußen im schweizerischen Rechtssystem – anders als Geld- und Freiheitsstrafen – gemäß Art. 106 StGB nicht bedingt ausgesprochen werden können, und es deshalb denkbar ist, dass sie trotz geringerer Eingriffsintensität gerade bei dem/der durchschnittlich verdienenden Bürger*in größere Wirkung entfalten.

Sind eine Maßnahme und die damit verbundene Strafe sowohl geeignet als auch erforderlich, muss abschließend geklärt werden, ob diese angesichts der konkret drohenden Gefahr verhältnismäßig i.e.S. sind.[123]

Nach dem eben Ausgeführten und vor dem Hintergrund, dass es sich bei den Strafnormen in bundesrätlichen Notverordnungen in Zeiten der Pandemie überwiegend um Gefährdungsdelikte handeln wird,[124] kann gesagt werden, dass für die Beurteilung der Angemessenheit der Strafe insbesondere die drei folgenden Parameter entscheidend sind: das Ausmaß der Gefährdung des zu schützenden Rechtsguts, das Maß der Vorverlagerung der Strafbarkeit und die Höhe der angedrohten Sanktion, wobei sich folgende Problematik ergibt: Je größer die Gefährdung des Rechtsguts – bei einer Pandemie die öffentliche Gesundheit –, desto weiter lässt sich die Vorverlagerung der Strafbarkeit rechtfertigen, aber je weiter vorgelagert die Strafbarkeit ist, desto weniger lässt sich eine hohe Sanktion rechtfertigen. Dies hat zur Folge, dass sich in der Regel auch bei großer Gefahr schwere Strafandrohungen für Verhaltensweisen wie Ausgangssperren, Nichteinhaltung von Schutzkonzepten, generelle Versammlungsverbote und dergleichen kaum rechtfertigen lassen.

---

121 SGK-BV/*Saxer/Brunner* (Fn. 7), Art. 185 N 181 ff.

122 Vgl. vorangehend III.2.b).

123 Vgl. dazu vorangehend II.1.a).

124 Vgl. *Burrichter/Vischer* (Fn. 7), 301 betreffend Art. 10f Abs. 1 der COVID-19-Verordnung 2; *Ege/Eschle* (Fn. 7), Rn. 21.

2. Mögliche Probleme mit Blick auf das Bestimmtheitsgebot

Nachfolgend soll in aller Kürze auf drei ausgewählte Probleme im Zusammenhang mit dem Bestimmtheitsgebot in bundesrätlichen Notverordnungen in Zeiten der Pandemie eingegangen werden: nämlich die unbestimmten Rechtsbegriffe, die Regelungstechnik der Blankettstrafnorm sowie die Konkretisierung von Strafnormen durch Empfehlungen der Verwaltung.

Wie bereits erläutert,[125] ist das Bestimmtheitsgebot *(nulla poena sine lege certa)* Teilgehalt des Legalitätsprinzips und verlangt eine hinreichend genaue Umschreibung der Straftatbestände.[126] Dies bedeutet, dass ein Gesetz so präzise formuliert sein muss, dass der/die Bürger*in sein/ihr Verhalten danach richten und die Folgen eines bestimmten Verhaltens mit einem den Umständen entsprechenden Grad an Gewissheit erkennen kann.[127] Die während der Pandemie erlassene Notverordnung enthielt teilweise unbestimmte Rechtsbegriffe.[128] Dies ist unter anderem auf den Umstand zurückzuführen, dass – und dies liegt in der Natur der Sache – die Notverordnung innerhalb kürzester Zeit erlassen und angepasst werden musste. Gute Gesetzgebung und die damit verbundene sprachliche Präzision brauchen aber Zeit.[129] Hinzu kommt die Problematik, dass es bei Strafbestimmungen in bundesrätlichen Notverordnungen an einer gefestigten Verwaltungspraxis bzw. einer strafgerichtlichen Rechtsprechung, an welcher sich der/die Rechtsunterworfene zwecks Auslegung der unbestimmten Rechtsbegriffe orientieren könnte, fehlt.[130] Diese Umstände sind dem Bestimmtheitsgebot nicht zuträglich.

Des Weiteren bediente sich die Regierung der Regelungstechnik der Blankettstrafnorm.[131] Diese Gesetzgebungstechnik ist insbesondere für das Nebenstrafrecht üblich und bedeutet, dass sich das strafbare Verhalten nicht aus der Norm selbst ergibt, sondern erst aus dem Zusammenspiel

125 Vgl. dazu vorangehend II.2.

126 Ann.Komm.-StGB/*Graf* (Fn. 7), Art. 1 N 5; PK-StGB/*Trechsel/Fateh-Moghadam* (Fn. 17), Art. 1 N 1; vgl. dazu auch BSK-StGB/*Popp/Berkemeier* (Fn. 17), Art. 1 N 24 ff.

127 BGE 117 Ia 472, E. 3.e; BGE 119 IV 242, E. 1.c; BGE 138 IV 13, E. 4.1; BGE 141 IV 279, E. 1.3.3.

128 *Burrichter/Vischer* (Fn. 7), 303 f., 305; *Ege/Eschle* (Fn. 7), Rn. 24 f.; *Niggli* (Fn. 4), 429 f.; *Wohlers* (Fn. 6), Rn. 32 ff.; *Wohlers et al.* (Fn. 39), S. 92 f.

129 *Uhlmann/Hunkemöller*, Rechtsetzungslehre, ius.full 2022, 2, 3 f.

130 *Ege/Eschle* (Fn. 7), Rn. 26; *Wohlers* (Fn. 6), Rn. 36; *Wohlers et al.* (Fn. 39), S. 94 f.

131 *Ege/Eschle* (Fn. 7), Rn. 23 f.; *Wohlers* (Fn. 6), Rn. 30.

mit einer blankettausfüllenden Norm, auf welche explizit oder implizit verwiesen wird.[132] Diese Gesetzgebungstechnik bietet sich insbesondere bei einer Regelungsmaterie an, die großen Veränderungen unterliegt.[133] Unter dem Aspekt des Bestimmtheitsgebotes ist sie aber nicht unproblematisch, da unter anderem sichergestellt werden muss, dass klar ist, auf welche Norm verwiesen wird und die Verweisungskette nicht zu lang bzw. zu unübersichtlich ist.[134] An zusätzlicher Komplexität gewinnt die Materie, wenn – wie die Coronapandemie gezeigt hat – bundesrätliche Notverordnungen innerhalb kürzester Zeit mehrfach geändert werden müssen und es aufgrund dessen für die Rechtsunterworfenen schwierig ist, den Überblick über die strafbaren Verhaltensweisen zu bewahren.[135]

Abschließend ist auf eine dritte Thematik hinzuweisen: Die Regierung ist oft nicht hinreichend kompetent, um Empfehlungen bzw. Richtlinien, die besondere Fachkenntnisse erfordern, selbst zu erlassen. Dies führt dazu, dass diese Aufgabe gegebenenfalls an untergeordnete Dienststellen delegiert wird.[136] Problematisch ist, wenn die Strafbestimmung auf diese Empfehlungen bzw. Richtlinien Bezug nehmen und der Verstoß gegen eben diese für strafbar erklärt wird. Dies aus zwei Gründen: *Erstens* handelt es sich um eine Außenverweisung, die gegebenenfalls dynamischer Natur ist, womit die aktuell geltenden Richtlinien bzw. Empfehlungen schwer auffindbar sein können.[137] *Zweitens* ermöglicht ein solcher Verweis den dem Bundesrat untergeordneten Bundesbehörden, strafrechtliche Tatbestände mitzugestalten, was die Idee der Notverordnung vollständig zu untergraben droht.[138]

Die aufgezeigten Problematiken verschärfen sich, wenn es sich bei den Maßnahmen und den damit verbundenen Strafbestimmungen nicht um ein sog. „Expertenstrafrecht" handelt, also um einen Adressatenkreis, der

132 *Eicker*, Zur Ermittlung des Bestimmtheitsgefälles von Strafvorschriften im Nebenstrafrecht, ZStrR 2014, 168, 176 ff.; *Jetzer*, Das Bestimmtheitsgebot im Kartellstrafrecht am Beispiel der Entscheide Swisscom und Publigroupe, recht 2013, 169, 172.

133 Vgl. dazu *Eicker* (Fn. 132), 177 f.; *Jetzer* (Fn. 132), 172.

134 PK-StGB/*Trechsel/Fateh-Moghadam* (Fn. 17), Art. 1 N 20; HK-StGB/*Wohlers*, Art. 1 N 3.

135 *Burrichter/Vischer* (Fn. 7), 303; *Ege/Eschle* (Fn. 7), Rn. 24.

136 Die COVID-19-Verordnung 2 nahm beispielsweise Bezug auf die Empfehlungen des Bundesamtes für Gesundheit (BAG) betreffend Hygiene und soziale Distanz oder die Schutzkonzepte, die durch das BAG in Zusammenarbeit mit dem Staatssekretariat für Wirtschaft (SECO) festgelegt wurden.

137 Vgl. dazu auch *Ege/Eschle* (Fn. 7), Rn. 25.

138 Vgl. dazu auch *Burrichter/Vischer* (Fn. 7), 303; *Ege/Eschle* (Fn. 7), Rn. 25; *Payer* (Fn. 20), III. Ziff. 3.

mit einer gewissen Fachkompetenz ausgestattet ist,[139] sondern sich Strafbestimmungen an die breite Bevölkerung und damit an einen sehr weiten Adressatenkreis richten.

V. Schlussfolgerung

Der dynamische Verlauf einer Pandemie stellt die Regierung in rechtssetzungstechnischer Hinsicht insbesondere mit Hinblick auf Strafbestimmungen in bundesrätlichen Notverordnungen vor kaum lösbare Herausforderungen. Angesichts des Bedeutungsgehalts des Legalitätsprinzips für das Strafrecht sollte der Bundesrat deshalb zukünftig auf die Statuierung von Freiheitsstrafen mittels Vergehens- und Verbrechenstatbeständen verzichten. Es gilt anzuerkennen, dass das Strafrecht nur begrenzt geeignet ist, Krisen wie eine Pandemie zu bewältigen. Auch wenn der Rückgriff auf Freiheitsstrafen angesichts der drohenden Gefahr und dem mit der Angst verbundenen Ohnmachtsgefühl nachvollziehbar ist, bleibt das Strafrecht – wie es dem Begriff der Ohnmacht bereits innewohnt – staatliche Machtausübung, die auch in Krisenzeiten der Begrenzung bedarf.

139 Vgl. zum „Expertenstrafrecht" im Allgemeinen *Satzger*, Internationales und Europäisches Strafrecht, 10. Aufl. (2022), § 9 Rn. 75; dazu auch *Petzsche*, Die Verweisung auf EU-Rechtsakte im Umweltstrafrecht des StGB, NZWiSt 2015, 210, 213.

Teil 4:
Krise und Strafrechtskritik

Die Gegenwärtigkeit der Notwehr und die Wut, die bleibt[1]: Häusliche Gewalt und eine feministische Kritik des Notwehrrechts

Laura Midey, Köln

I. Einleitung

Feministisch-kritische Strafrechtswissenschaft beschäftigt sich primär mit der Kriminalisierung und Verfolgung von Gewalt gegen Frauen (II). Die „Haustyrannen"-Rechtsprechung bringt aber auch den Umgang des Strafrechts mit Gewaltausübung durch Frauen in den Vordergrund (III). Der Beitrag kritisiert, dass mit der Lösung der „Haustyrannen"-Fälle über § 35 StGB die Verantwortlichkeit der Täter für die Konfliktsituation strukturell ausgeblendet und die Opfer überproportional zugunsten des staatlichen Interesses an friedlicher Konfliktlösung in die Pflicht genommen werden (IV). Das widerspricht dem Grundgedanken der Legitimierung privater Gewaltanwendung i.S.d. § 32 StGB – Individualschutz als Antwort auf den rechtswidrigen Angriff einer anderen Person (V). Dabei bestehen im Rahmen des geltenden Strafrechts Möglichkeiten, häusliche Gewalt sowie Grund und Grenzen für Selbstverteidigungsstrategien gegen sie präzise zu fassen (VI und VII). Der Beitrag schließt mit der These, dass staatliche Schutzeinrichtungen sowohl für Opfer häuslicher Gewalt als auch im Sinne von Täterarbeitsprogrammen zur Prävention von häuslicher Gewalt eine wichtige Parallelstruktur zum strafrechtlichen Notwehrrecht bilden, es aber nicht ersetzen können (VIII).

1 Für Titel und Inspiration: *Fallwickl*, Die Wut, die bleibt, Rowohlt, 2022. Z.B. „Denn als man ihnen damals gesagt hat, es würde ihnen schon nicht schaden, klein beizugeben, sich zu entschuldigen, nicht aufzumucken, den Kopf einzuziehen, woher wollten sie das wissen? Vielleicht hat es ihnen geschadet." (S. 298).

II. Feministisch-kritische Strafrechtswissenschaft und Kriminalisierung

1. Häusliche Gewalt als Krise

„Bleibt zu Hause, lautete das Mantra der Politiker zu Anfang der Pandemie. Für manche Frau aber lauerte genau dort die Gefahr."[2] Ist die Parallele zwischen Covid-19-Pandemie, Lockdowns und häuslicher Gewalt offensichtlich,[3] besteht sie auch in Bezug auf jede andere Krise, die im Rahmen des 10. Symposiums Junges Strafrecht diskutiert wurde: Steigende Zahlen häuslicher Gewalt begleiten politische Unruhen, Wirtschaftskrisen, „Krisen" im Rahmen von Migration und Flucht und auf den Klimawandel zurückzuführende „Krisen".[4] Insofern gilt: Häusliche Gewalt ist eine Krise an sich, die durch gesellschaftliche Großereignisse jeweils verstärkt wird.[5]

---

2 *V. Hardenberg*, SZ v. 07.04.2021, online abrufbar unter https://www.sueddeutsche.de/politik/frauen-gewalt-amnesty-1.5256851 (zuletzt abgerufen am: 30.08.2024).

3 „(...) Kurzarbeit, Homeoffice, geschlossene Schulen – viele Familien verbrachten plötzlich sehr viel mehr Zeit zusammen in den heimischen vier Wänden als sonst üblich. (...) Keine Kollegin, keine Lehrer oder Erzieher, die Fragen zu verdächtigen blauen Flecken stellen können oder verändertes Verhalten bemerken können. (...)", SZ, online abrufbar unter https://www.sueddeutsche.de/service/wiesbaden-haeusliche-gewalt-in-zeiten-der-corona-pandemie-wenig-zahlen-dpa.urn-newsml-dpa-com-20090101-200712-99-759734 (zuletzt abgerufen am: 30.08.2024).

4 *Schröttle*, Gewalt in Paarbeziehungen, Expertise für den Zweiten Gleichstellungsbericht der Bundesregierung, 2017, S. 3, 11; *Camey et al.*, Gender-based violence and environment linkages, 2020; *UN Women*, Measuring the Shadow Pandemic: Violence against Women during Covid-19, 2021.

5 In den letzten Jahren stieg die Zahl der polizeilich bekannt gewordenen Fälle von häuslicher Gewalt und Partnerschaftsgewalt stetig. Siehe jüngst: *BKA*, Häusliche Gewalt, Bundeslagebild 2023, online abrufbar unter https://www.bka.de/SharedDocs/Downloads/DE/Publikationen/JahresberichteUndLagebilder/HaeuslicheGewalt/HaeuslicheGewalt2023.html (zuletzt abgerufen am: 30.08.2024).

2. Das Strafrecht als Maßgabe für legitime Formen privater Gewaltausübung

Strafrechtlich wird häusliche Gewalt v.a. unter Kriminalisierungsaspekten thematisiert.[6] Gerade im Zuge der Ratifizierung der Istanbul-Konvention[7] ist z.B. darauf hingewiesen worden, dass Femizide – wo sie das Mordmerkmal niedriger Beweggründe erfüllen – auch als Mord qualifiziert und verfolgt werden sollten.[8] Weiter ist die Bedeutung auch der Vermögens- und Freiheitsdelikte zur vollständigen Erfassung häuslicher Gewalt bzw. Gewalt gegen Frauen hervorgehoben[9] und die Strafbarkeit und Strafwürdigkeit von psychischer Gewalt[10] diskutiert worden. Das Strafrecht übernimmt innerhalb der Rechtsordnung mit § 32 StGB aber auch eine wichtige Funktion i.S.d. Legitimierung privater Gewaltausübung.[11]

III. Die „Haustyrannen"-Rechtsprechung

Diese Legitimierungsfunktion wird im Rahmen der sog. „Haustyrannen"-Rechtsprechung[12] und ihrer Rezeption in der strafrechtswissenschaftlichen Literatur bislang nicht genutzt. Diese Fallkonstellationen kennzeichnet ein zeitliches Auseinanderfallen von Gewaltanwendung durch männliche (Ehe-)Partner in Form von körperlichen und sexuellen Übergriffen sowie

---

6 Zur historischen Entwicklung: *Augstein*, djbZ 2013, 7; zum Ganzen: *Müller*, Die häusliche Gewalt in Beziehungen und das Strafrecht: Regelungsdefizite und Reformansätze, 2023.

7 Übereinkommen des Europarats zur Verhütung und Bekämpfung von Gewalt gegen Frauen und häuslicher Gewalt, Istanbul, 11.05.2011, Council of Europe Treaty Series – No. 210, online abrufbar unter https://rm.coe.int/1680462535 (zuletzt abgerufen am: 30.08.2024); BGBl. II 2017, S. 1026.

8 *Bock/Steinl*, NK 2021, 308, 310 ff.; *Schuchmann/Steinl*, KJ 2021, 312.

9 *Steinl*, ZStW 2021, 819, 825 f.

10 *Steinl* (Fn. 9), 823, Fn 15; *Çelebi*, in: Bartsch et al. (Hrsg.), Gender & Crime 2022, S. 55.

11 *Jakobs*, Strafrecht AT, 1983, § 12 Rn. 1.

12 BGH NStZ 1984, 20; BGH NJW 2003, 2464; BGH NStZ 2005, 154; BGH NStZ-RR 2006, 200; LG Köln BeckRS 2019, 67295; LG Mönchengladbach BeckRS 2019, 57548; BGH NStZ 2022, 163. Im Einzelnen dazu sogleich.

Demütigungen[13] und die tödliche (Gegen-)Gewalt[14] der misshandelten Frauen. Die Rechtsprechung qualifiziert die Tötungen jeweils als Mord

13 BGH NStZ 1984, 20, 20: „schwerwiegende Demütigungen wie schweren Beleidigungen, Mißhandlungen und mit Gewalt erzwungenen sadistischen Formen des Geschlechtsverkehrs und Bedrohungen für den Fall der Scheidung (...), die sich ständig verstärkt haben."; NJW 2003, 2464, 2464 f.: „(...) wurde (...) tätlich, indem er sie ohrfeigte (...) versetzte (...) ihr auch Faustschläge ins Gesicht oder in die Magengegend und trat sie, wenn irgendetwas im täglichen Ablauf nicht seinen Vorstellungen entsprach oder die Angekl. seinen ‚Befehlen' nicht mit der erwarteten Schnelligkeit nachkam. (...) Auch musste sie sämtliche Gegenstände wegräumen, die er irgendwo liegen ließ. (...) kam es zu einem weiteren Übergriff, bei dem er sie so lange schlug, bis sie auf dem Boden liegen blieb. Danach trat er auf die am Boden Liegende mit seinen Springerstiefeln mehrfach ein; dabei erlitt sie eine Nierenquetschung (...) stieß F den Kopf der Angekl. mehrfach mit solcher Heftigkeit gegen eine Zimmerwand (...) dass (...) die Angekl. bewusstlos zu Boden fiel (...) schlug er sie, wann immer er meinte, sie habe etwas falsch gemacht. (...) versetzte er ihr mitten in der Nacht während des Schlaf einen Faustschlag ins Gesicht (...) erwartete er, dass die Angekl. auf seinen Wink notwendige Werkzeuge oder Hilfsmittel herbeiholte; dabei titulierte er sie regelmäßig als ‚Schlampe', ‚Hure' oder ‚Fotze' und bedachte sie mit Ohrfeigen oder Fußtritten. (...) Es kam vor, dass er seine Frau mit einem Baseballschläger oder sonstigen Gegenständen schlug (...) Weihnachten 2000 schlug er sie in Anwesenheit der versammelten Vereinsmitglieder, zwang sie, vor ihm niederzuknien und ihm nachzusprechen, sie sei eine ‚Schlampe' und der ‚letzte Dreck'."; BGH NStZ 2005, 154 f.: „(...) in der Vergangenheit des Öfteren sexuell in massiver Weise angegangen und zum Oralverkehr aufgefordert (...) habe herumgeschrien, die Angeklagte beleidigt, ihr die Decke weggezogen und von ihr den schon früher nur widerwillig praktizierten Oralverkehr verlangt"; BGH NStZ-RR 2006, 200: „(...) von Tätlichkeiten und Demütigungen durch den ihr körperlich weit überlegenen Mann geprägt (...) Dabei drohte er, sich eine Pistole zu besorgen und ‚uns alle umzubringen' (...)"; BeckRS 2019, 67295, Rn. 22: „(...) Beziehung (...) war von Gewalt geprägt (...) habe sie der Geschädigte auf dem Bett fixiert und ihr mittels einer brennenden Zigarette eine Brandwunde am Arm zugefügt (...) und sie zusätzlich bis zur Bewusstlosigkeit gewürgt (...) den Toilettendeckel abgerissen und auf den Kopf geschlagen und sie anschließend mit heißem Wasser in der Badewanne abgesprüht (...) ein Messer vorgehalten, sie zunächst gezwungen, die gemeinsame Wohnung zu verlassen, und im Anschluss von ihr verlangt, ihn die ganze Nacht anal zu penetrieren."; LG Mönchengladbach BeckRS 2019, 57548, Rn. 32 ff.: „begann (...) die Angeklagte zu kontrollieren. So musste diese ihm im Einzelnen ihren jeweiligen Aufenthaltsort darlegen und zum Beleg Fotos bzw. Videos der jeweiligen Örtlichkeit machen. (...) musste sie im Vorhinein die genauen Zeiten mitteilen und sich zwischendurch bei ihm melden. (...) kontrollierte ihren Nachrichtenverkehr über ihr Mobiltelefon; die Kontaktdaten aller Personen, die er nicht persönlich kannte, musste die Angeklagte löschen. (...) Auch kam es zu körperlichen Übergriffen (...) riss die Angeklagte am Hals hoch, würgte sie, so dass ihr schwarz vor Augen wurde, und stieß (...) sie gegen die Brüstung der Terrasse (...) kam es dort auch vermehrt (...) zu sexuellen Übergriffen".

14 BGH NStZ 1984, 20, 20: Vergiftung mit hoher Dosis Schlafmittel, dann Tötung durch Erstickung; BGH NJW 2003, 2464, 2464: Erschießen des schlafenden Ehemanns mit

(Mordmerkmal: Heimtücke).[15] Insbesondere lehnt die Rechtsprechung für diese Fallkonstellationen eine Rechtfertigung der Frauen wegen Notwehr (§ 32 StGB) ab, weil im Moment der tödlichen Gewaltanwendung kein Angriff i.S. einer gegenwärtigen Rechtsgutsgefährdung oder -beeinträchtigung durch das Verhalten der (Ehe-)Partner zu verzeichnen sei.[16] Nachdem in allen Fallkonstellationen die Gewaltausübung regelmäßig wiederkehrend war, ließe sich allerdings zumindest in einigen Fällen eine (Dauer-)Gefahr i.S.d. § 34 StGB oder § 35 StGB im Hinblick auf zukünftige Gewaltanwendung durch die (Ehe-)Partner begründen. Im Rahmen der gem. § 34 StGB erforderlichen Interessenabwägung darf aber aufgrund des in Art. 1 Abs. 1 GG manifestierten Menschenwürdeprinzips das Leben einer Person nicht gegen das einer anderen Person abgewogen werden.[17] § 35 Abs. 1 StGB er-

---

dem Revolver; BGH NStZ 2005, 154: Erschießen des betrunkenen und schlafenden Ehemanns mit dem Revolver; BGH NStZ-RR 2006, 200: Mittäter erschießt arglosen Ehemann von der Rückbank des von der Ehefrau geführten PKW; LG Köln BeckRS 2019, 67295, Rn. 1: Tötung des schlafenden Partners durch Messerstiche und Schläge ins Gesicht und gegen den Schädel; LG Mönchengladbach BeckRS 2019, 57548, Rn. 52: Tötung des – zuvor durch andere kampfunfähig geschlagenen – Partners durch Schläge gegen den Kopf mit einem Pflasterstein.

15 BGH NStZ 1984, 20, 20; BGH NJW 2003, 2464, 2466; BGH NStZ 2005, 154, 164; BGH NStZ-RR 2006, 200, 200; LG Köln BeckRS 2019, 67295, Rn. 192; LG Mönchengladbach BeckRS 2019, 57548, Rn. 199 ff. Zur Strafmilderung bei Heimtücke-Morden wegen Vorliegens außergewöhnlicher Umstände: BGH NStZ 1984, 20; BGH NJW 2003, 2464, 2466.

16 BGH NJW 2003, 2464, 2466; BGH NStZ 2005, 154, 154: „Die Voraussetzungen für das Vorliegen einer rechtfertigenden Notwehr (…) hat die Kammer verneint, weil auf Grund der Gesamtsituation keine akute Lebensgefahr für die Angeklagte oder Dritte bestanden habe."; LG Köln BeckRS 2019, 67295, Rn. 194: „Eine Rechtfertigung der Angeklagten durch Notwehr, § 32 StGB, lag mangels Notwehrlage, eines gegenwärtigen rechtswidrigen Angriffs des Geschädigten, nicht vor."; LG Mönchengladbach BeckRS 2019, 57548, Rn. 212: „Es fehlt insofern, auch unter Berücksichtigung der ‚Vorgeschichte' und des in der Vergangenheit durch ihren Lebensgefährten ihr gegenüber gezeigten Verhaltens, zum Tatzeitpunkt bereits an einer vom Opfer ausgehenden gegenwärtigen Gefahr." In anderen Entscheidungen wird § 32 StGB direkt zugunsten der §§ 34, 35, 21, 20 StGB übersprungen: BGH NStZ 1984, 20; BGH NStZ-RR 2006, 200, 201.

17 BGH NJW 2003, 2464, 2466: „Es liegt auf der Hand, dass die hier in Rede stehenden zu schützenden Rechtsgüter, die körperliche Unversehrtheit der Angekl. und der gemeinsamen Töchter, das durch die Tat beeinträchtigte Interesse, nämlich das Leben von F als vernichtetes Rechtsgut, nicht überwogen. Das Ergebnis der Abwägung würde selbst dann nicht zu Gunsten der Angekl. ausfallen, wenn eine zugespitzte Situation mit akuter Lebensgefahr für einen Familienangehörigen von F unterstellt würde."; In BGH NStZ 2005, 154, 154, LG Köln BeckRS 2019, 67295, Rn. 195, LG Mönchengladbach BeckRS 2019, 57548, Rn. 212 wurde bereits die akute Lebensgefahr

laubt die Tötung einer Person nur, wenn die notstandsbegründende Gefahr nicht anders abwendbar war. Diesbezüglich verweisen die Gerichte die Frauen auf andere Abwehrmöglichkeiten, namentlich den Umzug in ein Frauenhaus oder zu Verwandten und die Konsultation der Polizei oder anderer staatlicher Stellen (seit dem Jahr 2002 insbesondere i.R.d. Gewaltschutzgesetzes[18]).[19] Nicht anders abwendbar sei die Gefahr nur, wenn Konsultationen staatlicher Stellen in der Vergangenheit nicht erfolgreich gewesen seien.[20] In Einzelfällen hat der BGH angedeutet, dass ein vermeidbarer Irrtum der Frau bzgl. der anderen Abwendungsmöglichkeiten der Gefahr i.S.d. § 35 Abs. 2 StGB mit strafmildernder Wirkung in Betracht kommen könnte.[21]

---

verneint. In NStZ 1984, 20 und NStZ-RR 2006, 200 wird die Möglichkeit einer Rechtfertigung gem. § 34 StGB nicht erwähnt.

18 Das GewSchG ermöglicht auf Antrag der verletzten Person Verweisungen der Täter auch aus der eigenen Wohnung für maximal sechs Monate (§ 1 Abs. 1 Nr. 1, § 2), einstweilige Verfügungen (§ 1 Abs. 1 Nr. 2, 3) und Kommunikationsverbote (§ 1 Abs. 1 Nr. 4, 5), wobei Verletzungen jeweils strafrechtlich geahndet werden können (§ 4). Hierzu näher: *Giers*, FPR 2011, 224. Ergänzt wird es durch akute Eingriffsbefugnisse für die Polizei jeweils nach Landesgesetzen (z.B. §§ 34a-34d PolG NRW).

19 BGH NStZ 1984, 20 (Hinweis auf lange Überlegungszeit); BGH NJW 2003, 2464, 2467: „(...) Inanspruchnahme behördlicher Hilfe oder der Hilfe karitativer Einrichtungen (...) Auszug der Angekl. mit den Töchtern aus dem gemeinsamen Haus und die Übersiedlung etwa in ein Frauenhaus (...) Suchen von Zuflucht bei der Polizei mit der Bitte um Hilfe im Rahmen der Gefahrenabwehr; Letzteres wäre naheliegenderweise mit einer Strafanzeige verbunden gewesen (...)“; BGH NStZ 2005, 154, 155: „(...) Möglichkeit zur Konfliktlösung (...) mit einem ihr möglichen Auszug aus dem Wohnhaus und der Aufnahme durch die Tochter (...)“; LG Köln BeckRS 2019, 67295, Rn. 199: „(...) Inanspruchnahme behördlicher Hilfe oder staatlicher oder karitativer Einrichtungen (...) Auszug aus der gemeinsamen Wohnung, aber auch das Suchen von Zuflucht bei der Polizei mit der Bitte um Hilfe im Rahmen der Gefahrenabwehr, verbunden mit einer Strafanzeige.“.

20 BGH NJW 2003, 2464: „Anhaltspunkte dafür, dass die Alternativen zur Abwehr der Gefahr nicht in diesem Sinne wirksam gewesen wären, können sich etwa daraus ergeben, dass die Behörden trotz Hilfeersuchens und Kenntnis der Lage in der Vergangenheit nicht wirksam eingeschritten waren und daher ungewiss bleiben musste, ob sie in der aktuellen Notstandslage nachhaltig eingreifen würden (...), oder dass mögliche polizeiliche Hilfe die Notstandslage nicht wirksam hätte beseitigen können (...).“; LG Köln BeckRS 2019, 67295, Rn. 199: „Die Gefahr kann nur dann als nicht anders abwendbar bewertet werden, wenn aufgrund konkreter Anhaltspunkte des Einzelfalles die hinreichende Wirksamkeit der Handlungsalternativen von vornherein zweifelhaft gewesen wäre.“.

21 BGH NJW 2003, 2464, 2467: „Dabei sind die Anforderungen an diese Prüfungspflicht nach den konkreten Tatumständen zu bestimmen. (...) Von Bedeutung sind dafür insbesondere die Schwere der Tat und die Umstände, unter denen die Prüfung

IV. Reproduktion patriarchaler Denkmuster durch die „Haustyrannen"-Rechtsprechung

Diese Rechtsprechung reproduziert patriarchale Denkmuster in zweifacher Hinsicht.

1. Häusliche Gewalt (ausschließlich) als Fall von § 35 StGB

a) Mangelnde Unrechtsanerkennung

Sie entstammt, erstens, wie *Schaffstein* aufzeigt, dem aufklärerischen „Kampf für die Humanisierung des Strafrechts",[22] der zu Beginn des 20.

---

stattgefunden hat, insbesondere die Zeitspanne, die für sie zur Verfügung stand und ob dem Täter eine ruhige Überlegung möglich war; gegebenenfalls kommt es auch darauf an, wodurch ihm die Einsicht in die tatsächliche Sachlage verschlossen war. Hier stand mit der Tötung eines Menschen eine der am schwersten wiegenden Straftaten und der Angriff auf das höchste Individualrechtsgut in Frage. Daher werden an die Prüfungspflicht der Angekl. strenge Anforderungen zu stellen sein. Für die Vermeidbarkeit eines entsprechenden Irrtums würde es sprechen, wenn sich auch in der neuen Hauptverhandlung ergäbe, dass der Angekl. vor der Tat eine lange Überlegungsfrist zur Verfügung stand, in der sie Erkundigungen über Möglichkeiten zur anderweitigen Abwendbarkeit der Gefahr und Rat hätte einholen können. Dass ihre körperliche und seelische Verfassung nach den langdauernden Misshandlungen und Demütigungen durch F sie gehindert hätten, ihre Möglichkeiten realistisch einzuschätzen, wird eher fern liegen; das wird jedenfalls dann gelten, wenn sich erneut erweisen sollte, dass weder ihre Steuerungs- noch ihre Einsichtsfähigkeit erheblich vermindert war." Ähnliche Überlegungen in: BGH NStZ-RR 2006, 200, 201; LG Köln BeckRS 2019, 67295, Rn. 201 ff.; ggf. kommt auch die Annahme verminderter Schuldfähigkeit i.S.d. § 21 StGB mit strafmildernder oder Schuldunfähigkeit i.S.d. § 20 StGB mit strafausschließender Wirkung in Betracht. Keine Anhaltspunkte hierfür sah allerdings das LG Mönchengladbach im konkreten Fall: BeckRS 2019, 57548, Rn. 213.

22 Hier noch in Bezug auf den Schwangerschaftsabbruch: *Schaffstein*, in: Remschmidt/Schüler-Springorum (Hrsg.), FS Stutte, 1979, S. 253, 258. Eine umfassende Würdigung der zitierten Passage (siehe auch Fn. 23–25) vor dem Hintergrund der nationalsozialistischen Vergangenheit *Schaffsteins* (z.B. *Ambos*, Nationalsozialistisches Strafrecht, 2019, S. 87 ff.) würde den Rahmen dieses Beitrags sprengen. *Schaffstein* ist in der zitierten Passage rechtshistorisch-analysierend tätig und schließt sich der Auffassung, sowohl Schwangerschaftsabbruch als auch „Vatertötung" ließen sich im Hinblick auf eine „tragische Notsituation" entschuldigen, auch im weiteren Verlauf des Textes nicht explizit an (S. 263: „(...) ob wir es wollen oder nicht (...)"). Nachdem gerade *Schaffstein* das nationalsozialistische Strafrecht als Antithese zum aufklärerischen Humanismus verstand (*Ambos*, Nationalsozialistisches Strafrecht, 2019,

Jahrhunderts die „tragische Notsituation“[23] „bei der Vatertötung“[24] erkannte.[25] Patriarchale Denkmuster werden durch diese Qualifikation von häuslicher Gewalt als „Notsituation“, normativ gesprochen als Fall von § 35 StGB, reproduziert: Den betroffenen Frauen wird nicht zugestanden, dass sie sich in einem langanhaltenden Angriffszustand auf ihre Autonomie[26] befinden, z.B., weil ihnen über Jahre durch physische und psychische Demütigungen in Form von körperlicher, sexueller und verbaler Gewalt der Selbstwert und die Selbstwirksamkeit[27] abgesprochen und in Form von Nötigungen wichtige Lebensentscheidungen – wie die Aufnahme einer beruflichen Tätigkeit, die Pflege von Freundschaften etc. – für sie getroffen wurden.[28]

Stattdessen konstruiert die Rechtsprechung durch die Einordnung der „Haustyrannen“-Fälle unter §§ 35 Abs. 1, Abs. 2, 20 StGB eine „Notsituation“ der Frauen, die allein auf ihren vermeintlichen sozioökonomischen, soziokulturellen, psychischen oder kognitiven Zustand zurückzuführen ist.[29]

S. 91 ff.), ist möglich, dass er dieser Entwicklung in der Einordnung der „Vatertötung“ eher kritisch gegenüberstand. Wollte man trotz der Einschätzung seiner – ihm freilich auch persönlich nahestehenden – Zeitgenossen (z.B. *Beulke*, MschrKrim 2002, 81, 82 f.) nationalsozialistische Prägungen auch im Spätwerk *Schaffsteins* feststellen, eignete sich dafür in Bezug auf den konkret zitierten Text am ehesten eine dem nationalsozialistischen Strafrecht zuzuordnende „Grundtendenz zur Subjektivierung und Ethisierung der Unrechtsmerkmale“ (*Hoyer*, in: Hoyer et al., GS Eckert, 2008, S. 351, 366, ähnlich: *Vogel*, ZStW 2003, 638, 650 ff.). Konsequenz dieser Grundtendenz war nicht zuletzt eine – von *Schaffstein* persönlich vorangetriebene – „Verschmelzung von Unrecht und Schuld“ (*Ambos*, Nationalsozialistisches Strafrecht, 2019, S. 116). *Schaffstein* ist an dieser Stelle zitiert, weil er die Bewertung der Haustyrannen-Fälle innerhalb der Strafrechtswissenschaft, die sich dieser Text zu kritisieren vornimmt, nämlich maximal Schuldausschließung für die Täter*innen mit Rückbezug auf einen vermeintlichen Humanismus der Aufklärung, präzise zusammenfasst.

23 *Schaffstein* (Fn. 22), 258.

24 *Schaffstein* (Fn. 22), 258.

25 Später (262) macht er allerdings „die Auflösung der patriarchisch bestimmten Familie“ für diesen Wandel verantwortlich.

26 Je nach Ausprägung handelt es sich konkreter um einen Angriff auf die Willensentschließungs-, Willensbetätigungs- oder Lebensführungsfreiheit. Der Begriff „Autonomie“ wird im Folgenden der Lesbarkeit halber verwendet.

27 Zu den psychologischen Effekten: *Welke*, ZRP 2004, 15; *Schröttle*, (Fn. 4), S. 8 f.

28 Zur Wirkungsweise: *Kaiser*, Backlash – Die neue Gewalt gegen Frauen, 2023, S. 55 ff.

29 Zur Kritik dieser Missdeutung eines strukturellen Ungerechtigkeitsproblems als psychologischer Einzelfall auch bereits *Oberlies/Giesen*, Streit 1986, 15, 16: „Denn Entscheidungen, die sich auf affektive Erregungszustände und die sich daraus ergebende verminderte Schuldfähigkeit stützen, sind Einzelfallentscheidungen im Hinblick auf eine nur individuell festgestellte psychische Befindlichkeit. Rechtliche Exkulpationen dagegen müßten zwangsläufig für eine Mehrzahl von Fällen gleichermaßen Geltung

Dasselbe gilt weitestgehend für Stimmen in der strafrechtswissenschaftlichen Literatur.[30] Der tatsächlich stattfindende Angriff wird als Unrecht nicht benannt,[31] geschweige denn rechtlich auf Rechtfertigungsebene (i.S.v. § 32 StGB) qualifiziert. Durch die Einordnung der häuslichen Gewalt als Gefahr statt als dauerhaften Angriffszustand (i.S.v. § 32 StGB) negiert die Rechtsprechung den oben beschriebenen Angriff auf die Autonomie und ersetzt diese Realität durch eine schematische Vorstellung von häuslicher Gewalt, in der diese nur in dem Moment stattfindet, in dem ein Täter physische Gewalt anwendet.[32]

b) Ausblendung denkbarer Verteidigungsstrategien

Eine Folge der Konstruktion von häuslicher Gewalt als rein unmittelbar-physischer Übergriff ist eine Ausblendung der denkbaren Verteidigungsstrategien für ihre Opfer. Insofern ist die Wurzel des Dilemmas in Konstellationen häuslicher Gewalt nur so lange die physische Unterlegenheit des

beanspruchen können."; auch *Frommel*, StV 1987, 292, 293: „Völlig unberücksichtigt bleibt dann der der Tat vorausgehende Konflikt. Er wird zum Strafzumessungsgesichtspunkt (...)".

30 *Spendel*, StV 1984, 45, 47: „Und was die rechtlichen Möglichkeiten anlangt, so ist schon allgemein zu berücksichtigen, daß die meisten der terrorisierten Familienmitglieder viel zu ungewandt und hilflos sind, um auf legalem Wege Abhilfe für sich und ihre Angehörigen schaffen zu können (...)" Immerhin gesteht er später (47) zu: „Abgesehen davon stoßen sie bei den Ämtern oft auf wenig Verständnis und Hilfsbereitschaft." Ähnlich *Rengier*, NStZ 2004, 233, 238 f.: „Gewiss fällt es schwer, das persönliche Verhalten vieler betroffener Frauen zu verstehen: Wie können sie das alles ertragen? Weshalb ziehen sie nicht aus? Wieso wird nicht polizeiliche Hilfe gesucht? Warum kehren sie selbst nach gelungenen Befreiungsversuchen wieder zurück, bestimmten Versprechungen allzu schnell glaubend? Antworten suchend sollte man insbesondere als Richter persönliche Unfähigkeiten nicht aus den Augen verlieren. Auch von der finanziellen Seite her kann sich eine in der Person liegende Grenze ergeben.".

31 Die Wichtigkeit dieser Anerkennung für die Opfer im Allg. betont: *Mattutat*, KJ 2024, 71, 78 f., auch 81: „Die opferzentrierten Begriffe von Gerechtigkeit machen deutlich, dass dafür die Verantwortung für verletzende Handlungen selbst (im Unterschied zu den strukturellen Bedingungen dieser Handlungen) bei den Täter*innen gesehen werden muss.".

32 Dasselbe Problem besteht also auch, wenn häusliche Gewalt als notstandsbegründende Gefahr i.R.d. § 34 StGB qualifiziert wird. Siehe für solche Ansätze: *Rengier*, NStZ 1984, 21, 22; *Renzikowski*, Notstand und Notwehr, 1994, S. 268 f.

Opfers,[33] wie Verteidigungsstrategien außerhalb des Spektrums physischer Gewaltanwendung ausgeblendet werden. Grds. ist indes eine Vielzahl von Verhaltensweisen denkbar, die – grds. verboten – i.R.v. § 32 StGB für Opfer häuslicher Gewalt legitimiert werden könnten.[34]

c) Zwischenergebnis

Im Ergebnis bedeutet das aufklärerische humanistische Ideal in diesem Kontext vor allem Mitleid mit den vermeintlich Schwächeren angesichts einer (ebenso vermeintlichen) Dilemma-Situation und verfehlt hierdurch die Anerkennung einer Ungerechtigkeit (i.S. eines von § 32 StGB zu erfassenden, durch den Täter zu verantwortenden[35] Unrechts), dem sich ein ebenbürtiges Individuum (mit eigenem Potenzial für Verteidigungsstrategien) ausgesetzt sieht.

2. Umgekehrte Verantwortungsverteilung im Notstand

Schließlich führt die Lösung der „Haustyrannen"-Fälle über § 35 StGB zu einer umgekehrten Verantwortungsverteilung: § 35 StGB geht nicht von menschlich verursachtem bzw. zu verantwortendem Unrecht aus – was zur Konsequenz hätte, dass Täter häuslicher Gewalt die Lasten der Konfliktlösung zu tragen hätten. Stattdessen stellt die Norm hohe Anforderungen an die Gefahrabwendungsstrategien der Opfer. Folgerichtig wird Opfern häuslicher Gewalt durch die Rechtsprechung zugemutet, durch Umzüge ins Frauenhaus[36] ihre Lebensumgebung grundlegend zu verändern und ihre berufliche Tätigkeit – mitunter unter erheblicher Gefährdung für Leib

33 So *Byrd*, in: Bottke (Hrsg.), Familie als zentraler Grundwert demokratischer Gesellschaften, 1994, S. 117, 122; *Welke* (Fn. 27), 17; *Haverkamp*, GA 2006, 586, 592.

34 Dazu unter VII.

35 Diese Verantwortlichkeit des Täters ebenfalls betonend: *Hillenkamp*, JZ 2004, 44, 50 f.

36 BGH NJW 2003, 2464, 2467: „Als anderweitige Abwendungsmöglichkeiten kamen hier ersichtlich die Inanspruchnahme behördlicher Hilfe oder der Hilfe karitativer Einrichtungen in Betracht, namentlich der Auszug der Angekl. mit den Töchtern aus dem gemeinsamen Haus und die Übersiedlung etwa in ein Frauenhaus, aber auch das Suchen von Zuflucht bei der Polizei mit der Bitte um Hilfe im Rahmen der Gefahrenabwehr; Letzteres wäre naheliegenderweise mit einer Strafanzeige verbunden gewesen." Ähnlich BGH NStZ-RR 2006, 200, 201; LG Mönchengladbach BeckRS 2019, 57548, Rn. 220.

und Leben[37] – zu wechseln. Dass Opfer für so einen Umzug wichtige Bindungen aufgeben müssen, qualifiziert sich als Notsituation nur, wenn es sich um „Kinder oder sonstige Verwandte"[38] handelt, nicht aber, wenn Frauen z.B. an den Bindungen zu ihren Arbeitskolleg*innen festhalten wollen.[39] Schließlich soll es den Frauen zumutbar sein, auf emanzipatorische Errungenschaften wie finanzielle Unabhängigkeit durch Ausübung einer beruflichen Tätigkeit, Hobbies und soziale Netzwerke, zumindest für einige Zeit, zu verzichten.[40] Auch, wenn Frauen darauf verwiesen werden, dass sie der häuslichen Gewalt durch Umzug in die Wohnungen ihrer Kinder hätten entfliehen können,[41] wird zur Konfliktlösung auf Ressourcen – i.S.d. Sorge- und Beziehungsarbeit, die es bedarf, damit so ein Umzug denkbar ist und die neue Wohnsituation gelingt – zurückgegriffen, die die Opfer häuslicher Gewalt bereits erbracht oder zukünftig zu erbringen haben.

V. Legitimierung privater Gewaltausübung gem. § 32 StGB

Insgesamt werden auf diese Weise die Verursacher häuslicher Gewalt aus der Verantwortung und die Opfer häuslicher Gewalt für das staatliche Interesse an friedlicher Konfliktlösung in die Pflicht genommen. Das wider-

---

37 Die Betroffene in LG Köln BeckRS 2019, 67295 hätte sich z.B. in einer neuen Stadt eine neue Betätigung als „Prostituierte" (Wortlaut des Gerichts) suchen müssen.

38 LG Köln BeckRS 2019, 67295, Rn. 211.

39 Auch hier im „Prostitutions"-Kontext: LG Köln BeckRS 2019, 67295, Rn. 211: „Sie hatte [...] keine besonderen Bindungen an Z. bzw. den Rhein-Erft-Kreis, weder Kinder noch sonstige Verwandte oder andere nahestehende Personen – mit Ausnahme ihrer Stammkunden und Kolleginnen.".

40 Tötungsmotive der Frauen, die auf die Sicherung ihrer bisherigen Lebensgewohnheiten in diesem Sinne zurückgehen, werden durch die Rechtsprechung regelmäßig gerügt: „Diese ihr zumutbare Ausweichmöglichkeit ergriff die Angeklagte deshalb nicht, weil sie das gemeinsam erbaute Haus nicht verlassen wollte, das es ihr auch erlaubte, ihre Jagdhunde, an denen sie sehr hing, weiterhin artgerecht halten zu können. Sie war ferner der Meinung, dass letztlich 'der Böse' gehen müsse." (BGH NStZ 2005, 154, 155); „Im Übrigen lässt die Beweiswürdigung (...) eine Auseinandersetzung mit der nahe liegenden Frage vermissen, ob nicht der wahre Grund für die Entscheidung der Angekl. (...) darin bestand, dass sie eine weitere Tätigkeit in der bislang mit ihrem Ehemann betriebenen Eisdiele und ein Verbleiben in der Ehewohnung sicherstellen wollte." (BGH NStZ-RR 2006, 200, 201).

41 So in BGH NStZ 2005, 154, 155: „Der Angeklagten stand eine Möglichkeit zur Konfliktlösung (...) mit einem ihr möglichen Auszug aus dem Wohnhaus und der Aufnahme durch die Tochter zur Verfügung.".

spricht dem Grundgedanken der Legitimierung privater Gewaltanwendung i.S.d. § 32 StGB.

Bekanntlich geht die Abgrenzung von legitimer und illegitimer privater Gewaltanwendung innerhalb eines Nationalstaats – wenn auch häufig nur anekdotisch[42] – auf den aufklärerischen Gesellschaftsvertragstheoretiker *Thomas Hobbes* zurück.[43] Bereits *Hobbes* allerdings ließ bei seiner generellen Zuordnung physischer Gewaltausübung auf den Souverän eine Ausnahme für solche Situationen zu, in denen staatliche Hilfe Individuen bei ihrem Rechtsgüterschutz nicht zugutekommen würde.[44] Diese Ausnahme ist gemeinhin in der verfassungsrechtlichen Literatur für die Bundesrepublik übernommen worden. So wird hier das staatliche Gewaltmonopol vor allem so verstanden, dass Bürger zur Klärung ihrer Angelegenheiten die staatlichen Gerichte und Institutionen heranziehen und nicht selbst Hand anlegen sollen.[45] Dieses grundsätzliche staatliche Gewaltmonopol sei aber aufgehoben bei der „Abwehr von Gefahren, in denen obrigkeitliche Hilfe nicht zu erlangen ist, oder [...] Gefahr im Verzug"[46] besteht.[47] Diese

42 Ähnlich *Pawlik*, ZStW 2002, 259, 259 f.

43 *Hobbes*, Leviathan, Part II, Chapter XXI: „(...) we are to consider, what Rights we passe away, when we make a Common-wealth; or (which is all one,) what Liberty we deny our selves, by owning all the Actions (without exception) of the Man, or Assembly we make our Soveraign (sic!)." Online abrufbar unter https://www.gutenberg.org/files/3207/3207-h/3207-h.htm#link2H_4_0259 (zuletzt abgerufen am: 30.08.2024); *Bracher* hingegen verortet die Ursprünge bei Bodin: *Bracher*, Gefahrenabwehr durch Private, 1987, S. 104. Ebenso *Merten*, in: Randelzhofer/Süß (Hrsg.), Konsens und Konflikt, 1986, S. 324, 327.

44 *Hobbes*, (Fn. 43): „(...) It is manifest, that every Subject has Liberty in all those things, the right whereof cannot by Covenant be transferred. (...) If the Soveraign (sic!) command a man (though justly condemned,) (...) not to resist those that assault him (...) yet hath that man the Liberty to disobey.", online abrufbar unter https://www.gutenberg.org/files/3207/3207-h/3207-h.htm#link2H_4_0259 (zuletzt abgerufen am: 30.08.2024); *Bracher*, (Fn. 43), S. 107. Mit dem Hinweis darauf, dass es *Hobbes* nur um die Sicherung von Leib und Leben ging: *Bracher*, (Fn. 43), S. 107.

45 *Merten*, Rechtsstaat und Gewaltmonopol, 1975, S. 56.

46 *Merten*, (Fn. 45), S. 57. Siehe auch S. 58: „Die staatliche Ermächtigung zur Anwendung von Privatgewalt ist erklärlich, weil der Staat nicht am Gewaltmonopol festhalten kann, wenn er selbst nicht rechtzeitig zu helfen vermag oder wenn der Bürger sich in einer extremen Situation befindet.".

47 Außerdem seien gewisse Gewaltformen i.R.d. § 240 StGB legitimiert, solange die Zweck-Mittel-Relation nicht verwerflich sei: *Merten*, (Fn. 45), S. 58.

Überlegungen lassen insgesamt zunächst einen weiten Spielraum für die gesetzgeberische Festlegung legitimer privater Gewaltausübung.[48]

Nach einem traditionell-strafrechtlichen Verständnis, das die Existenz des „schneidigen" Notwehrrechts primär anhand des Individualschutzes begründet,[49] erscheint indes die Notwendigkeit für legitimierte private Gewaltausübung für lang andauernde Angriffszustände wie sie in Fallkonstellationen der häuslichen Gewalt bestehen, zweifelhaft, sofern die physische Bedrohung durch den Angreifer (gerade nicht mehr oder noch) nicht unmittelbar ist.[50] Eine – für die Fallkonstellation häusliche Gewalt spätestens mit dem GewSchG niedrigschwellige und effiziente – Konsultation staatlicher Akteure könne die Rechtsgüter der betroffenen Individuen ebenso gut schützen.[51]

Gleichzeitig streitet dieses traditionelle Verständnis der Notwehr – abgeleitet als ein naturrechtlich-liberales Schutzrecht, das in Deutschland seit der Aufklärung[52] die Konzeption des freiheitlichen Menschen eng mit der Existenz und Unversehrtheit seiner Rechtsgüter[53] und eines Verteidigungsrechts für diese Rechtsgüter[54] verknüpft, eher für die parallele Existenz von staatlichen Schutzmöglichkeiten und individuellen Verteidigungsrechten.

Tatsächlich ging es bei der Notwehr aber nie allein um Rechtsgüterschutz, der in der Tat durch staatliche Akteure – zwar in Orientierung am Verhältnismäßigkeitsmaßstab, mit Verzögerung und sicher nicht für

48 *Bracher*, (Fn. 43), S. 111: „Nur in dem Umfang, in dem die Gewährleistung des inneren Friedens und der Schutz der bürgerlichen Rechte vor Übergriffen anderer Bürger durch private Gewaltausübung unmöglich gemacht wird, ist der Staat aus seiner Schutzpflicht heraus gehalten, solche Gewaltausübung zu unterbinden.".

49 E 1962, BT-Drs. IV/650, S. 157: Das Notwehrrecht sei „seit alters her in der Rechtsüberzeugung des Volkes verwurzeltes Schutzrecht". Das Rechtsbewährungsprinzip wird i.d.R. eher zur Rechtfertigung der sozialethischen Einschränkungen des Notwehrrechts herangezogen: *Roxin/Greco*, Strafrecht AT, 5. Aufl. (2020), Rn. 3d-3g.

50 So will *Erb* z.B. ein Notwehrrecht gegen Nötigungen, bei denen der Vollzug nicht unmittelbar bevorsteht, aufgrund der Möglichkeit, staatliche Behörden zu konsultieren, ausschließen: MüKo-StGB/*Erb*, 4. Aufl. (2020), § 32 Rn. 98.

51 *Amelung*, GA 1982, 381, 397; *Amelung*, NStZ 1998, 70, 71; *Kaspar*, GA 2007, 36, 42 ff.; a.A. *Eggert*, NStZ 2001, 225.

52 *Courakis*, Zur sozialethischen Begründung der Notwehr, 1978, S. 58.

53 *Bülte*, GA 2011, 145, 151, hier anhand des Beispiels Eigentum: „Der Angriff auf das Eigentum wurde letztlich als Angriff auf die gesamte Existenz des Menschen verstanden, weil erst das Eigentumsrecht den Menschen ‚zum Gliede der Staatsgesellschaft' erhebe.".

54 *Kargl*, ZStW 1998, 44, 49: „Nunmehr steht am Anfang der Wertskala die Würde des Menschen (...). Damit rückt der einzelne Bürger zum ‚Herrn' über seine Rechte auf (...) Also ist auch die Verhinderung des Rechtsbruches unumgänglich ‚sein' Recht.".

alle Opfer gleich effektiv[55] – geleistet werden könnte. Vielmehr ist Anlass, Begründung[56] und Grenze für das Notwehrrecht der Angriff selbst.[57] Die Erlaubnis auch unverhältnismäßiger Gegenwehr lässt sich allein[58] dadurch rechtfertigen, dass der Angreifer die Verantwortung für Anfang und Ende des Angriffs – und damit auch die Gewähr der weitreichenden Verteidigungsbefugnisse seines Opfers – selbst in der Hand hält.

Insofern ist dann aber eine unterschiedliche Behandlung der Angriffstypen nicht begründbar.[59] Die Existenz eines Angriffs demonstriert ja bereits, dass das staatliche Gewaltmonopol beim Rechtsgüterschutz versagt hat (z.B. indem geschlechtsspezifische und andere soziale Hierarchien nicht hinreichend bekämpft wurden) bzw. die Verhinderung der Angriffe dieser konkreten Art schlicht nicht in seiner Macht stehen. In der Konsequenz bedeutet eine Pflicht der Opfer zum Ausweichen auf nachgelagerte staatliche Schutzmöglichkeiten die Einbuße – in Form einer teleologischen Redukti-

---

55 Man denke ganz grds. an unterschiedliche Zugänge zu staatlicher Unterstützung und Ängste vor der Inanspruchnahme (z.B. bei aufenthaltsrechtlichen Schwierigkeiten).

56 Der Angriff zwingt nicht zur Gewähr eines Notwehrrechts, rechtfertigt aber seine Existenz und derzeitige Ausgestaltung: *Frisch*, Strafrecht AT, 8. Aufl. (2017), § 7 Rn. 18.

57 *Jakobs*, (Fn. 11), § 12 Rn. 16: „Es geht bei allen Notrechten um die Verteilung der Lasten für die Lösung eines sozialen Konflikts, und speziell bei der Notwehr in der Art und Weise, daß der Angreifer sämtliche Lasten deshalb zu tragen hat, weil er rechtswidrig angreift." Auch: *Schünemann*, in: Schneider (Hrsg.), Das Verbrechensopfer in der Strafrechtspflege, 1982, S. 407, 414; *Frister*, Strafrecht AT, 9. Aufl. (2020), § 16 Rn. 3 f.

58 Zu verfassungsrechtlichen Bedenken gegenüber den traditionellen Begründungen anhand von Individualschutz und Rechtsbewährungsprinzip: *Kaspar*, RW 2013, 40, 47 f.: Die Verfassung sähe eine „‚Verwirkung' von Grundrechten", wie sie das schneidige Notwehrrecht für den Angreifer zur Konsequenz habe, „nur unter engen Voraussetzungen vor" und konstatiere außerdem „staatliche Schutzpflichten gerade im Hinblick auf das menschliche Leben (...) und die Menschenwürde als unverzichtbare hochrangige Rechtsposition (...), deren Schutz man durch noch so verwerfliches Verhalten nicht verliert." Im Übrigen sei noch gar nicht ausgemacht, dass eine Notwehrausübung sich ihrerseits innerhalb der Rechtsordnung verhalte und die Rechtsordnung auf diese Weise schütze.

59 Im Ergebnis auch *Suppert*, Studien zur Notwehr und „notwehrähnlichen Lage", 1973, S. 282. Konkret zur Schutz- und Schweigegelderpressung: *Haug*, MDR 1964, 548, 551 (allerdings mit höchst fragwürdigen, sehr frauenfeindlichen Beispielen und „Tätertypen"-Rhetorik); *Amelung* (Fn. 51), 391; *Müller*, NStZ 1993, 366, 357; *Kaspar* (Fn. 51), 36; krit. dagegen *Arzt*, MDR 1965, 344, 344; *Baumann*, MDR 1965, 346, 346 f.; *Haverkamp* (Fn. 33), 593: „Gegen die Figur eines Dauerangriffs spricht vor allem die der Notwehr fremde, unbegrenzte Verlängerung der Zeitspanne, denn die Notwehr kennzeichnet eine kurze Phase in einer zugespitzten Angriffssituation.".

on des § 32 StGB zulasten der Täterin – des ihnen ansonsten zustehenden, auch unverhältnismäßigen und insofern „schneidigen" Verteidigungsrechts.

Schließlich: Selbstverteidigung kann schon denklogisch nicht vollständig von staatlichen Akteuren übernommen werden, weil die Interessen der Opfer nicht immer mit staatlichen Interessen korrespondieren. Es bedeutet eher eine Fortführung patriarchaler Denkmuster, Opfern – ohne Kompensation[60] – eine Pflicht zur Mitwirkung am staatlichen Interesse friedlicher Konfliktlösung aufzuerlegen. Ansprechpartner für die Verwirklichung eines solchen Interesses sollte wie auch sonst der Verursacher des Konflikts, also der Angreifer selbst sein.

Selbstverständlich bedarf es staatlicher Schutzeinrichtungen für Opfer häuslicher Gewalt und deren Ausbau. Ob Opfer zum Rechtsgüterschutz auf diese Einrichtungen zurückgreifen, oder sich gegen Angriffe selbst verteidigen möchten, sollte aber – ganz im Sinne des freiheitlichen Menschenbilds der Aufklärung, nach dem das Notwehrrecht den „Sieg der Privatinitiative über den absoluten Beamtenstaat"[61] markiert – ihnen selbst überlassen bleiben.

VI. Häusliche Gewalt als dauerhafter Angriffszustand i.S.d. § 238 StGB

Ist die Existenz und Notwendigkeit eines Notwehrrechts für Opfer häuslicher Gewalt einmal zugestanden, stellt sich die Frage nach einer präzisen rechtlichen Beschreibung des dauerhaften Angriffszustands.

Die Anerkennung eines Notwehrrechts für häusliche Gewalt ist gem. § 32 StGB daran geknüpft, dass die häusliche Gewalt als Angriff i.S. menschlichen Verhaltens, das die Rechtsgüter einer anderen Person unmittelbar bevorstehend oder gerade stattfindend bedroht, eingeordnet wird.[62] Eine solche Anerkennung der häuslichen Gewalt als Angriff in diesem Sinne wäre mit der Einführung des § 238 StGB im Jahr 2007[63] naheliegend ge-

---

60 Für diesen Ansatz: *Greco*, GA 2018, 665.

61 *Arzt*, in: Grünwald (Hrsg.), FS Schaffstein, 1975, S. 77, 77.

62 Schönke/Schröder/*Perron/Eisele*, 30. Aufl. (2019), § 32 Rn. 3; MüKo-StGB/*Erb* (Fn. 50) § 32 Rn. 62; NK-StGB/*Kindhäuser*, 6. Aufl. (2023), § 32 Rn. 26.

63 Gesetz zur Strafbarkeit beharrlicher Nachstellungen (40. StrÄndG) v. 22.03.2007, BGBl. I 2007, S. 354.

wesen. § 238 StGB bestraft in seiner aktuellen Fassung[64] die unbefugte, wiederholte Begehung von Handlungen wie die räumliche Nähe des Opfers aufzusuchen (Nr. 1), unter Verwendung von Telekommunikationsmitteln oder sonstigen Mitteln der Kommunikation oder über Dritte Kontakt zu dieser Person herzustellen (Nr. 2), unter missbräuchlicher Verwendung von personenbezogenen Daten dieser Person a) Bestellungen von Waren oder Dienstleistungen für sie aufzugeben oder b) Dritte zu veranlassen, Kontakt mit ihr aufzunehmen (Nr. 3). Bei diesen Handlungen handelt es sich um die klassischen, umgangssprachlich als *Stalking* bekannten Tätigkeiten, die als solche kaum strafwürdig sind, aber in ihrer unbefugten, wiederholten Begehungsweise erhebliche Auswirkungen auf die Lebensführung der Betroffenen haben können – manche wechseln z.B. die Wohnung oder gar die Stadt, um den unerwünschten Handlungen zu entgehen.

Das StGB signalisiert mit der Kriminalisierung der Nachstellung, dass es nicht allein einzelne Handlungen oder Unterlassungen sind, die zu Rechtsgutsverletzungen führen können, sondern dass die Akkumulation von Handlungen Zustände herbeiführen kann, die dauerhaft Rechtsgüter verletzen. Dabei muss es sich nicht nur um physische Zustände wie den des dauerhaften Eingesperrt-Seins in § 239 StGB handeln. § 238 StGB zeigt, dass auch das Einsperren in einer psychischen Zwangslage[65] dauerhaft und erheblich rechtsgutsverletzend sein kann. Entsprechend wäre eine Anerkennung des dauerhaften Angriffszustands für Taten nach § 238 StGB im Rahmen von § 32 StGB naheliegend gewesen.

In der strafrechtswissenschaftlichen Diskussion indes ist – wenn auch implizit – die Möglichkeit der Notwehr gegen einen solchen Zustand dezidiert abgelehnt worden. Implizit war die Ablehnung insofern, als dass sie ausschließlich im Rahmen der Frage nach der Deliktsnatur des § 238 StGB ausgesprochen wurde. Hier war die Frage, ob es sich bei § 238 StGB um ein Dauerdelikt handele. Dies setzt voraus, dass der Täter durch seine Handlungen einen deliktischen Zustand erzeugt und diesen für eine gewisse

64 Die Vorschrift ist seit ihrer Einführung im Jahr 2007 zweimal – einmal im Jahr 2017 (Gesetz zur Verbesserung des Schutzes gegen Nachstellungen v. 01.03.2017, BGBl. I 2017, S. 386) und im Jahr 2021 (Gesetz zur Änderung des Strafgesetzbuches – effektivere Bekämpfung von Nachstellungen (...) v. 10.08.2021, BGBl. I 2021, S. 3513) geändert worden.

65 Ähnlich lange vor der Einführung des § 238 StGB für die Beschreibung häuslicher Gewalt *Byrd* (Fn. 33), 125: „(...) dann ist sie in der Tat eine Gefangene, wenn man so will, eine Gefangene in der Ehe, nicht anders als jedes andere Opfer einer Freiheitsberaubung auch.".

Dauer – also über die initialen Handlungen zur Tatbestandsverwirklichung hinaus – aufrecht erhält.[66] Eine solche Charakterisierung ist für § 238 StGB weitestgehend abgelehnt worden.[67] Insbesondere würde „die Annahme eines Dauerdelikts (...) zu dem absurden Ergebnis führen, dass während der gesamten Dauer der Beeinträchtigung der Lebensgestaltung beim Opfer auch ohne aktive Attacken seitens des Täters ein rechtswidriger Angriff i.S.d. § 32 StGB vorläge, der das Opfer zu Notwehrhandlungen ermächtigte. Dies wäre ein Freibrief zur Selbstjustiz."[68] Zu diesem Ergebnis gelangt auch der BGH, wenn er Stalking-Angriffe als „zeitlich getrennte, wiederholende Handlungen (...)"[69] beschreibt, die als sukzessive Tatbegehung, nicht aber als Dauerdelikt i.S.d. Aufrechterhaltung eines deliktischen Zustands über einen gewissen Zeitraum zu verstehen seien.[70]

In der Tat ist diesen Autoren und der Rechtsprechung insofern zuzustimmen, als dass das sog. „leichte" Stalking, das v.a. in den § 238 I Nr. 1–3 StGB kriminalisiert ist, nicht bereits ab der ersten Handlung einen deliktischen Zustand im Sinne einer Beeinträchtigung der Autonomie des Opfers herbeiführt. Es liegt gerade in der Natur dieses „leichten Stalkings", dass erst die Akkumulation mehrerer Handlungen tatbestandsmäßig ist. Sobald allerdings eine ausreichend große Zahl an Handlungen erreicht ist, aufgrund derer die Eignung des Verhaltens zur Beeinträchtigung der Autonomie des Opfers festgestellt werden kann, hat der Täter einen deliktischen Zustand hergestellt. In der Folge lebt das Opfer in einem andauernden Zustand

---

66 BGH NJW 1996, 3424, 3424: „Als Dauerdelikt, das zur Annahme nur einer Tat führt, sind nur solche Straftaten anzusehen, bei denen der Täter den von ihm in deliktischer Weise geschaffenen rechtswidrigen Zustand willentlich aufrechterhält oder die deliktische Tätigkeit ununterbrochen fortsetzt, so daß sich der strafrechtliche Vorwurf sowohl auf die Herbeiführung als auch auf die Aufrechterhaltung des rechtswidrigen Zustands bezieht.".

67 Z.B. *Buß*, Der Weg zu einem deutschen Stalkingstraftatbestand, 2008, S. 218: „dogmatisch [...] nicht nachvollziehbar"; i.E. auch *Hochmayr*, ZStW 2010, 757, 766; *Weiß*, Unrechtsausschluss bei zeitlich gestreckten Notlagen, 2019, S. 97 f. Fürsprachen wie z.B. bei *Smischek*, Stalking, 2006, S. 322 behandeln das Problem eher beiläufig ohne Rückbezug auf die Konsequenzen für die Rechtfertigungslage.

68 *Gazeas*, JR 2007, 497, 504; siehe auch *Gazeas*, KJ 2006, 247, 263: „Auch bei Rechtfertigungsgründen hätte dies zur Folge, dass eine Dauergefahr auch dauerhaft abgewehrt werden dürfte. Dieses Ergebnis kann nicht gewollt sein."; *Gazeas*, BGH NJW 2010, 1680, 1685: Bestehen einer Notwehrlage über Jahre wäre „absurdes Ergebnis".

69 BGH NJW 2010, 1680, 1683.

70 BGH NJW 2010, 1680, 1683: „Die sukzessive Tatbegehung ist vielmehr dadurch gekennzeichnet, dass sich der Täter dem tatbestandlichen Erfolg nach und nach nähert (...)".

der Beeinträchtigung seiner Autonomie, der durch das Verhalten des Täters herbeigeführt wurde und durch sein Handeln bzw. Unterlassen aufrechterhalten wird.[71]

Noch mehr gilt das für Fälle des sog. „schweren Stalkings". Hierunter fallen Handlungen, die auch in ihrer einmaligen Ausführung nicht mehr sozialadäquat, sondern strafbar sind. Explizit normiert § 238 I Nr. 4–7 StGB z.B. die Begehung einer Bedrohung nach § 241 StGB, eines Privatsphäredelikts nach §§ 202a-202c StGB, Verletzungen des Rechts am eigenen Bild und die Begehung von Delikten gegen die Ehre.

Es ist aber auch denkbar, dass unter den verfassungsrechtlich umstrittenen[72] Auffangtatbestand in Nr. 8 („eine mit den Nummern 1 bis 7 vergleichbare Handlung") jedenfalls solche Handlungen fallen, die auch ansonsten unstreitig strafbar und strafwürdig sind, wie Körperverletzungen und sexuelle Übergriffe.[73] Gerade in Fällen schweren Stalkings wird i.d.R. eine geringfügige Zahl an Handlungen – die gesetzgeberische Mindestanforderung aufgrund des Wortes „wiederholt" in § 238 Abs. 1 StGB beträgt zwei Handlungen[74] – genügen, um den deliktischen Zustand der Eignung zur Beeinträchtigung der Lebensgestaltungsfreiheit des Opfers herbeizuführen. Der Täter manifestiert durch seine regelmäßigen körperlichen und sexuellen Übergriffe die Konsequenz für vermeintliches Fehlverhalten des Opfers. Auf diese Art und Weise sorgt er dafür, dass das Opfer sich seinen expliziten Wünschen anpasst, aber ggf. auch seine Wünsche antizipiert und ihnen Folge leistet. In diesen Fällen ist also davon auszugehen, dass bereits ab dem zweiten Schlag innerhalb einer Partnerschaft oder dem zweiten sexuellen Übergriff i.S.v. § 177 StGB häusliche Gewalt einen deliktischen

71 Die Art und Weise der Begehung wird in den meisten Fällen hinreichend Anlass dafür geben, zu schließen, dass der dauerhafte Effekt auf das Opfer vom Täter erwünscht ist. Ist das nicht der Fall, entfällt eine Strafbarkeit wie bei jedem anderen Delikt auch mangels Vorsatzes. Auf ein Vorsatzproblem weist hingegen *Gazeas* hin (JR 2007, 497, 504). Siehe auch: *Buß*, (Fn. 67), S. 221.

72 Schönke/Schröder/*Eisele*, 30. Aufl. (2019), § 238 Rn. 23a: „(…) freilich immer noch die Frage, ob die Vorschrift hinreichend bestimmt ist."; NK-StGB/*Sonnen*, 6. Aufl. (2023), § 238 Rn. 40: „verfassungsrechtlich problematisch (…)"; LK-StGB/*Krehl/Güntge*, Bd. 12, 13. Aufl. (2023), § 238 Rn. 58: „Die Anwendbarkeit von Absatz. 1 Nr. 8 begegnet grundsätzlichen Bedenken.". Siehe aber auch MüKo-StGB/*Gericke*, 4. Aufl. (2021), § 238 Rn. 36: „Der Einwand der Gesetzesunbestimmtheit und damit der Verfassungswidrigkeit (…) ist nach hier vertretener Ansicht jedenfalls im Ergebnis nicht begründet.".

73 So auch Schönke/Schröder/*Eisele* (Fn. 72), § 238 Rn. 22.

74 LK-StGB/*Krehl/Güntge* (Fn. 72), § 238 Rn. 61.

Zustand i.S.d. § 238 Abs. 1 StGB darstellt:[75] Wer mittags sein Gesicht in die vermeintlich schlecht zubereite Mahlzeit gedrückt bekommt[76] und nachts davon aufwacht, gewürgt oder sexuell genötigt zu werden, wird sich am nächsten Morgen nicht mehr frei dazu entscheiden, entgegen dem Willen des eigenen Partners zur Arbeit zu gehen oder Freunde zu besuchen – aus Angst entweder vor der Umsetzung expliziter Drohungen oder vor der dauerhaften impliziten Drohung, die sich in der gewaltvollen Partnerschaft als solcher manifestiert.[77] Die gewaltvolle Partnerschaft – materiellrechtlich fassbar[78] durch die wiederholten Handlungen in § 238 Abs. 1 StGB und den Vorsatz, den Zustand der Beeinträchtigung der Autonomie aufrechtzuerhalten – ist ein fortdauernder Angriff auf die Rechtsgüter Willensentschließungs-, Willensbetätigungs- und Lebensführungsfreiheit (fortan wieder: Autonomie) des Opfers.

VII. Möglichkeiten und Grenzen von Notwehr gegen häusliche Gewalt

Ist also festgestellt, dass es sich bei der gewalttätigen Partnerschaft ab der zweiten Verletzungshandlung i.S.d. § 238 Abs. 1 StGB um einen dauerhaften Angriffszustand auf die Autonomie des Opfers handelt, stellt sich die Frage nach Möglichkeiten und Grenzen der Notwehrübung für die Opfer.

---

75 Sodass der Zeitraum überschritten ist, in dem sich der „Täter dem tatbestandlichen Erfolg nach und nach nähert (...)", wie aber die Rechtsprechung die Deliktsnatur des § 238 StGB charakterisiert, BGH NJW 2010, 1680, 1683.

76 ARD Morgenmagazin v. 07.06.2024, online abrufbar unter https://www.ardmediathek.de/video/morgenmagazin/lagebericht-zur-haeuslichen-gewalt/das-erste/Y3JpZDovL2Rhc2Vyc3RlLmRlL21vcmdlbm1hZ2F6aW4vM2E3MjgyYjUtNGExZS00MmEyLWE0OGMtZDljMWE1ZjkyZGE3 (zuletzt abgerufen am: 30.08.2024).

77 Siehe auch *Kaiser*, (Fn. 28), S. 61: „Nicht nur das tatsächliche Würgen nimmt Frau F. die Luft zum Atmen, sondern auch die bloße Möglichkeit, dass er es wieder tun könnte. Auch wenn ihr Mann gar nicht da ist, greift er nach ihr und hat sie so immer im Griff. (...) Die bedrohliche Situation ist für Frauen schwer auszuhalten, sie versuchen, alles richtig zu machen, damit sich die Spannung ihres Partners nicht entlädt.".

78 Einer Bestrafung der gewalttätigen Partnerschaft als Dauerdelikt (im Gegensatz zu ihrer Qualifikation allein als dauerhafter rechtswidriger Angriff wie hier vorgeschlagen) stehen nach derzeitiger Ausgestaltung allerdings noch konkurrenzrechtliche Probleme insofern gegenüber, als dass die einzelnen Übergriffe zu einer Tat verklammert werden könnten, s. *Buß*, (Fn. 67), S. 221 ff.

1. Möglichkeiten: Wiedererlangung und Aufrechterhaltung der Autonomie im strafrechtlich geschützten Ausmaß

Ausgangspunkt der Verteidigung gegen häusliche Gewalt muss dabei der Rechtsgüterschutz, also die Wiedererlangung und Aufrechterhaltung der Autonomie im strafrechtlich geschützten Ausmaß sein. Das ist grds. in zwei Richtungen denkbar.

Erstens kann Autonomie durch Distanzschaffung wiederhergestellt werden. Hier kämen als Verteidigungsstrategien v.a. solche Verhaltensweisen in Betracht, die den Opfern – z.B. unter Durchbrechung vorheriger finanzieller oder emotionaler Abhängigkeit – ein eigenständiges Leben ermöglichen. So ist z.B. denkbar, dass Opfer, notfalls mittels Hausfriedensbruchs, Geldkarten und Wertgegenstände des Angreifers stehlen, um sich auf diese Weise eine eigene Wohnung, eine Berufsausbildung, den beruflichen Wiedereinstieg oder private – und damit im Vergleich zu kassenfinanzierter schneller erreichbare – Psychotherapie zu finanzieren und hierdurch ihre Autonomie zurückzugewinnen. Auch können Opfer mittels List oder nicht lebensgefährlichen Körperverletzungen – ggf. gemeinsam mit Freund*innen oder Verwandten – den Angreifer aus der gemeinsamen Wohnung entfernen.

Zweitens kann Autonomie aber auch durch Abschreckung des Täters wiederhergestellt werden. Das kann insbesondere dann sinnvoll sein, wenn Opfer – auch entgegen staatlichen oder gesellschaftlichen Interessen an friedlicher Konfliktlösung – nicht die Partnerschaft, sondern die Gewalt innerhalb der Partnerschaft beenden wollen. Abschreckung des Täters könnte z.B. dadurch geleistet werden, dass seine Gewaltausübung i.S.v. *public shaming* (und ggf. entgegen § 126a StGB) öffentlich gemacht wird. Denkbar sind aber auch nicht-lebensgefährliche Körperverletzungen, ggf. in Kooperation mit Freund*innen oder Verwandten des Opfers, oder Nötigungen.

2. Grenzen der Notwehrausübung: Erforderlichkeit

Schließlich fragt sich, ob der Erforderlichkeitsmaßstab[79] in § 32 Abs. 2 StGB, der weitestgehend für unmittelbare Angriffskonstellationen ent-

79 Eine sozialethische Einschränkung der Notwehr im Rahmen der Gebotenheit (z.B. BGH NJW 1969, 802) kommt indes nicht in Betracht: Der wiederholt gewalttätige Partner hat durch sein Verhalten jedes Bündnis der gegenseitigen Fürsorge, aus dem

wickelt wurde,[80] auf dauerhafte Angriffszustände übertragbar ist oder einer Modifikation bedarf.

a) Bewertung anhand der „konkreten Kampflage“

Grundsätzlich kann es auch für dauerhafte Angriffe in Form von häuslicher Gewalt dabei bleiben, dass sich die Erforderlichkeit der Notwehr anhand der „konkreten Kampflage“[81] bestimmt. Ausschlaggebend für die Beurteilung der notwendigen Verteidigung ist demnach die – auch aufgrund des vergangenen Verhaltens i.R.d. Gewaltbeziehung – erwartete Reaktion des Angreifers auf Gegenwehr. Hat der Angreifer z.B. in der Vergangenheit bei Widerspruch durch das Opfer unmittelbar zu körperlicher oder sexueller Gewalt gegriffen, wird die Verteidigung des Opfers gegen den Angriffszustand ggf. radikalere Formen der Gegenwehr notwendig machen, als wenn der Angreifer in der Vergangenheit eher zu verbalen Formen von Gewalt neigte (wie Beleidigungen oder Drohungen mit Gewalt bei „nur“ vereinzelter tatsächlicher Gewaltausübung). Ähnlich liegt die Situation, wenn das Opfer weiß – oder der Angreifer es zumindest glauben lässt – dass der Angreifer Zugriff auf gefährliche Waffen hat.

b) Einsatz gefährlicher Waffen

Andersherum müssen Opfer allerdings auch „auf weniger gefährliche Verteidigungsmittel (...) zurückgreifen, wenn deren Abwehrwirkung unzweifelhaft ist und (...) [ihnen] genügend Zeit zur Abschätzung der Lage zur Verfügung steht (...)“.[82] Das betrifft v.a. unmittelbar lebensgefährdende Verteidigungsmittel wie den Einsatz gefährlicher Waffen. Solche Verteidigungsmittel sind auch bei unmittelbar-physischen Angriffen nur erlaubt, wenn „dem Angegriffenen das Risiko eines Fehlschlags und der damit verbun-

eine Garantenstellung mit Rücksichtnahmepflicht konstruiert werden könnte (dazu z.B. *Roxin*, ZStW 1981, 68, 100 ff.), aufgekündigt. Zum Ganzen jüngst: *Koschmieder*, StV 2024, 138.

80 Auswahl des mildesten unter gleich geeigneten Verteidigungsmitteln aus *ex ante* Perspektive der notwehrübenden Person, z.B. BGH NStZ-RR 2015, 303, 304.

81 Z.B. BGH NJW 1981, 138, 138: „Der Rahmen der erforderlichen Verteidigung wird durch die gesamten Umstände bestimmt, unter welchen Angriff und Abwehr sich abspielen, insbesondere durch Stärke und Gefährlichkeit des Angreifers und durch die Verteidigungsmöglichkeiten des Angegriffenen.“.

82 Z.B. BGH NStZ-RR 2018, 69, 70.

denen Verkürzung seiner Verteidigungsmöglichkeiten [nicht] zugemutet werden kann (...)".[83] Nachdem es sich bei dauerhaften Angriffszuständen gerade nicht um unmittelbar-physische Angriffe auf das Leben handelt, ist eine solche Fallkonstellation nur denkbar, wo die Reaktion des Angreifers auf Verteidigungsstrategien des Opfers – aufgrund entsprechender Erfahrungen in der Vergangenheit – in der Zufügung lebensgefährlicher Gewalt überwiegend wahrscheinlich ist. Selbst in diesen Fällen werden Opfer – wie auch bei unmittelbar-physischen Angriffen – den Einsatz der lebensgefährlichen Waffe zunächst androhen müssen.[84]

c) Geeignetheit der Verteidigungsstrategie

Die insofern in aller Regel unterhalb der Schwelle von Tötungen oder lebensgefährlichen Verletzungen liegenden Verteidigungsmittel müssen mit dem Verteidigungsziel – der Beendigung des Angriffszustands auf die Autonomie – korrespondieren. Hierin liegt der größte Unterschied zu unmittelbar-physischen Angriffen. Im Gegensatz zur Abwehr von konkreten Verhaltensweisen geht es um die (Wieder-)Herstellung und Aufrechterhaltung eines Zustands – nämlich den der Autonomie des Opfers im strafrechtlich geschützten Ausmaß. Insofern genügt es bereits, wenn die Verteidigungshandlung des Opfers den Griff des Angreifers auf seine Freiheitsausübung schmälert oder erst einige, sukzessiv aufeinander folgende Handlungen zur endgültigen Beendigung des Angriffs führen.[85] Irgendein Zusammenhang des Verteidigungsmittels zur Möglichkeit der Angriffsbeendigung muss zwar feststellbar sein.[86] Hier kann der Spielraum bei dauerhaften Angriffszuständen auf die Autonomie aber weitläufiger sein als bei unmittelbar-physischen Angriffen: I.d.R. können die Notwehrübenden argumentieren, dass sie hofften, durch ihre Handlungen den Täter zur Lockerung seines Griffs zu bringen. Ein solcher Teilerfolg ist i.R.v. dauerhaften Angriffszuständen nicht unwahrscheinlich. Er könnte z.B. darin bestehen, dass das Opfer einen Abend mit Freund*innen genießen kann, weil es dem Angreifer zuvor und in Kooperation mit diesen Freund*innen – für den Fall, dass er sie nicht gehen lässt – mit Schlägen gedroht hat.

83 Z.B. BGH NStZ-RR 2018, 69, 70.
84 Z.B. BGH NStZ-RR 2011, 238.
85 *Kühl*, Strafrecht AT, 8. Aufl. (2017), § 7 Rn. 94 f.
86 *Kühl* (Fn. 85), § 7 Rn. 94.

d) Inanspruchnahme fremder Hilfe

Ist fremde Hilfe in Form staatlicher Akteure während des Angriffs unmittelbar präsent, müssen Opfer von Angriffszuständen wie auch Opfer unmittelbar-physischer Angriffe auf sie zurückgreifen.[87] Auch steht es Opfern häuslicher Gewalt selbstverständlich frei, die existierenden staatlichen Angebote wie Frauenhäuser, Maßnahmen nach dem GewSchG und Polizeibefugnisse wahrzunehmen. Möchten sich Opfer allerdings gegen häusliche Gewalt selbst verteidigen, kann von ihnen das Herbeiholen von und Abwarten auf staatliche Konfliktlösungsmechanismen sowie die Unterordnung unter staatliche Interessen bei der Konfliktlösung nicht verlangt werden.[88]

e) Das Ende des Angriffs

Ihre Grenzen findet die erforderliche Verteidigung in der Repression:[89]

§ 32 StGB gewährt Verteidigung, nicht Rache oder stellvertretende Bestrafung.[90] Deshalb müssen sämtliche Verteidigungshandlungen darauf ausgerichtet sein, den Angriff zu beenden. Nicht erlaubt ist also Gewalt, die mit dem ursprünglichen Angriff nicht im Zusammenhang steht,[91] genau wie exzessive Gewalt, die anhält, obwohl der Angriff bereits beendet ist.[92] Hieraus ergibt sich die Bedeutung einer präzisen Beschreibung des Angriffs bzw. seiner Beendigung in Konstellationen häuslicher Gewalt. Ein Angriff auf die Autonomie durch häusliche Gewalt ist zum einen beendet, wenn der Täter über einen – im Verhältnis zur vorangegangenen Gewaltbeziehung – langen Zeitraum hinweg keine Verletzungshandlung mehr begangen hat. Zum anderen kann der Täter selbst den Angriff aber auch unmittelbar beenden, indem er glaubhaft – z.B. durch regelmäßige Teilnah-

87 MüKo-StGB/*Erb*, (Fn. 50), § 32 Rn. 145.

88 BGH NJW 1980, 2263, 2263: „Das Gesetz verlangt aber von keinem, der rechtswidrig angegriffen wird, ohne daß er den Angriff schuldhaft verursacht hat, daß er unter Preisgabe seiner Ehre oder anderer berechtigter Belange die Flucht ergreift oder auf andere Weise dem Angriff ausweicht (...)".

89 MüKo-StGB/*Erb* (Fn. 50), § 32 Rn. 154.

90 *Jakobs*, (Fn. 11), § 12 Rn. 20: „Das Erfordernis der Schuld bedeutet nicht, daß die Notwehr der Strafe ähnlich sei.", Rn. 34: „Notwehr ist keine Strafe (...), sondern Notwehr dient dem Güterschutz und ist jenseits dessen unzulässig.".

91 MüKo-StGB/*Erb* (Fn. 50), § 32 Rn. 155.

92 MüKo-StGB/*Erb* (Fn. 50), § 32 Rn. 157.

me an einem Täterarbeitsprogramm[93] – kommuniziert, zukünftig keine Verletzungshandlungen mehr begehen zu wollen.[94] Durch den Angriff verursachte Folgeschäden – wie z.B. dauerhafte psychische Beeinträchtigungen – sind keine Fortsetzung des Angriffs, weil sie durch den Angreifer nicht mehr steuerbar sind.[95]

VIII. Fazit

Die klassische „Haustyrannen"-Rechtsprechung würdigt als Angriff i.S.d. § 32 StGB für die Fallkonstellation häusliche Gewalt nur die einzelnen Verletzungshandlungen, nicht aber den dauerhaften Angriffszustand auf die Autonomie der Opfer. Dabei wäre ein solcher Angriffszustand mit rechtlichen Maßstäben – z.B. anhand der Übernahme der Wertungen des § 238 StGB (Gefährdung bzw. Beeinträchtigung der Autonomie des Opfers ab dem zweiten körperlichen oder sexuellen Übergriff) – erfassbar. Auch die Anforderungen des Erforderlichkeitsmaßstabs in § 32 Abs. 2 StGB lassen sich auf die Notwehr gegen dauerhafte Angriffszustände übertragen. Eine Qualifikation von häuslicher Gewalt nicht nur als Gefahr (zukünftiger körperlicher, sexueller oder verbaler Übergriffe), sondern auch als dauerhafter Angriffszustand (auf die Autonomie des Opfers) hätte eine angemessenere strafrechtliche Verantwortungsverteilung zwischen Verursacher und Opfer der häuslichen Gewalt zur Folge.

---

93 Siehe für einen Überblick zu diesen Programmen: *Bundesministerium für Familie, Senioren, Frauen und Jugend*, Arbeit mit Tätern in Fällen häuslicher Gewalt: Standard der Bundesarbeitsgemeinschaft Täterarbeit Häusliche Gewalt e.V., 5. Aufl. (2023), online abrufbar unter https://www.bmfsfj.de/resource/blob/95364/49d48cb73caecfebe4030b8aea78032c/standards-taeterarbeit-haeusliche-gewalt-data.pdf (zuletzt abgerufen am: 30.08.2024).

94 Ggf. fallen der Moment der Kommunikation und der Glaubhaftmachung auseinander. So kann man sich vorstellen, dass der Täter erst dem Opfer gegenüber kommuniziert, sich in ein Täterarbeitsprogramm begeben zu wollen. In dem Fall kann man davon ausgehen, dass aus dem Angriff eine Gefahr wird, bis der Täter tatsächlich einige Einheiten so eines Programms absolviert hat. Begeht der Täter in der Zwischenzeit erneut mindestens zwei Verletzungshandlungen (s.o. für diese Voraussetzung), verursacht er dadurch einen neuen Angriffszustand.

95 *Jakobs*, (Fn. 11), § 12 Rn. 26: „Zweifelhaft ist, in welchem Maß neben dem Angriffsverhalten auch der Folgenverlauf zum Angriff gehört. Das dürfte nur der Fall sein, solange die aktuelle Gestaltung des Organisationskreises des Angreifers noch Bedingung für den Folgeverlauf ist.".

Nachwuchs in der Krise? „Kriminelle" Kinder und Jugendliche

Pascale Fett, Marburg

I. Jugendkriminalität im Lichte der Öffentlichkeit

In der öffentlichen Debatte wird ein eindeutiges und zugleich sehr einseitiges Bild von „kriminellen" Jugendlichen, Heranwachsenden und selbst Kindern gezeichnet. Spektakuläre Einzelfälle von schwerer Gewalt, Raubüberfällen, schweren Sexualdelikten und gar Tötungen rufen plakative Schlagzeilen hervor, wodurch der Eindruck erweckt wird, es handele sich um eine Abbildung alltäglicher Fallzahlen. Dabei ist hinreichend bekannt, dass wirtschaftliche Interessen eine zentrale Rolle spielen bei der Auswahl der Themen, über die Bericht erstattet wird.[1] Der gesellschaftliche Eindruck der zunehmenden „Verrohung der Jugend", die immer brutaler, gewalttätiger und skrupelloser werde, schürt die seit Anbeginn bestehende Angst davor, dass die „kriminellen" Kinder und Jugendlichen die erwachsenen Straftäter*innen „von morgen" sind.[2] Gestützt werden diese Aussagen und Ängste häufig auf Zahlen und Daten aus der Polizeilichen Kriminalstatistik (PKS). Diese wirft seit vielen Jahrzehnten eine deutliche Dominanz von Jugendlichen und Heranwachsenden aus, welche mit Blick auf den Anteil dieser Personengruppen an der Gesamtbevölkerung umso signifikanter wird. Während Jugendliche und Heranwachsende einen Anteil von 6,6 % an der Gesamtbevölkerung einnehmen, sind sie laut PKS für 16,8 % der Straftaten und damit gut jede sechste erfasste Tat verantwortlich.[3]

Bereits für das Jahr 2022 verzeichnete die Statistik einen erheblichen Anstieg an Straftaten, die durch Kinder und Jugendliche begangen wurden. Von gravierenden Entwicklungen mit einem Zuwachs um 22,1 % für Ju-

---

1 S. hierzu bereits die Auswertung der Tageszeitungen bei *Kerner/Feltes*, in: Kury (Hrsg.), Strafvollzug und Öffentlichkeit, 1980, S. 73 ff.

2 S. hierzu etwa *Kaiser*, in: Dölling (Hrsg.), Jugendstrafrecht an der Wende, 2001, S. 1, 2; ablehnend hingegen *Brunner/Dölling*, JGG, 14. Aufl. (2023), Einf. I Rn. 2 und 14; *Walter*, in: Dölling (Hrsg.), Jugendstrafrecht an der Wende, 2001, S. 37, 54 f.

3 Eigene Berechnungen auf Datengrundlage aus *Statistisches Bundesamt*, GENESIS-ONLINE, Code 12411-0005 (Stichtag 31.12.2022) sowie *BKA*, PKS 2023, Tabelle T20-Bund-TV.

gendliche und 35,5 % für Kinder war die Rede.[4] Auch für das Berichtsjahr 2023 wurde auf den sich fortsetzenden Trend aufmerksam gemacht.[5] Nicht berücksichtigt wurde und wird dabei jedoch, dass oftmals ein Vergleich zwischen den Zahlen während der Corona-Pandemie und entsprechenden gültigen Lockdown-Regelungen vorgenommen wird, wo die Straftatenbegehung allein durch die Verwehrung von Tatgelegenheiten erheblich erschwert bis unmöglich gemacht wurde.[6] Zulässig ist insofern allenfalls ein Vergleich zwischen den Zahlen vor und nach der Pandemie. Doch auch im Vergleich zu 2019, dem Jahr vor dem Ausbruch der Pandemie, ist ein Anstieg der polizeilich erfassten Tatverdächtigen aus den Reihen der Kinder und Jugendlichen zu verzeichnen.[7] Wie diese Entwicklung zustande kommt und zu bewerten ist, soll im Folgenden erörtert werden. Welche pandemiebedingten Besonderheiten darüber hinaus zu berücksichtigen sind, wird an entsprechender Stelle noch darzulegen sein.[8]

II. Die Krise der Jugend

Zu Beginn soll dazu eine grundlegende und allgemeingültige Perspektive für das weitere Verständnis und die Einordnung des Geschehens vorangestellt werden. So gibt es durchaus gute Gründe, anzunehmen, dass sich der Nachwuchs in der Krise befindet. Doch diese Annahme liegt nicht etwa in der Begehung von Straftaten begründet. Die Jugend als Phase der Entwicklung, Reifung und des Übergangs ist geprägt von vielzähligen Umbrüchen, die von den Betroffenen nicht selten als verunsichernd und überfordernd empfunden werden. Sie ist ein äußerst sensibler Lebensabschnitt und kann

4 Diese Werte lassen sich den veröffentlichten Daten der PKS entnehmen, eigene Berechnungen auf Grundlage von *BKA*, PKS 2022 und 2021, Tabelle T20-Bund-TV.

5 Die Daten der Tatverdächtigen laut PKS für das Berichtsjahr 2023 zeigen im Vergleich zum Vorjahr für Kinder einen Anstieg um 11,9 %, für Jugendliche um 9,5 % sowie für Heranwachsende um 6,5 %, *BKA*, PKS 2022 und 2023, Tabelle T20-Bund-TV.

6 S. hierzu auch *Buchanan et al.*, American Journal of Criminal Justice 45 (2020), 578, 581 ff.

7 Hinsichtlich aller erfassten Straftaten ist ein Anstieg der jugendlichen Tatverdächtigen um 6,4 % (zu 2022) bzw. 16,5 % (zu 2023) ausgemacht, bei den tatverdächtigen Kindern um 27,7 %, (zu 2022) bzw. 43,0 % (zu 2023), eigene Berechnungen nach *BKA*, PKS 2019, 2022 und 2023, Tabelle T20-Bund-TV.

8 S. hierzu unten unter V.

mitunter labile Zustände[9] hervorrufen. Die jungen Menschen sehen sich einem hohen gesellschaftlichen Druck ausgesetzt, wenn von ihnen erwartet wird, eine Abkapselung von der Kernfamilie zu durchlaufen und eigenständige Strukturen aufzubauen. Schulische und berufliche Ausbildung gilt es erfolgreich zu absolvieren und den Einstieg in die kapitalistisch geprägte Marktwirtschaft zu finden. Die erste eigene Wohnung wird von einem Großteil aber nicht vor einem Alter von Mitte 20 bezogen.[10] In dieser Umbruchsphase sind psychologische Anker unentbehrlich, um ein notwendiges Maß an Stabilität und Konstanz zu erhalten. Bezugspersonen aus dem sozialen Umfeld, insbesondere sog. peers aus der selbst gewählten Gruppe meist Gleichaltriger, gewinnen enorm an Bedeutung. Fehlen solche Anker und stabilisierende Faktoren oder kommt es zu destabilisierenden Ereignissen wie der Trennung von Bezugspersonen, dem Wechsel des gewohnten Umfelds, dem Verlust von Arbeit und Einkommen (bei eigener Erwerbstätigkeit oder jener der Sorgeberechtigten), der Schwächung des sozialen Status oder befindet sich die junge Person ohnehin in einem bereits sozial geschwächten und benachteiligten Milieu, in dem Kriminalität beobachtet wird oder sie selbst davon betroffen ist, kann dies in die eigene Ausübung abweichenden Verhaltens unter Verstoß gegen Strafnormen münden. Die ursprüngliche Pfeilrichtung innerhalb des dadurch mitunter ausgelösten Kreislaufs gilt es aber zu beachten. Die Jugendlichen befinden sich per se in einer krisenhaften Phase, in welcher sie anfällig sind für Straftatenbegehung. Kommt es dann zu staatlicher Intervention und Stigmatisierung, können sie erneut und tiefer in einen Zustand der Krise gestoßen werden, welcher sich abermals kriminalitätsfördernd auswirken kann. Es ist daher verfehlt, mit Blick auf die Begehung von Straftaten davon zu sprechen,

---

9 Eine viel stärkere Dimension von Labilität erlangt der Umstand, als junge Person aus der Haft entlassen zu werden und den Übergang in die Gesellschaft meistern zu müssen, s. hierzu „Labile Übergänge – Die Integration hafterfahrener junger Männer in Ausbildung und Arbeit", unter welchem Titel eine qualitative Projektuntersuchung im Zeitraum 2005–2007 unter der Leitung des *Kriminologischen Forschungsinstitut Niedersachsen (KFN)* durchgeführt wurde, online abrufbar m.w.N unter https://kfn.de/forschungsprojekte/labile-uebergaenge-die-integration-hafterfahrener-junger-maenner-in-ausbildung-und-arbeit/ (zuletzt abgerufen am: 30.08.2024); umfassend und weiterführend auch *Boxberg*, Entwicklungsintervention Jugendstrafe, 2018, S. 123 ff.

10 Das Durchschnittsalter des Auszugs aus dem Elternhaus beträgt 23,9 Jahre, wobei rund ein Viertel der 25-Jährigen noch zuhause wohnt, s. *Statistisches Bundesamt*, Pressemitteilung Nr. N028 v. 13.06.2024, online abrufbar unter https://www.destatis.de/DE/Presse/Pressemitteilungen/2024/06/PD24_N028_12.html (zuletzt abgerufen am: 30.08.2024).

die Generation der Kinder und Jugendlichen befinde sich in einer Krise. Vielmehr liegt es in der Natur der Sache, dass diese Altersgruppe der etwa 11- bis 18-Jährigen auch weit darüber hinaus als Jungerwachsene bis ins Alter als Mitte 20-Jährige mit einem derartigen Wandel konfrontiert sind, sodass es in Einzelfällen zu rechtserheblichem Verhalten kommt, das staatliche Reaktionen nach sich zieht. Nicht die Straftatenbegehung führt zur Krise, sondern die Krise kann zur Begehung von Straftaten führen und delinquentes Verhalten begünstigen.

III. Jugendkriminalität und Jugendgewalt

In der öffentlichen Debatte werden zwei Begrifflichkeiten oftmals in Eins gesetzt, die es aber aus guten Gründen getrennt voneinander zu betrachten gilt: Jugendkriminalität und Jugendgewalt. Beide Begriffe sind eine nähere und individuelle Betrachtung wert.

1. Jugendkriminalität

Das Stichwort „Jugendkriminalität" dient oftmals als Ober- und Sammelbegriff für straffällige oder strafrechtlich in Erscheinung getretene Jugendliche und deren Verhalten. Daher werden häufig auch allgemeine Zahlen und Statistiken zur Jugendkriminalität als Ganzes genutzt, um den darin vermuteten Trend öffentlichkeitswirksam zu präsentieren. Was die Zahlen jedoch auf den ersten Blick nicht zu erkennen geben, sind die vielzähligen Einflüsse, welche zu ihrem Entstehen und möglichen Schwankungen beitragen.

a) (Statistisch relevante) Einflussfaktoren

So gilt es Faktoren wie Alter, Geschlecht, Bildung und sozio-ökonomischen Status als relevante Größen hinreichend zu berücksichtigen und in die Debatte einzubeziehen. In der statistischen Darstellung der Kriminalitätszahlen sind diese aber weder abgebildet noch herauslesbar. Für eine differenzierte Auseinandersetzung mit der Entstehung, Entwicklung und Reaktion auf delinquentes Verhalten ist deren Berücksichtigung aber essentiell, wobei diese allenfalls durch begleitende Studien beleuchtet werden können.

Zu bedenken ist auch, dass diese Einflussfaktoren nicht nur in eine Richtung wirken (von den Personen aus), sondern auch Auswirkung darauf haben, wie auf diese Personen von außen eingewirkt wird und diese wahrgenommen werden. So birgt etwa das Merkmal „Fluchterfahrung“ nicht nur ein erhöhtes Risiko, Straftaten zu begehen,[11] sondern macht es auch wahrscheinlicher, polizeilich kontrolliert zu werden. Diese erhöhte Betroffenheit von staatlicher Kontrolle betrifft marginalisierte und diskriminierte Gruppen um ein Vielfaches mehr, was etwa unter dem Begriff des *racial profiling* diskutiert und in Studien untersucht wird.[12] Hierbei kommt es zu einer höheren Sichtbarkeit von Fehlverhalten und Normverstößen durch diese besonders im Fokus stehende Gruppe. Dass eine Vergleichsgruppe, die jenes Merkmal nicht trägt, kein angepasstes, normkonformes Verhalten an den Tag legt, ist dabei keineswegs gesagt, sondern wird schlicht weniger häufig festgestellt und ist dadurch statistisch unterrepräsentiert.

Ein weiteres Merkmal, welches dessen Träger*in einer höheren Wahrscheinlichkeit staatlicher Kontrolle aussetzt, ist die Eigenschaft „jugendlich“. Dabei spielen Ort und Zeit einer potenziellen Straftat ebenso eine Rolle wie jugendtypisch wirkende Umstände, die sich neben der Tatsituation auch aus dem Deliktscharakter ergeben können.

---

11 Gründe dafür können etwa die teils traumatischen Eindrücke der Flucht sowie prekäre Umstände der Unterbringung auf beengtem Raum ohne Rückzugs- und Schutzmöglichkeiten, der erschwerte Zugang zu legalen Erwerbstätigkeiten sowie der unsichere Aufenthaltsstatus oder Verbleib sein, welche als äußere Faktoren auf die Betroffenen wirken. Auch der Verstoß gegen aufenthaltsrechtliche Vorgaben kann aus asylbezogenen Verhaltensweisen resultieren und sich in der Statistik niederschlagen. Nicht zuletzt ist die formelle Sozialkontrolle in Sammelunterkünften um ein Vielfaches höher, sodass auch jenes Verhalten statistisch sichtbar wird, was bei anderen Unterbringungsformen oftmals im Wege der informellen Sozialkontrolle gelöst würde; zu diesem und weiteren Umständen und Faktoren s. *Feltes et al.*, Abschlussbericht des Forschungsprojekts „Flucht als Sicherheitsproblem“, S. 25, 67 ff., 86 ff., online abrufbar unter https://www.flucht.rub.de/images/arbeitspapiere/Arbeitspapier_5_Flucht_als_Sicherheitspeoblem.pdf (zuletzt abgerufen am: 30.08.2024); s. auch *Walburg*, Forum Strafvollzug 2017, 93 ff.

12 S. hierzu umfassend die Beiträge in *Hunold/Singelnstein* (Hrsg.), Rassismus in der Polizei, 2022; kritisch hinsichtlich der Rechtsprechung deutscher Verwaltungsgerichte *Liebscher*, NJW 2016, 2779 ff.

b) Situativ geprägte und jugendtypische Delikte

Insbesondere bleibt insofern bei Nutzung von statistischen Gesamtsummen der Blick auf die jeweiligen Deliktsfelder verschleiert. Wird die Summe der von Jugendlichen begangenen und behördlich erfassten Straftaten aufgeschlüsselt nach Deliktsformen, zeigt sich ein deutliches Bild hinsichtlich der deliktischen Schwerpunkte: Seit jeher dominieren die Zahlen sog. Bagatelldelikte in Form von Ladendiebstahl (24,9 %), einfacher Körperverletzung (13,4 %), Betrugsdelikten inkl. Beförderungserschleichung (9,0 %) und Sachbeschädigung (8,1 %), ergänzt durch Rauschgiftdelikte (11,7 %).[13] Die im Vergleich zur Kontrollgruppe der erwachsenen Straftäter*innen auf diesem Gebiet deutlich erhöhten Zahlen sind auf die jugendspezifischen Mechanismen und Entwicklungsbesonderheiten zurückzuführen. Dabei besteht Einigkeit über die zentralen Charakteristika von Jugenddelinquenz: Sie stellt sich als ubiquitäre, normale Verhaltensweise im Rahmen der typischen Entwicklung dar,[14] findet durch alle gesellschaftlichen Schichten hinweg statt und verwächst sich häufig mit Zeitablauf und fortschreitendem Alter im Wege der sog. Spontanbewährung,[15] ohne dass hierzu eine staatliche oder gar strafrechtliche Intervention nötig ist.

Die genannten Delikte stellen sich dabei als besonders jugendtypisch dar. Sie werden für gewöhnlich spontan vorgenommen und sind nicht selten geprägt von dem Austesten sozialer und rechtlicher Grenzen, einer Gruppendynamik innerhalb der peer group und schlicht erhöhter Gelegenheit für Jugendliche, die sich häufiger in öffentlichen Räumen zusammen mit Gleichaltrigen aufhalten. Ein erhöhter Konsumdruck sowie das Streben nach Zugehörigkeit und Ansehen können etwa dazu führen, dass Gegenstände, die als Statussymbol empfunden, aber selbst nicht bezahlt werden können, aus dieser empfundenen Drucksituation heraus gestohlen, erpresst, geraubt und mittels Betrugs erlangt werden. Das Bestehen von

13 Eigene Berechnungen auf Grundlage von *BKA*, PKS 2022, Tabelle T20-Bund-TV. Auch die Dunkelfeldforschung etwa in Form der Schüler*innenbefragung zu selbstberichteter Delinquenz belegt die Dominanz jener Delikte, s. *KFN*, Niedersachsen survey 2022, S. 29 ff., insb. Tabelle 11 auf S. 33.

14 S. etwa *Dollinger/Schabdach*, Jugendkriminalität, 2013, S. 10; insofern treffend auf folgende Aussage zurückgeführt: „Statistisch anormal ist nicht Delinquenz, sondern eher der Umstand, bei Delinquenz ‚erwischt' zu werden."; *Meier et al.*, Jugendstrafrecht, 4. Aufl. (2019), S. 50 ff.

15 S. hierzu etwa *Eisenberg/Kölbel*, Jugendgerichtsgesetz, 25. Aufl. (2024), Einl. Rn. 5 ff.; NK-JGG/*Sommerfeld/Schady*, 11. Aufl. (2021), § 45 Rn. 8.

Mutproben hat häufig das Begehen leichter Delikte wie Vandalismus, Ladendiebstahl, leichte Körperverletzungen oder auch Einbruchsdiebstähle zum Gegenstand. Während seit langer Zeit eine Herausnahme der Jugendlichen aus dem Anwendungsbereich jener Bagatelldelikte gefordert wird,[16] bleibt die besondere Betroffenheit Jugendlicher von strafrechtlicher Ahndung unberücksichtigt. Auch die Verwirklichung von Körperverletzungsdelikten ist oftmals Ausdruck jugendtypischen Verhaltens, was ebenfalls durch die Gruppendynamik geprägt ist, durch den Entwicklungszustand der Jugendlichen und damit einhergehende fehlende und unausgereifte Fähigkeit zur Selbstkontrolle[17] und zudem durch die gerade bei jugendlichen Tatverdächtigen nicht selten festgestellte Alkohol- oder Drogenintoxikation bei der Straftatbegehung.[18]

Daneben sind auch Tatort und -zeit oftmals relevant für die Wahrscheinlichkeit einer statistischen Erfassung. Typischerweise sind es Jugendliche und Heranwachsende, die sich meist auch in den Abendstunden und am Wochenende im öffentlichen Raum aufhalten, in Gruppen unterwegs sind, sich tendenziell lauter und bereits damit auffälliger verhalten und nicht selten unter dem Einfluss von Drogen und Alkohol stehen. Kommt es in diesem Kontext zu einer polizeilichen Kontrolle, eröffnet sich häufig eine emotional hochaufgeladene Konfliktsituation mit Eskalationspotenzial, die in Widerstandsverhalten und wechselseitige Gewaltausübungen münden kann. Insofern irritieren die ebenfalls hohen Tatverdächtigenzahlen im

16 S. etwa zum Ladendiebstahl *Harrendorf*, NK 2018, 250 ff.; *Landau/Fünfsinn*, ZRP 2000, 5 ff.; *Oberlies/Leuschner*, NK 2019, 179 ff.; zur Beförderungserschleichung *Mosbacher*, NJW 2018, 1069 ff.; mit allgemeinem Blick *Meier*, ZStW 129 (2017), 433 ff. sowie *Walter*, in: DVJJ (Hrsg.), Jugend im sozialen Rechtsstaat, 1996, S. 253 ff.; überblicksartig auch *Fett*, ZJJ 2019, 365 ff.

17 Die fehlende emotionale Kontrolle in dieser Entwicklungsphase steht dem Konfliktmanagement dabei im Weg, Eskalationsspiralen zu durchbrechen oder gar nicht erst entstehen zu lassen, was in entsprechenden Konstellationen wiederum abweichendes und auch zuweilen gewalttätiges Verhalten begünstigt, vgl. hierzu allgemein *Lohaus/Vierhaus*, Entwicklungspsychologie, 4. Aufl. (2019), S. 285 ff.; *Leschnik*, Emotionale Kompetenzen, 2021, S. 13 f.

18 So befanden sich laut PKS im Jahr 2023 3,9 % der Jugendlichen, die strafrechtlich erfasst wurden, unter dem Einfluss von Alkohol; bei Heranwachsenden ist dieser Anteil mit 9,5 % noch deutlicher. Deliktsbezogen ist der Anteil an alkoholisierten oder berauschten jugendlichen Tatverdächtigen im Bereich der Widerstandsdelikte gegen Vollstreckungsbeamt*innen i.S.d. §§ 113 ff. StGB mit 28,3 % am höchsten, gefolgt von der Sachbeschädigung (§§ 303–305a StGB) mit 8,9 % und den Körperverletzungsdelikten (§§ 223–227, 229, 231 StGB) mit 6,6 %, eigene Berechnungen auf Grundlage von *BKA*, PKS 2023, Tabelle 20_BKA.

Bereich der Widerstandsdelikte nach §§ 113 ff. StGB[19] für Jugendliche und Heranwachsende nicht, sondern sind durch eben diese situativen und jugendtypischen Besonderheiten plausibel erklärbar.[20]

Darüber hinaus wirken auch in anderen Deliktsfeldern jene jugendspezifischen Faktoren häufig automatisch strafschärfend.[21] Trägt die Jugendliche bei dem Ladendiebstahl ein Taschenmesser bei sich, weil sie es für gewöhnlich im Rahmen der Gruppenzugehörigkeit in ihrer Hosentasche oder ihrem Rucksack dabei hat, verwirklicht sie nicht den einfachen Diebstahl nach § 242 StGB, der – wenn nur geringwertige Sachen bis meist zu einer Wertgrenze von max. 50 Euro betroffen sind[22] – zudem mit dem Strafantragserfordernis nach § 248a StGB versehen ist, sondern sieht sich einer Verfolgung wegen Diebstahls mit Waffen nach § 244 Abs. 1 Nr. 1 a) StGB ausgesetzt, welcher im allgemeinen Strafmaß[23] eine erhöhte Mindeststrafe von sechs Monaten Freiheitsstrafe aufweist. Auch sämtliche Delikte, die eine Bandenzugehörigkeit als strafschärfend normieren,[24] treffen Jugendliche in erhöhtem Maße. Zu Recht wird daher auch für diese – von Seiten

19 Jugendliche stellten 2023 im Bereich der §§ 113 ff. StGB 6,1 % der Tatverdächtigen dar und Heranwachsende machten 8,2 % aus, eigene Berechnungen nach *BKA*, PKS 2023, Tabelle T20-Bund-TV, Schlüssel 621100.

20 Mit Blick auf die Fallzahlen und aufgrund der jugendtypischen Besonderheiten ist die bisher uneingeschränkte Anwendbarkeit der §§ 113 ff. StGB auf Jugendliche daher bedenklich, s. dazu umfassend *Puschke/Fett*, ZJJ 2022, 92 ff.

21 So führte bereits *v. Liszt* aus, dass die Eigenschaft „jugendlich" sich strafschärfend auswirkt, *v. Liszt*, Strafrechtliche Aufsätze und Vorträge, 1905, S. 19 f.; ebenso *Spiess*, in: Haverkamp et al. (Hrsg.), FS H.-J. Albrecht, 2021, S. 1036 ff.; vgl. auch *Haffke*, in: Böse/Sternberg-Lieben (Hrsg.), FS Amelung, 2009, S. 17, 21; *Ostendorf*, StV 1998, 297, 302 mit beispielhafter Aufführung. Zum Gruppenbezug und diesbezüglicher Auslesungs- und Anwendungspflicht des Jugendstrafrechts s. umfassend *Lehmann-Björnekärr*, Gruppenbezug jugendlicher Delinquenz, 2014.

22 OLG Zweibrücken NStZ 2000, 536; OLG Hamm NJW 2003, 3145; OLG Frankfurt NStZ-RR 2017, 12; statt vieler MüKo-StGB/*Hohmann*, 4. Aufl. (2021), § 248a Rn. 7 m.w.N. Dabei gilt diese Grenze der Geringwertigkeit dem Wortlaut des § 248a StGB zufolge ausdrücklich nur für Straftaten nach § 242 und § 246 StGB.

23 An der Stelle sei darauf hingewiesen, dass die Strafrahmen der Normen aus dem Besonderen Teil des StGB gem. § 18 Abs. 1 S. 3 JGG zwar nicht unmittelbar für Jugendliche gelten, die nach Jugendstrafrecht verurteilt werden und für die die Besonderheiten des JGG zu beachten sind. Allerdings wirken sich diese mittelbar auf die Bewertung der Tat aus, nehmen eine gewisse Hinweisfunktion ein und dienen als Leitlinie, wodurch sie sich faktisch letztlich doch auf die Wahl der Sanktion sowie die Bemessung deren Höhe auswirkt, s. *Eisenberg/Kölbel* (Fn. 15), § 18 Rn. 2, 21; NK-JGG/*Ostendorf*, 11. Aufl. (2021), § 5 Rn. 4.

24 In Betracht kommen hier insb. die §§ 244 Abs. 1 Nr. 2; 244a; 250 Abs. 1 Nr. 2; 253 Abs. 4 S. 2; 260 Abs. 1 Nr. 2; 261 Abs. 5 S. 2; 263 Abs. 3 Nr. 1; 267 Abs. 3 Nr. 1 StGB.

der Gesetzgebung entweder nicht hinreichend bedachte oder schlicht übersehene[25] – übermäßige und unverhältnismäßige Betroffenheit Jugendlicher von erhöhter Strafandrohung eine Abschwächung durch Herausnahme der Jugendlichen aus dem Anwendungsbereich der Normen unter ausdrücklicher gesetzlicher Normierung oder jedenfalls jugendspezifischer Lesart und Normanwendung gefordert.[26]

c) Protest und Rebellion

Neben diesen jugendtypischen Deliktsfeldern, die statistisch dominieren, gibt es eine Bandbreite an Verhaltensweisen, welche der Phase der Jugend besonders zugeschnitten und von jugendeigenen Spezifika geprägt sind. Zu nennen sind dabei die zuletzt öffentlichkeitswirksam präsentierten Aktivismus- und Protestaktionen etwa der „Letzten Generation“, wobei sich meist junge Personen, die nicht selten jugendlich und heranwachsend sind, zum Zwecke des Klimaaktivismus auf die Straße kleben und den öffentlichen Verkehr lahmlegen, oder Tierschutzaktivist*innen, die in Massentierzuchtanlagen einbrechen, um Videoaufnahmen anzufertigen und über notwendige Tierschutzmaßnahmen aufzuklären bzw. Forderungen für besseren Tierschutz zu unterstützen. Auch das Zerstören von Autos oder andere Formen des Vandalismus können eine aktivistische Motivation haben, wobei

25 So *Kölbel*, ZJJ 2021, 40 ff.; ebenso *Eisenberg/Kölbel* (Fn. 15), Einl. Rn. 27. S. weiterführend unten unter VI.1.

26 Dass eine materiell-rechtliche Ausnahme für Jugendliche erforderlich und auch umsetzbar ist, hat die Gesetzgebung in § 182 Abs. 6 StGB gezeigt, s. hierzu auch *Kölbel* (Fn. 25), 40 f. Eine jedenfalls jugendspezifische Lesart ist anerkannt für das schärfende Bandenmerkmal bei dem Zusammenschluss zur Begehung von Ladendiebstählen i.R.d §§ 244, 244a StGB (BT-Drs. 12/898, S. 25) und wird befürwortet für das Beisichführen einer Spielzeugpistole i.R.v §§ 244, 250 StGB (NK-JGG/*Ostendorf* (Fn. 23), § 1 Rn. 10; HK-JGG/*Rössner*, 3. Aufl. (2024), § 2 Rn. 26; a.A. hingegen MüKo-StGB/*Laue*, 4. Aufl. (2020), § 2 JGG Rn. 23). Für eine grundsätzlich restriktive Auslegung des Merkmals „Bande“ in §§ 244, 244a StGB für Jugendliche *Möller*, StraFo 2009, 92 ff.; Schönke/Schröder/*Bosch*, StGB, 30. Aufl. (2019), § 244a Rn. 2; *Glandien*, NStZ 1998, 197 f.; *Lehmann-Björnekärr* (Fn. 21), S. 102 ff., 210 ff.; *Eisenberg/Kölbel* (Fn. 15), § 2 Rn. 36. Ein „Erschleichen“ i.S.d § 265a StGB wird bei Begehung durch Jugendliche ebenso bezweifelt (NK-JGG/*Ostendorf* (Fn. 23), § 2 Rn. 10) wie die Ernsthaftigkeit einer Drohung bei jugendtypischer Prahlerei und „Großmäuligkeit“ als strafbares Verhalten i.S.v § 241 StGB (AG Saalfeld NStZ-RR 2004, 264; *Eisenberg/Kölbel* (Fn. 15), § 2 Rn. 29; NK-JGG/*Ostendorf* (Fn. 23), § 2 Rn. 10; HK-JGG/*Rössner* (Fn. 26), § 2 Rn. 26; Diemer/Schatz/Sonnen/*Diemer*, 8. Aufl. (2020), § 2 Rn. 10).

gerade Sachbeschädigungsdelikte im Feld der Jugendkriminalität seit jeher dominant sind.

Ein solches Protestverhalten wird dabei häufig als rebellisch und auflehnend gewertet und den Jugendlichen ein Stempel des Trotzes und Ungehorsams aufgedrückt. Kommt es in solch emotional aufgeladenen Situationen zum Kontakt mit der Polizei, potenziert sich das Risiko der Eskalation und möglicher Strafbarkeit wegen Widerstands gegen die Staatsgewalt. Auch hier ist ein Auflehnen gegen staatliche Institutionen, welche etwa durch Personal der Polizei unweigerlich verkörpert werden, Teil des reifebezogenen Verhaltens und sollte nicht überbewertet werden.[27] Dabei darf nicht übersehen werden, dass gerade diese Lebensphase und derartiges Verhalten das Potenzial enthält, Innovation und gesellschaftlichen Wandel anzustoßen und voranzutreiben.[28] Der Verstoß gegen etablierte Rechts- und Verhaltensnormen ist in dem Zuge nicht immer vermeidbar, wenn erst dadurch hinreichend verdeutlicht werden kann, dass eine Anpassung der gesellschaftlichen, politischen und rechtlichen Sicht fällig ist.

2. Jugendgewalt

Von der Jugendkriminalität insgesamt getrennt betrachtet werden kann die Sonderform der sog. Gewaltkriminalität. Davon umfasst sind etwa Delikte wie Mord, Totschlag und weitere Delikte gegen das Leben, Körperverletzungsdelikte oberhalb der Grenze der einfachen Körperverletzung, Raubdelikte sowie schwere Sexualdelikte, darunter Vergewaltigung und schwere Fälle sexueller Nötigung oder sexuellen Übergriffs.[29] Tatsächlich zeigt sich sowohl in den Zeiträumen 2021–2022 und 2022–2023 als auch

27 Insofern ist gerade beim Zusammentreffen von Jugendlichen und Polizeibeamt*innen bei der strafrechtlichen Ahndung unter Berücksichtigung aller jugendspezifischen Besonderheiten zu erwägen, die §§ 113 ff. StGB gar nicht oder allenfalls sehr eingeschränkt zur Anwendung kommen zu lassen. S. dazu wiederum *Puschke/Fett* (Fn. 20), 92 ff.

28 S. hierzu auch *Eisenberg*, ZJJ 2018, 33.

29 Vollumfänglich umfasst die Gewaltkriminalität (PKS-Summenschlüssel 892000) die Delikte: Mord, Totschlag, Tötung auf Verlangen nach §§ 211–213, 216 StGB; Vergewaltigung, sexuelle Nötigung und sexueller Übergriff im besonders schweren Fall einschließlich Todesfolge gem. §§ 177, 178 StGB; Raubdelikte nach §§ 249–252, 255, 316a StGB; Körperverletzung mit Todesfolge i.S.d. §§ 227, 231 StGB; gefährliche und schwere Körperverletzung i.S.d. §§ 224, 226, 226a, 231 StGB; erpresserischer Menschenraub und Geiselnahme nach §§ 239a, 239b StGB sowie Angriff auf den Luft-

jeweils im Vergleich zum Berichtsjahr 2019 und damit vor der Pandemie ein Zuwachs der Delikte mit Gewaltbezug. In der Langzeitperspektive zeigt sich im Zeitraum 2001–2023 hingegen ein deutlicher Abwärtstrend mit einem Rückgang um rund ein Fünftel.[30]

Dass nicht jede einfache Körperverletzung unter den Begriff der Gewaltkriminalität subsumiert wird, ist dabei gut begründet, da das Delikt weder das Maß an vorwerfbarem Verhalten noch den Grad an Verletzungsfolgen abbildet. Während in der Öffentlichkeit häufig die These verlautbar wird, die Jugend werde immer brutaler und gewalttätiger, sprechen auch hierzu vorliegende Statistiken gegen diese Annahme. Der Spitzenverband der *Deutschen Gesetzlichen Unfallversicherung (DGUV)* veröffentlicht eine jährliche Statistik zu sog. Raufunfällen an Schulen, also gewaltbedingten Unfällen, die im Rahmen der Schüler*innen-Unfallversicherung gemeldet wurden. Während die Meldungen für das Berichtsjahr 2022 nach Ende der pandemiebedingten Schulschließungen tendenziell auf das Zahlenniveau vor der Pandemie zurückkehren, bleiben sie hinter den Zahlen aus 2019 zurück.[31] Auch die Verletzungsfolgen[32] sind in ihrer Intensität seit Jahren tendenziell sinkend.

Besonders auffällig ist die teils hohe Divergenz zwischen den Befunden im Hellfeld und Dunkelfelderhebungen. Hierzu dient etwa der Niedersachsensurvey des *Kriminologischen Forschungsinstitut Niedersachsen (KFN)*, worin in 2022 ebenso wie in Vorjahren rund 8.500 Schüler*innen der neunten Jahrgangsstufe zu eigenen aktiven und passiven Kriminalitätserfahrungen im Schwerpunkt der Gewalt- und Eigentumsdelikte befragt wurden. Im Bereich der Gewaltdelikte wird für 2022 vergleichsweise häufiger von einer Täter*innenschaft eines Raubs berichtet, wohingegen bei den

---

und Seeverkehr nach § 316c StGB, s. *BKA*, PKS 2022, Übersicht Summenschlüssel 2022.

30 Wurden 2001 noch 38.307 tatverdächtige Jugendliche im Rahmen der Gewaltkriminalität erfasst, waren es 2022 nur noch 26.441 (Rückgang um rund ein Drittel); 2023 waren es 30.244. Für Heranwachsende und Kinder ist der Trend ebenfalls zumeist rückläufig (Rückgang um 33,8 % bzw. 32,9 % für Heranwachsende; für Kinder um 8,2 % für 2022, wobei hier für 2023 ein Anstieg um 7,4 % im Vergleich zu 2001 verzeichnet wurde), eigene Berechnungen nach *BKA*, PKS 2001, 2022 und 2023, TV20-Bund-TV.

31 S. *DGUV*, Statistik Raufunfälle, 2023, S. 1 ff., online abrufbar unter https://publikationen.dguv.de/widgets/pdf/download/article/4782 (zuletzt abgerufen am: 30.08.2024).

32 Hierzu wird erhoben, in welchen Fällen es zu einer Fraktur kam, welche als Hinweis auf eine besonders schwerwiegende Auseinandersetzung dienen könnte, s. *DGUV* (Fn. 32), S. 13 und dortige Abbildung 11.

Körperverletzungsdelikten teilweise ein Rückgang und im Übrigen ein gleichbleibendes Niveau mit den Vergleichsjahren 2013, 2015 und 2017 zu verzeichnen sind.[33] Auch hinsichtlich des Mitführens von Waffen unter Jugendlichen konnte in dieser Erhebung kein signifikanter Anstieg zu den Jahren 2017 und 2019 festgestellt werden.[34]

Für die Bewertung der Fallzahlen der Tötungsdelikte, welche als spektakuläre Einzelfälle oder im statistischen Zuwachs in der medialen Berichterstattung Einzug halten, ist es zudem essenziell, das Verhältnis zwischen vollendeten und bloß versuchten Taten zu berücksichtigen. Die Diskrepanz, dass von den in der PKS ausgewiesenen 251 Fällen der Straftaten gegen das Leben mit Jugendlichen als Tatverdächtigen nur 27 Fälle und damit nur fast jede zehnte Tat vollendet wurden, ist erst auf den zweiten Blick erkennbar.[35]

Als gemeiner Umstand stellt sich dar, dass Jugendliche von jugendlicher Gewalt oftmals selbst betroffen sind.[36] Die eigene Betroffenheit und Gewalterfahrung kann im schlimmsten Fall wiederum selbst gewalt- und kriminalitätsfördernd wirken. Vollkommen zu Recht wird dabei auf das randständige Forschungsfeld der (Bewältigung von) kriminellen Opfererfahrungen von Kindern und Jugendlichen als „unerlässlich" in einer gesamtheitlichen Entwicklungsperspektive hingewiesen[37] – wodurch nicht zuletzt eigene Kriminal- und Gewaltprävention betrieben werden könnte.

IV. Der Umgang mit delinquenten Kindern

Als besonderes Feld bedarf die Behandlung mit und Reaktion auf Kinder, die mit strafrechtlichen Normen in Konflikt geraten, eigenständiger Betrachtung. In der gesellschaftspolitischen und öffentlichen Diskussion um steigende Kriminalität „des Nachwuchses" werden die Personengruppen der Kinder, der Jugendlichen und der Heranwachsenden oftmals in Eins gesetzt. Dabei zeigen sich bereits zwischen den Vergleichsgruppen der Jugendlichen und Heranwachsenden bedeutsame Unterschiede im Verhalten,

---

33 Insofern ist auch nicht auszuschließen, dass hier eine deliktische Verschiebung stattgefunden hat. S. umfassend *KFN* (Fn. 13), S. 45 ff.

34 *KFN* (Fn. 13), S. 101 ff.

35 S. hierzu die Daten aus *BKA*, PKS 2023, Tabelle T20-Bund-TV sowie Tabelle T20-Bund-TV-vollendete Fälle.

36 S. etwa die Daten bei *Taefi/Görgen*, in: Görgen et al. (Hrsg.), Jugendkriminalität und Jugendgewalt, 2013, S. 64, 67 ff.

37 *Greve/Kappes*, FPR 2013, 437, 437 ff., 440.

den Deliktsfeldern und der Unrechtsverwirklichung. Ein unreflektierter Vergleich mit der Gruppe der Kinder verbietet sich dabei erst recht.

Kinder, also alle unter 14-Jährigen, sind nach § 19 StGB expressis verbis schuldunfähig. Damit sind sie strafunmündig, eine strafrechtliche Verfolgung ist demnach versperrt. Grund für diese Altersgrenze ist die Annahme, dass diesen Personen grundsätzlich die Einsichts- und Steuerungsfähigkeit im Rahmen der Schuldfähigkeit fehlt, die es für eine strafrechtliche Verantwortlichkeit braucht. Aufgrund der Strafunmündigkeit ist der Begriff von „Kinderkriminalität" oder „kriminellen Kindern" deplatziert. Vielmehr sollte der weniger stigmatisierende Begriff „Kinderdelinquenz" genutzt werden, will man „abweichendes" Verhalten bezüglich Rechtsnormbrüchen durch Kinder beschreiben.[38] Wenngleich seit jeher Forderungen nach Herabsenkung dieser Altersgrenze hinsichtlich der Strafmündigkeit bestehen,[39] sprechen sozialwissenschaftliche und psychologische Aspekte dringend dafür, diese Grenze keinesfalls weiter abzusenken, sondern allenfalls über eine weitere Anhebung[40] nachzudenken.

Dass Kinder in der PKS statistisch erfasst und als Tatverdächtige geführt werden, irritiert daher zunächst. Hintergrund dessen ist, dass vor dem ausgewiesenen Ziel, „ein möglichst vollständiges Bild der erfassbaren Sicherheitslage zu erhalten", auch schuldunfähige Personen erfasst werden, wozu neben strafunmündigen Kindern auch psychisch kranke Personen zählen, deren Schuldunfähigkeit nach § 20 StGB festgestellt werden kann.

---

38 S. etwa *Bott et al.*, in: Spenn et al. (Hrsg.), Handbuch Arbeit mit Kindern, 2007, S. 147.

39 S. etwa *Hinz*, NJW 2023, 3138 ff. mit einer Analyse hinsichtlich der unterschiedlichen Rechtsmittel nach dem JGG; die Jugendstrafe noch auf die Anwendung auf Kapitaldelikte beschränkend *Hinz*, ZRP 2000, 107, 112; *Paul*, ZRP 2003, 204 ff.; kritisch hingegen etwa *Laubenthal*, JZ 2002, 807, 811; *Köhne*, JR 2008, 369, 372; *Ostendorf*, NStZ 2006, 320, 324; *Roesler*, Die Diskussion über die Herabsetzung der Strafmündigkeitsgrenze und den Umgang mit Kinderdelinquenz, 2008, S. 244; *Neubacher*, ZRP 1998, 121; *Hefendehl*, JZ 2000, 600 ff.; *Ellbogen/Wichmann*, JuS 2007, 114, 118.

40 S. hierzu *Ostendorf*, in: ders. (Hrsg.), FS Pongratz, 1986, S. 63, 74; *Frehsee*, in: P.-A. Albrecht (Hrsg.), FS Schüler-Springorum, 1993, S. 379, 395; *Kräupl*, in: Küper/Dencker (Hrsg.), FS Stree/Wessels, 1993, S. 913, 919; *Dünkel*, RdJ 1999, 291, 305. Dabei ist jedoch anzumerken, dass die Strafmündigkeitsgrenze nach dem deutschen StGB von 14 Jahren im internationalen Vergleich das Mittelmaß darstellt: In Großbritannien liegt diese meist bei 12 Jahren, in der Schweiz bei 10 Jahren, in den USA variiert diese je nach Bundestaat und reicht von 10–13 Jahren bis zu überhaupt keiner bestehenden Altersgrenze; s. hierzu auch MüKo-StGB/*Streng*, 4. Aufl. (2020), § 19 Rn. 16 und eine Übersicht bei *Wissenschaftliche Dienste des Deutschen Bundestags*, Strafmündigkeit. Rechtliche Situation in der Europäischen Union, WD 7 – 3000 – 120/19, 2019.

Bescheiden räumt das Bundeskriminalamt dabei ein: „Über die Schuldfrage hat die Justiz und nicht die Polizei zu befinden."[41] Welche Auswirkungen vor allem in der medialen Debatte[42] aber bereits die reine statistische Erfassung von Kindern und diesbezügliche Berichterstattung hat, scheint dabei bedauerlicherweise nicht von Interesse zu sein bzw. schlicht nicht bedacht zu werden.

Statistisch gesehen kam es 2022 auch für polizeilich registrierte Kinder zu einem Anstieg von 27,7 % im Vergleich zum Vor-Corona-Jahr 2019. Doch auch bei Kindern lagen die Schwerpunkte der angestiegenen Fallzahlen im Bereich der bagatellhaften Kriminalität in Form von Ladendiebstahl (+32,7 %) und Sachbeschädigung (+28,2 %) als nicht unübliche Verhaltensweisen.[43] Hinzu kommt allerdings auch für die Personengruppe der Kinder ein Anstieg im Bereich der Gewaltkriminalität von 27,9 % im Vergleich zwischen 2019 und 2022, mit einem weiteren Anstieg um 17,0 % in 2023 im Vergleich zum Vorjahr. Hingegen ist in der Gesamtschau zu 2001 wiederum ein Rückgang um rund 8 % zu verzeichnen.[44] Die Fluktuationen – sowohl der Rückgang in der Langschau sowie der sich nunmehr abzeichnende Anstieg tatverdächtiger Kinder – lässt sich im Übrigen nicht auf vergleichbare Bevölkerungsschwankungen zurückführen.[45] Weder kam es zu einem deutlichen Rückgang etwa durch geringere Geburtenraten noch

41 *BKA*, PKS Jahrbuch 2019, Bd. 3: Tatverdächtige, Vorbemerkungen, S. 7. Vollkommen verkannt wird dabei aber die absolute Wirkung der Strafmündigkeitsgrenze aus § 19 StGB, wonach keine Einzelfallwertung oder Ermessensentscheidung des Gerichts nötig ist.

42 Zu Recht hat *Scheerer* daher bereits früh von einem „politisch-publizistischen Verstärkerkreislauf" gesprochen hinsichtlich des Einflusses von Massenmedien auf den Prozess der Normgenese, *Scheerer*, KrimJ 1978, 223 ff.

43 Für das Berichtsjahr 2023 wurde im Vergleich zum Vorjahr ein Anstieg um weitere 11,9 % hinsichtlich aller Delikte festgestellt, wobei die Zahlen etwa zur Sachbeschädigung deutlich rückläufig waren (-18,3 %), jene zum Ladendiebstahl hingegen weiter steigend (+10,3 %), eigene Berechnungen nach *BKA*, PKS 2023, TV20-Bund-TV.

44 Im Vergleich zum Jahr 2001 ergibt sich für 2022 ein Rückgang tatverdächtiger Kinder im Bereich der Gewaltkriminalität um 8,2 %, für 2023 ein Rückgang um 7,4 %, eigene Berechnungen nach *BKA*, PKS 2023, TV20-Bund-TV.

45 Während die Bevölkerungszahl der Kinder seit 2001 um 4,5 % (520 Tsd.) gesunken bzw. zu 2019 um 4,6 % (492 Tsd.) gestiegen ist im Vergleich zu 2022, zeigt sich für Jugendliche und Heranwachsende eine deutlichere Abnahme in der Bevölkerung (für Jugendliche: -16,4 % bzw. -609 Tsd. zu 2001, +2,7 % bzw. +81 Tsd. zu 2019; für Heranwachsende: -13,9 % bzw. -396 Tsd. zu 2001, -3,4 % bzw. -87 Tsd. zu 2019), eigene Berechnungen auf Grundlage von *Statistisches Bundesamt*, GENESIS ONLINE, Code 12411–0005: Bevölkerung: Deutschland, Stichtag, Altersjahre.

zu erheblichen Anstiegen infolge von Migrationsbewegungen.[46] Auch hier können verändertes Anzeige- und Meldeverhalten zu einem statistischen Zuwachs führen, wobei tieferliegende Auslöser mit Bedacht bewertet und die Entwicklung wachsam beobachtet werden sollte.

V. Besonderheiten der Corona-Pandemie

Der statistisch gegebene Anstieg von straffällig gewordenen Jugendlichen, delinquenten Kindern und insbesondere die statistische Erhöhung im Bereich der Gewaltdelikte sucht daher nach einer Erklärung, zuvorderst in der öffentlichen und politischen Debatte. Ein in allen Lagen besonders einschneidendes Ereignis bietet dabei eine naheliegende Begründung: die Kurz- und Langzeitfolgen der Corona-Pandemie. Dass durch pandemiebedingte Beschränkungen Tatgelegenheiten drastisch reduziert wurden,[47] ist dabei nur eine Facette. Während allen voran Kinder und Jugendliche in der Zeit des Lockdowns, der Schulschließungen und umfassender Kontaktverbote besonders betroffen waren und sich einer sozialen Ausgrenzung hilflos gegenübergestellt sahen, waren sie nicht selten von finanziellen Engpässen, Arbeitskürzung, Jobverlust oder entsprechenden Existenzängsten der Eltern und Sorgeberechtigten jedenfalls mittelbar betroffen. Ein hohes Maß an Frustration, Ungewissheit und teils Aussichtslosigkeit kann die Schwelle zur partnerschaftlichen und elterlichen Gewalt herabgesenkt haben. Die nunmehr erhobenen und weiter zu erhebenden Zahlen offenbaren dazu ein gemischtes Bild, wonach teilweise kein Anstieg der Fälle häuslicher Gewalt in Befragungen verzeichnet werden konnte,[48] teilweise aber die Betroffenheit junger Menschen zugenommen habe.[49] Es ist insgesamt indes von einer nicht unerheblichen Dunkelziffer speziell bei sozial benachteiligten Familien, Alleinerziehenden und Familien mit verhaltensauffälligen

---

46 Diese beiden Umstände werden sich zahlenmäßig vielmehr gegenseitig weitgehend ausgeglichen haben.

47 S. etwa *Buchanan et al.* (Fn. 6), 581 ff.

48 So die Erhebungen von *Kliem et al.*, Journal of Interpersonal Violence 38 (2023), 7296, 7306 ff. für Deutschland; *Baier*, KrimOJ 2020, 444 ff. für den Kanton Zürich; s. aber auch die Daten in der Studie von *Ebert/Steinert*, Bulletin of the World Health Organization 99 (2021), 429 ff.

49 *Ebert/Steinert* (Fn. 48), 429 ff.; vgl. für die Schweiz *Baier et al.*, Forensische Psychiatrie, Psychologie, Kriminologie 2022, 51 ff. m.w.N.

Kindern auszugehen.[50] Besonders informelle Sozialkontrolle etwa durch Vereine und die Schule, die nicht umsonst als „Frühwarnsystem“ bezeichnet wird, war im Zuge der Kontaktbeschränkungen weitestgehend ausgesetzt.[51] Wenn Kinder und Jugendliche entweder selbst betroffen sind oder aber die Gewaltausübung miterlebt haben, kann sich dies gleichermaßen schädlich und teils traumatisierend ausgewirkt und damit eigene Gewaltdelinquenz gefördert haben.[52] Doch auch ohne das Erfahren psychischer oder physischer Gewalt waren Kinder und Jugendliche einem hohen Maß an Verunsicherung ausgesetzt.

Was sich nach Ende der pandemiebedingten Beschränkungen auch gezeigt hat, sind sog. Nachholeffekte.[53] Die neugewonnene Freiheit wollte in vollen Zügen ausgekostet und die verlorene Zeit nachgeholt werden. Entwicklungstypische Delinquenz kommt mit zeitlicher Verzögerung, jedoch innerhalb eines nachvollziehbaren Rahmens zum Vorschein, wobei unterschiedliche Alterskohorten zusammentreffen.[54] Oder aber es entstanden neue, bisher ungekannte Drucksituationen für die Kinder und Jugendlichen: Wenn ein neues Smartphone als Statussymbol nach dem Jobverlust eines Elternteils (erst recht) nicht mehr finanzierbar ist, wird es mitunter durch Diebstahl, Raub oder Betrug erlangt.[55] Insbesondere der tolerierbare Umgang mit Frustration und die gewaltfreie Konfliktlösung haben in Zeiten der Pandemie erheblichen Schaden genommen.[56] Darin liegt mitunter der statistische Zuwachs an Gewaltdelikten zum Jahr 2022 begründet.

---

50 So auch *Kliem et al.*, Deutsches Ärzteblatt International 2021, 438, 484; *Kliem et al.* (Fn. 48), 7310.

51 Hierzu auch *Nägel/Kroneberg*, ECONtribute, 2023, S. 3; *Kliem et al.* (Fn. 48), 7298.

52 Allgemein zu den möglichen Folgen eigener elterlicher oder partnerschaftlicher Gewalterfahrung s. die Erhebungen von *Hellmann*, Repräsentativbefragung zu Viktimisierungserfahrungen in Deutschland, 2014, S. 8 f. (m.w.N), 115 ff.: Die Betroffenheit von physischer Gewalt der unter 36-Jährigen hat sich demnach im Vergleich zu 2018 nahezu verdoppelt (S. 56).

53 *Nägel/Kroneberg* (Fn. 51), S. 3 f., 8 ff. Damit wird u.a. auch in der öffentlichen Debatte argumentiert, s. etwa *Bundesministerium des Inneren*, Meldung v. 30.03.2023, online abrufbar unter https://www.bmi.bund.de/SharedDocs/kurzmeldungen/DE/2023/03/vorstellung-pks.html (zuletzt abgerufen am: 30.08.2024).

54 S. hierzu *Nägel/Kroneberg* (Fn. 51), S. 9 f. mit einem anschaulichen Rechenbeispiel der Entwicklung der Fallzahlen etwa zur einfachen Körperverletzung.

55 Vgl. zur finanziellen Lage und deren Auswirkung auch *Buchanan et al.* (Fn. 6), 592; *Nolden*, JMS-Report 2023, 6, 7.

56 So auch *Nägel/Kroneberg* (Fn. 51), S. 3, 8 mit Verweis darauf, dass bereits und insb. in den Grundschuljahren ein gewaltfreier Umgang mit Aggressionen und Konflikten erlernt werde.

Doch auch hier sei erneut darauf hingewiesen, dass bei der Beurteilung der Zahlen gleichsam die statistischen Auswirkungen der Corona-Pandemie hinreichend berücksichtigt werden müssen. Mit Augenmaß ist auf die weitere Entwicklung zu achten, wobei nicht ignoriert werden kann, dass die Folgen der Einschränkungen und Auswirkungen, die durch die Pandemie ausgelöst wurden, nicht in einem Zuge mit den aufgehobenen Lockdown-Beschränkungen zu einem Ende gekommen sind, sondern sich auch in den daran anknüpfenden Folgejahren niederschlagen und in Ausläufern auch weiterhin feststellbar sind und sein werden. Zudem ist zu beachten, dass sich die Corona-Pandemie als Teil einer sog. Polykrise[57] darstellt, wobei diese sich mit weiteren globalen Krisen wie der Klimakrise, Inflation und bewaffneten Konflikten zu einem Gesamtgefüge zusammenbaut. Insofern verwundert es nicht, dass der Trend der Tatverdächtigenzahlen auch für 2023 weiter steigend ist. So bedarf jede Krise nach ihrer individuellen Auswirkung auf die Kinder und Jugendlichen mit ganz eigener Betroffenheit einer gesonderten Berücksichtigung – im sozialen und staatlichen Umgang mit ihnen und in der Reaktion auf ihr (abweichendes) Verhalten.

VI. Die Schattenseiten strafrechtlicher Intervention

Gesellschaft, Staat und Politik sehen sich der Fragestellung gegenüber, wie mit diesen Entwicklungen wirksam umzugehen ist, wobei das Strafrecht häufig als Mittel der Wahl auserkoren wird. Die aktuellen Pönalisierungstendenzen auch auf dem Gebiet des Umgangs mit jugendlicher Delinquenz zeigen indes einprägsam: Wo vermeintlich Licht ist, ist vor allem Schatten. Zu Recht spricht *Kölbel* von der „dunkle[n] Seite des Strafrechts“ und nimmt die „unerwünschten“ Nebeneffekte ausgeweiteter Kriminalpolitik in den Blick.[58] Daran anknüpfend hat er systematisch gezeigt, dass im Rahmen von strafgesetzgeberischen Prozessen die Belange und besonderen Charakteristika von Jugendlichen selten bis gar nicht berücksichtigt wurden.[59] Die damit einhergehende Folge, dass gerade diese vulnerable Gruppe zwar nicht vorrangiges Ziel staatlicher Kontrolle sein soll, aber

57 S. zur Begrifflichkeit etwa *Häckermann/Ettrich*, Berliner Journal für Soziologie 2023, 351 ff. m.w.N und Ausführungen zur begrifflichen Prägung; ferner *Lawrence et al.*, Global Substainability, 2024, 1 ff.

58 *Kölbel*, NK 2019, 249 ff.

59 *Kölbel* (Fn. 25), 40 ff.; s. auch *Kölbel*, ZStW 133 (2021), 169 ff.

faktisch überproportional davon betroffen ist, und entsprechende negative Auswirkungen werden schlicht ignoriert. Von erhöhter Auffälligkeit in Form von steigenden Fallzahlen wird stattdessen auf ein sich ausweitendes Problemfeld geschlossen, worauf es vermeintlich dringend zu reagieren gilt. Das ruft schnell konservative und repressive Befürworter*innen auf den Plan, die ihre Forderungen nach härteren Strafen, früher einsetzender Intervention, erhöhter Kontrolle, ausgeweiteter Überwachung[60] und allem voran die Herabsenkung der Grenze der Strafmündigkeit wiederholen und starkzumachen versuchen.

1. Strafschärfungen

Die strafrechtliche Gesetzgebung ist seit Jahren geprägt von Verschärfungs- und Ausweitungstendenzen.[61] Zuvor nicht kriminalisiertes Verhalten wird strafrechtlich erfasst, insbesondere im Wege der Vorverlagerung des Strafrechts unter Ausdehnung dessen Anwendungsbereichs,[62] wobei strafrechtliche Verfolgung, aber auch strafprozessuale Eingriffs- und Überwachungsmaßnahmen immer früher einsetzen können. Obwohl eine Vielzahl der Verhaltensweisen jugendtypisch ist, findet die besondere Betroffenheit Jugendlicher im Gesetzgebungsprozess keine Berücksichtigung, sondern stellt sich als „blinder Fleck“ dar.[63]

Die missglückte Änderung des § 184b StGB zu der Verbreitung, dem Erwerb und Besitz kinderpornografischer Inhalte im Jahr 2021 hat eindrücklich gezeigt, dass eine Erhöhung des Strafrahmens mehr Fluch als Segen bringen kann. Mit Wirkung zum 01.07.2021 wurde der vorherige Strafrahmen des § 184b Abs. 1 StGB von drei Monaten bis fünf Jahren Frei-

---

60 S. hierzu im Zusammenhang mit der voranschreitenden Sicherungs- und Überwachungsgesellschaft unter dem Einfluss von Big Data und Künstlicher Intelligenz und die darin verbleibende Rolle des Strafrechts *Puschke*, ZStW 135 (2023), 765 ff.

61 Umfassende Änderungen erfahren haben das Sexual-, Wirtschafts- und Terrorismusstrafrecht; s. hierzu im Überblick etwa *Kölbel* (Fn. 25), 41 f.

62 Hierzu umfassend *Puschke*, Legitimation, Grenzen und Dogmatik von Vorbereitungstatbeständen, 2017; s. auch *Silva Sánchez*, Die Expansion des Strafrechts, 2003.

63 *Kölbel* spricht daher zu Recht von einem „blinde[n] Fleck“ (S. 41) und einer „systematischen Ausblendung“ der notwendigen „Differenzierungsfragen“ (S. 40) bei Betroffenheit von Jugendlichen und Heranwachsenden von neuer Strafgesetzgebung und stellt es als strukturelles Problem heraus; mit Auflistung und Auswertung der Gesetzgebungsverfahren im Zeitraum 1990–2020 *Kölbel* (Fn. 25), 40 ff.; s. dazu auch *Eisenberg/Kölbel* (Fn. 15), Einl. Rn. 27.

heitsstrafe angehoben auf im Mindestmaß ein Jahr Freiheitsstrafe, womit das Delikt zum Verbrechen heraufgestuft wurde, wobei das Höchstmaß auf zehn Jahre Freiheitsstrafe verdoppelt wurde. Ähnliches galt für § 184b Abs. 3 StGB, für den das Strafmaß von Freiheitsstrafe bis zu drei Jahren oder Geldstrafe angehoben wurde auf Freiheitsstrafe von einem Jahr bis zu fünf Jahren.[64] Während die drastische Anhebung des Strafrahmens einen verbesserten Schutz von Kindern und eine starke „Waffe" im Kampf gegen pädophile Netzwerke und erwachsene Straftäter*innen gewährleisten sollte,[65] traf es rechtstatsächlich eine schlicht nichtbedachte Gruppe. Die Zahlen offenbaren seit der Gesetzesänderung einen beachtlichen Anstieg in der Altersgruppe der unter 21-jährigen Tatverdächtigen. Dass vor allem diese Personengruppe wiederum kraft ihres Alters und der damit verbundenen Eigenschaften mit kinderpornografischen Inhalten in Kontakt kommen, sei es aus mitunter geringen Sprüngen im Alter (ein 14-Jähriger, der einvernehmliche Nacktfotos von seiner 12-jährigen Freundin auf dem Handy hat, befindet sich automatisch im Anwendungsbereich der Norm), der erhöhten Nutzung von sozialen Medien, dem häufigen (Weiter-)Verschicken und Zugeschickt-Bekommen derartiger Bilder in Messenger-Gruppen, dem stärkeren Drang nach dem Austesten von Grenzen und fehlende Reflektion des eigenen Verhaltens, wurde im Zuge der Gesetzesänderung schlicht nicht hinreichend berücksichtigt.[66]

Um diesen Schaden wiedergutzumachen, zeichnete sich alsbald ein seltener politischer Schritt ab: Die Erhöhung der Strafrahmen sollte wieder rückgängig gemacht werden. Vor dieser Maßnahme scheuen sich Politiker*innen oftmals, da sie befürchten, damit ein falsches Signal an die Bevölkerung zu senden und zu vermitteln, derartiges Verhalten sei – im Falle der Streichung entsprechender Normen – gänzlich gebilligt und legitim oder – bei Senkung des Strafrahmens – als weniger verwerflich eingestuft. Angesichts dessen ist ein großes Lob dafür auszusprechen, dass das Bundesjustizministerium, seinerzeit unter der Leitung von *Marco Buschmann*, über diese Ängste um die Gunst der Wähler*innen und ein Sinken im gesellschaftlichen Ansehen stand und in kriminologischer Vernunft

64 Gesetz zur Bekämpfung sexualisierter Gewalt gegen Kinder v. 16.06.2021, BGBl. I 2021, S. 1810, 1812.

65 Entsprechend lesen sich auch die Gesetzesbegründung aus 2020, BT-Drs. 19/23707, S. 20 f. sowie die Stellungnahme des Bundesrates, BR-Drs. 634/20, S. 19 f.

66 S. hierzu etwa *Kinzig/Rebmann*, NK 2023, 284 ff.; *Rückert/Goger*, MMR 2020, 373 ff.; differenzierende Ansätze aus der Praxis von *Bussweiler*, ZRP 2021, 84 ff. und *Krause*, ZRP 2019, 69 ff.

eine solche Änderung einleitete. Ein solcher Fehler durfte nicht bestehen bleiben und auf dem Rücken der Jugendlichen ausgetragen werden, die derart erhöht von unverhältnismäßiger strafrechtlicher Reaktion betroffen waren. Sehr zu begrüßen war daher zunächst der Schritt, mit Wirkung zum 28.06.2024 die Mindeststrafrahmen in § 184b Abs. 1 und Abs. 3 StGB wieder herabzusenken auf sechs bzw. drei Monate Freiheitsstrafe.[67] Dies hat auch zur Folge, dass die – ebenfalls unerwünschter- und unbedachterweise vom Anwendungsbereich der Norm erfassten – Eltern, Lehrer*innen und Erzieher*innen nicht länger ein Verbrechen begehen, indem sie kinderpornografische Inhalte weiterschicken, um sie zu melden und über deren Umlauf zu informieren, oder sie entsprechend etwa in „Eltern-Chatgruppen" zugeschickt bekamen. Ungeachtet der Motivationslage im Umgang mit kinderpornografischem Material stand mit der Mindeststrafandrohung von einem Jahr Freiheitsstrafe kein Vergehen mehr in Rede, sodass der Weg zu einer Einstellung des Verfahrens insbesondere nach §§ 153, 153a StPO versperrt war.[68] Mit dem seitdem gültigen Mindeststrafrahmen und der Charakterisierung als Vergehen ist diese prozessuale Möglichkeit wieder eröffnet. Wirkung kann dies nun wieder sowohl in Fällen entfalten, in denen offensichtlich nicht aus eigenem sexuellem Interesse entsprechende Inhalte verbreitet, besessen o.Ä. werden, sondern, im Gegenteil, damit deren Verbreitung und Zugänglichkeit beendet, verhindert oder aufzeigt werden, als auch in Fällen entwicklungstypischen Verhaltens Jugendlicher, die aus „Unbedarftheit, Neugier, Abenteuerlust oder Imponierstreben" kinderpornografische Materialien verbreiten, besitzen oder abrufen.[69] Entscheidend bleibt nunmehr der praktisch angemessene Umgang mit derartigem Verhalten, sodass die bestehenden sehr hohen Maximalstrafrahmen nicht herangezogen werden für Fälle, die „einen Tatverdacht am unteren Rand der Strafwürdigkeit zum Gegenstand haben".[70]

---

67 Gesetz zur Anpassung der Mindeststrafen des § 184b Absatz 1 Satz 1 und Absatz 3 des Strafgesetzbuches – Verbreitung, Erwerb und Besitz kinderpornographischer Inhalte v. 24.06.2024, BGBl. I Nr. 213.

68 Dies wurde auch seitens der Gesetzgebung erkannt, s. den RegE v. 07.02.2024, S. 5.

69 S. auch RegE v. 07.02.2024, S. 5.

70 So wurde es eindrücklich seitens der Praxis geschildert, s. RegE v. 07.02.2024, S. 5.

2. Statistische Zerrbilder

§ 184b StGB dient nur als eines von vielen Beispielen, wie es zu einer statistischen Verzerrung der Kriminalitätswirklichkeit kommen kann. Was die Statistiken nämlich nicht offenbaren, sind solche durchaus plausiblen und naheliegenden Gründe für steigende Fallzahlen. So ist es die logische Folge einer Strafausweitung oder gar der Neuetablierung eines Straftatbestands, dass im Vergleich zum Vorjahr – in dem das nun adressierte Verhalten mitunter gar nicht strafbewehrt war – eine Mehrzahl an Verstößen festgestellt wird. Gesetzesänderungen haben dabei nicht selten auf Ebene der Exekutive einen ansteigenden Verfolgungsdruck zur Konsequenz, was wiederum aufgrund eines veränderten Kontrollverhaltens mehr Fallzahlen zutage fördert. Damit einher geht insbesondere auf gesellschaftlicher Ebene ein Wandel in der öffentlichen Wahrnehmung entsprechender Verhaltensweisen: Was zuvor noch zumindest toleriert oder schlicht ignoriert wurde, wird nun nicht länger geduldet und in einen scharfen Blick genommen. Wenn für gewisse Themen wie dem Umgang mit und der Ausübung von Gewalt, sei es in Partner*innenschaften, im häuslichen und familiären Umfeld, in der Schule usw. eine höhere Sensibilisierung geschaffen wird und derartige Verhaltensweisen auch gesellschaftlich geächtet werden, wird die Hemmschwelle gesenkt, sich als betroffene Person oder auch als Zeug*in an Strafverfolgungsbehörden oder andere öffentliche Stellen zu wenden,[71] wodurch auch hier mehr Fälle in der Statistik sichtbar werden, die dort zuvor nicht abgebildet worden wären.

Das ist indes bereits der entscheidende Punkt: Die PKS gibt lediglich Auskunft darüber, welche Fälle polizeilich bekannt wurden. Dabei spielen auch die Anzeigebereitschaft der Bevölkerung sowie die Konzentration der polizeilichen Arbeit auf gewisse Delikte, Orte und Personengruppen eine relevante Rolle. Eine höhere Anzeigebereitschaft kann etwa auch dazu führen, dass bereits der Versuch einer Straftat seitens der Betroffenen zur Anzeige gebracht und damit polizeilich erfasst wird.

Über das tatsächliche Kriminalitätsaufkommen kann die PKS hingegen keinerlei verlässliche Aussage treffen. Die beschriebenen Prozesse um Strafausweitung, Strafschärfung und damit einhergehende Sensibilisierung für staatliche Stellen sowie im Privaten führen also dazu, dass das Dunkelfeld, in dem sich sämtliche Normverstöße und Rechtsgutsgefährdungen und

71 So auch die Annahme bei *Baier et al.* (Fn. 49), 52.

-verletzungen bewegen, mehr aufgehellt, statistisch abgebildet und mitunter strafrechtlich verfolgt wird. Allerdings darf dies nicht zur irrtümlichen Annahme und dem vermeintlichen Zirkelschluss führen, dass auch die tatsächliche Kriminalitätsbelastung zunehme. Die Abbildung des Gesamtkriminalitätsaufkommens gilt es weiter durch Dunkelfeldforschung in Form von Befragung, Beobachtung und Auswertung bestmöglich anzustreben. Hierbei kann bisher etwa im Rahmen der bereits erwähnten Schüler*innenbefragungen in Niedersachsen gezeigt werden, dass die statistischen Zahlen der PKS teils erheblich der selbstberichteten Kriminalitätsausübung sowie -erfahrung widersprechen.[72]

3. Herabsenkung der Strafmündigkeitsgrenze

Besonders spektakuläre Meldungen über schwerwiegende Gewalttaten und Tötungsdelikte mit Beteiligung von Kindern rufen Forderungen hervor, das Strafmündigkeitsalter auf zwölf Jahre abzusenken, um eine strafrechtliche Handhabe zu ermöglichen. Dabei ist der öffentliche Diskurs deutlich geprägt von Vergeltungstendenzen und punitiver, sühnender Motivation.[73] Dass für Personen, die keine 14 Jahre alt sind, ein Wegsperren und gesellschaftliches Abhängen nicht einmal bei schwerster Rechtsgutsverletzung wie der Tötung eines Menschen förderlich sein und der Tat in Gänze Rechnung tragen kann, sondern ein genauer Blick auf die Umstände der Tat und mögliche Defizite erforderlich ist, wird dabei außer Acht gelassen. Für eine strafrechtliche Ahndung ist für Personen allen Alters die Schuldfähigkeit zwingende Voraussetzung. Nur bei individueller Vorwerfbarkeit darf das Strafrecht unter Beachtung des Schuldprinzips zur Anwendung kommen.[74] Diese Vorwerfbarkeit und Verantwortlichkeit ist hingegen bei manchen Personen nicht gegeben – sei es etwa aufgrund psychischer Krankheit i.S.d § 20 StGB oder wegen der Grundannahme der unausgereiften Einsichts- und Steuerungsfähigkeit i.S.d § 19 StGB unterhalb der Altersgrenze von 14 Jahren.

Bereits für Jugendliche muss die Verantwortlichkeit positiv festgestellt werden, § 3 S. 1 JGG. Neben die Bedingung der absoluten Strafmündigkeit, die im Erreichen des Alters von 14 Jahren liegt (§ 19 StGB), muss daher

72 S. hierzu *KFN* (Fn. 13), S. 3, 39 f., 52 f. sowie die Ausführungen unter III.2.
73 S. an dieser Stelle auch die Nachweise in Fn. 39 und 40.
74 Vgl. grundlegend BVerfGE 109, 133, 171; 110, 1, 13; 130, 1, 26; 133, 168; 140, 317.

auch eine relative, bedingte Strafmündigkeit treten, die individuell zu prüfen ist.[75] Und auch bei Heranwachsenden, also bei 18- bis unter 21-Jährigen wurde in zwei Drittel der Fälle[76] überwiegend von einer geminderten Verantwortlichkeit ausgegangen und entweder bei der Gesamtwürdigung der Persönlichkeit festgestellt, dass diese*r „nach der sittlichen und geistigen Entwicklung noch einem Jugendlichen gleichstand" oder diese Wertung aus „der Art, den Umständen oder den Beweggründen" spricht und die Tat als „Jugendverfehlung" angesehen werden kann, § 105 Abs. 1 Nr. 1 und 2 JGG, sodass das Jugendstrafrecht Anwendung fand. Dieser Grundausrichtung liefe es zuwider, die Grenze der Strafmündigkeit noch weiter herabzusenken. Wenn schon bei 14-Jährigen die strafrechtliche Verantwortlichkeit oftmals fehlt und sogar bis zu einem Alter von 21 Jahren regelmäßig von einer unausgereiften Einsichts- und Steuerungsfähigkeit ausgegangen wird, muss diese Erkenntnis erst recht für Kinder Gültigkeit beanspruchen. Stattdessen wäre in die gegenteilige Richtung weiter zu diskutieren, ob die Sonderregeln des JGG auch über die Grenze der Altersmarke von 21 Jahren hinaus Gültigkeit entfalten können sollten. Die interdisziplinär aus Rechts- und Sozialwissenschaft sowie Psychologie zur Verfügung stehenden Daten zeigen, dass mit dem Erreichen der Altersgrenze von 21 Jahren mitnichten automatisch eine vollständige persönliche Reife eintritt, sondern auch teils weit darüber hinaus von altersbedingten Entwicklungs- und Reifeverzögerungen ausgegangen werden kann.[77] Das könnte grundsätzlich dafürsprechen, auch bei sog. Jungerwachsenen etwa bis zu einem Alter von 25 Jahren mit den Mitteln des Jugendstrafrechts anzusetzen, welches spezialpräventiv und zielgerichtet erzieherisch wirken kann. Allerdings käme es hierbei zu einem Konflikt mit dem Selbstbestimmungsrecht: Der Staat verliert gegenüber volljährigen Personen sein ohnehin nur subsidiär wirkendes Erzie-

75 *Eisenberg/Kölbel* (Fn. 15), § 3 Rn. 3; zum defizitären Vorgehen der Prüfung in der Praxis hingegen *dies.* (Fn. 15), § 3 Rn. 9 ff.; zur praktischen Anwendung zudem weiterführend *Köhnken et al.*, in: DVJJ (Hrsg.), Achtung (für) Jugend, 2012, S. 493 ff.; *Köhler*, FPR 2013, 431 ff., der zu Recht abschließend moniert: „Wenn dieser Verlauf [der weiteren Entwicklung von delinquenten Jugendlichen, Anm. Verf.] positiv gestaltet werden soll, dann wird mehr als nur ein Satz benötigt." (S. 434).

76 *Statistisches Bundesamt*, Fachserie 10 Reihe 3, Rechtspflege. Strafverfolgung, 2022, S. 24, wonach 62,2 % der Heranwachsenden nach Jugendstrafrecht verurteilt wurden; s. ebenfalls zur Anwendungspraxis *Eisenberg/Kölbel* (Fn. 15), § 105 Rn. 7 f.

77 S. hierzu etwa auch die Studie von *Sawyer et al.*, Lancet Child & Adolescent Health 2 (2018), 223 ff.

hungsrecht aus Art. 6 GG,[78] weshalb schon bei der Behandlung von Heranwachsenden Zurückhaltung im Einsatz erzieherischer Maßnahmen geboten ist.[79] Jedenfalls dürfen Jungerwachsene, deren besonderen Umständen und bestehenden Defiziten im Sinne einer geringeren Vorwerfbarkeit der Tat und des verwirklichten Unrechts Rechnung getragen werden soll, nicht schlechter gestellt werden durch die Anwendung der Regelungen aus dem JGG. Ein solches Vorgehen würde in nicht zu rechtfertigender Weise in das allgemeine Persönlichkeitsrecht aus Art. 2 Abs. 1 i.V.m. Art. 1 Abs. 1 GG eingreifen. Es darf insofern keine „Zwangserziehung" volljähriger Personen stattfinden, denen erzieherische Maßnahmen auferlegt werden, obwohl es für sie – bei alleiniger Anwendung des Erwachsenenstrafrechts – womöglich zu einer Verfahrenseinstellung ohne weitere Folgen gekommen wäre. Einem dabei zu befürchtenden *net widening effect* ist stets entgegenzuwirken. Hier darf der Zweck, auch auf diese Personengruppe möglichst effektiv und spezialpräventiv einzuwirken, nicht die Mittel heiligen.

Vor diesem Hintergrund darf sich das Jugendstrafrecht ebenso wenig für Jugendliche empfindlicher auswirken als das allgemeine Strafrecht.[80] Während vergeltende Tendenzen im Sinne der absoluten Straftheorie allenfalls als miterfüllt durch eine Sanktionierung ausgelöst werden dürfen, verbietet sich ein Einsatz des Jugendstrafrechts unter Verstoß gegen den Verhältnismäßigkeitsgrundsatz, der insofern jugendspezifisch zu lesen und auszule-

78 So bereits zum Erlöschen des Erziehungsrechts der Eltern aus Art. 6 Abs. 2 S. 1 GG mit Erreichen der Volljährigkeit s. BVerfGE 59, 360, 382; 72, 122, 137; 74, 102, 125; Dreier/*Brosius/Gersdorf*, GG, 4. Aufl. (2023), Art. 6 Rn. 379; zum sog. Wächteramt des Staates s. allgemein *dies.*, Art. 6 Rn. 396 ff.; Dürig/Herzog/Scholz/*Badura*, GG, 105. EL (August 2024), Art. 6 Rn. 24. *Budelmann* hält daher die Anwendung erzieherisch wirkender Sanktionen auf Erwachsene für verfassungswidrig und übt entsprechende Kritik an der Praxis der Rechtsprechung, *Budelmann*, Jugendstrafrecht für Erwachsene?, 2005, S. 111 ff. Hierzu auch *Eisenberg*, NStZ 2013, 636, 637.

79 Dahin weisend bereits BGH NStZ 2016, 101 ff.; BGH NStZ 2006, 587, 588; OLG Hamm NStZ-RR 2005, 58, 59; *Bachmann*, JZ 2019, 759, 763; s. auch *Wissenschaftliche Dienste des Bundestages*, Zum Erziehungsgedanken im Jugendstrafrecht. Begründung, Historie, Stellenwert heute. Ausarbeitung. WD 7 – 015/08, 2008, S. 8.

80 S. hierzu aber die gegenteiligen Befunde, wonach die Strafe nach Jugendstrafrecht höher ausfällt als nach allgemeinem Strafrecht, nicht zuletzt wegen der im Mindestmaß erhöhten Freiheitsstrafe von sechs Monaten gem. § 18 Abs. 1 S. 1 JGG, *Eisenberg/Kölbel* (Fn. 15), § 18 Rn. 5; NK-JGG/*Ostendorf* (Fn. 23), § 5 Rn. 6: „Diskriminierung junger Täter"; Diemer/Schatz/Sonnen/*Sonnen* (Fn. 26), § 18 Rn. 24; s. bereits *Pfeiffer*, StV 1991, 363 ff. Der Erziehungsgedanke als Leitprinzip des Jugendstrafrechts (§ 2 Abs. 1 S. 2 JGG) darf insofern nicht strafschärfend für die Jugendlichen missverstanden und fehlgebraucht werden. S. zu Aspekten der Schlechterstellung auch *Fett*, ZJJ 2024, 24, 25 ff.

gen ist.[81] Zu berücksichtigen ist stets, dass der Schuldvorwurf gegenüber jungen Straftäter*innen unter Beachtung der entwicklungsspezifischen Besonderheiten grundsätzlich geringer ausfällt und das Jugendstrafrecht prinzipiell und nach seiner Grundausrichtung eine Besserstellung derjenigen erreichen soll, die aufgrund dieses geminderten Schuldvorwurfs in dessen Anwendungsbereich fallen.[82]

VII. Zurückhaltung statt Repression

Nicht nur die strafrechtliche Sonderbehandlung von Jugendlichen ist unter Berücksichtigung der altersspezifischen Umstände und eingeschränkten Verantwortlichkeit gut begründet. Ebenso sollte der Einsatz strafrechtlicher und staatlicher Maßnahmen insgesamt allenfalls zurückhaltend zum Einsatz kommen. Statt eines „Viel hilft viel" empfiehlt es sich in einer Vielzahl von Fällen, später oder gar nicht strafrechtlich zu intervenieren.[83] Auch dieser Schluss lässt sich statistisch begründen. Betrachtet man die Tendenz innerhalb der Hauptdeliktsfelder jugendlicher Kriminalität, zeigt sich seit Jahrzehnten ein verlässlicher Trend. Während im Alter zwischen 16 und 21 Jahren der Höhepunkt erreicht wird, flachen die Zahlen mit fortschreitendem Alter rasant ab.[84] Die Straffälligkeit oder Auffälligkeit verwächst sich also und nivelliert sich. Dabei sind staatliche Maßnahmen oftmals nicht nur nicht nötig, sondern können gar kontraproduktiv auf diese Entwicklung einwirken. Kommt es für Jugendliche zu einem behördlichen Kontakt mit Polizei, Staatsanwaltschaft oder den Gerichten, wird sich davon ein abschreckender und präventiv wirkender Prozess versprochen. Das mag auch in einer gewissen Anzahl an Fällen nicht völlig auszuschließen sein.

---

81 *Walter/Wilms*, NStZ 2007, 1, 3; vgl. auch *Eisenberg/Kölbel* (Fn. 15), § 5 Rn. 21 f.; s. hierzu ferner, mit Blick auf die Verurteilung zur Jugendstrafe und deren Vollzug, *Fett* (Fn. 80), 24 ff.

82 Hierzu bereits *Pfeiffer*, der daher die Ausrichtung an einem (jugendspezifisch zu verstehenden und zu bewertenden) Schuldprinzip fordert, *Pfeiffer* (Fn. 80), 368 f.; vgl. auch *Streng*, in: Schöch (Hrsg.), FS Böttcher, 2007, S. 431, 458.

83 Mit Blick darauf führt *Ostendorf* zudem deutlich aus: „Die strafjustiziellen Instanzen des Staates sind höchst ungeeignet, als Erziehungsträger von den Jugendlichen/Heranwachsenden anerkannt zu werden.", NK-JGG/*Ostendorf* (Fn. 23), Grundl. zu §§ 1 und 2 Rn. 4; vgl. auch oben unter II.1.b).

84 S. hierzu die Schaubilder unter Nutzung der PKS-Hellfelddaten, *Konstanzer Inventar Kriminalitätsentwicklung*, Aktualisierte Schaubilder zur Kriminalitätsentwicklung im Hellfeld, S. 12.

Als problematisch stellt sich aber der Anteil jener Jugendlichen dar, welche sich dadurch einem hohen Maß an Stigmatisierung ausgesetzt sehen. Die Prozesse einer Etikettierung im Sinne des *labeling approach*, wobei die Jugendlichen einen Stempel und das Label „kriminell" aufgedrückt bekommen, sowie die *self-fullfilling prophecy*, wonach sich jene „etikettierten" Jugendlichen auch in Zukunft nonkonform verhalten und dadurch die von außen zugeschriebene, für sie vorhergesehene Zukunft à la „Einmal kriminell, immer kriminell" verwirklichen, werden durch die eigentlich gut gemeinte staatliche Intervention unaufhaltsam in Gang gesetzt. Auch hier kann sich stattdessen besonnen werden auf die Nichterfüllung der seit Anbeginn der Zeit bestehenden Ängste vor dem „Untergang der Gesellschaft" wegen des „kriminellen Nachwuchses".[85] Bereits *Durkheim* führte aus, dass ein „normales Quantum" an Kriminalität innerhalb einer jeden Gesellschaft vorkomme und erst darüberhinausgehende „anomische Zustände" destabilisierend wirken könnten.[86] Zustimmung verdient die daran anknüpfend von *Schwind* gebildete Metapher der Kriminalität als „Fieber der Gesellschaft", zu der er ausführt: „Wie bei der menschlichen Körpertemperatur sind Sorgen jedoch erst dann angebracht, wenn die Zahlen zunehmen, und zwar in erheblicher Weise."[87]

Statt strafrechtlichen Aktionismus ist die Bildung sog. Runder Tische zu befürworten, bei denen Vertreter*innen aus Politik, Wissenschaft, Sozialarbeit, Integrationsarbeit und Polizei zusammenkommen und sich faktenbasiert in einen gemeinsamen Austausch begeben.[88] Voranzutreiben gilt es dabei den Ausbau von Präventionsmaßnahmen bestehend aus erzieherischen und pädagogischen Angeboten, wobei Ursachenforschung der Delinquenz auf Makro- und Gewaltdelinquenz auf einer Mikroebene betrieben und gezielt unterstützt werden kann.[89] Aber auch hier darf es wegen des vorgebrachten Kriminalitätsanstiegs nicht zu einer unverhältnismäßigen

85 Gerne erfolgen an dieser Stelle teils jahrtausendealte Zitate von griechischen Philosophen, Geistlichen und Literarischen, s. hierzu etwa *Heinz*, Jugendkriminalität in Deutschland, 2003, S. 6 f. m.w.N., online abrufbar unter https://www.uni-konstanz.de/rtf/kik/Jugendkriminalitaet-2003-7-e.pdf (zuletzt abgerufen am: 30.08.2024).

86 *Durkheim*, in: Sack/König (Hrsg.), Kriminalsoziologie, 1968, S. 3 f.

87 *Schwind*, ZRP 1999, 107 f.

88 So auch die Forderung seitens des Bundesvorsitzenden der *Gewerkschaft der Polizei (GdP)*, *Jochen Kopelke*, v. 03.08.2023, online abrufbar unter https://www.polizei-dein-partner.de/startseite/kurzmitteilungen/artikel/junge-menschen-erreichen-bevor-sie-taeter-werden.html (zuletzt abgerufen am: 30.08.2024).

89 Vgl. auch *DJI*, Zahlen – Daten – Fakten. Jugendgewalt, 2023, S. 26; Präventionsmaßnahmen befürwortend auch *Nägel/Kroneberg* (Fn. 51), S. 11.

Ausweitung informeller und formeller Maßnahmen kommen. Auch außerstrafrechtliche Reaktionen auf jugendtypisches Verhalten, selbst wenn es gegen Strafnormen verstößt, können unangemessen und deplatziert sein und der eigentlich erhofften Wirkung im Sinne einer Straftatenprävention und gesellschaftlichen Eingliederung zuwiderlaufen. Zuvorderst sollten weitere Erhebungen vorgenommen werden, die sich auf die Entwicklung der Fallzahlen und die sie bedingenden Faktoren konzentrieren – nicht zuletzt mit spezifischem Blick auf die weiterhin wirkenden Spätfolgen der Pandemie und die Auswirkungen anderer globaler Krisen. Dabei ist zu vermuten, dass nach einem möglichen weiteren Anstieg[90] die wellenförmige Kurve auch statistisch wieder sichtbar wird,[91] während zu hoffen bleibt, dass sich der Kollateralschaden durch überstürzte, dramatisierte öffentliche Debatte und dadurch beeinflusste Kriminalpolitik möglichst in Grenzen hält und sich die Gesetzgebung in achtsamer Zurückhaltung übt.

VIII. Fazit und Ausblick

Der sich aktuell abzeichnende statistische Trend der Zunahme der Kinder- und Jugenddelinquenz drängt auf die Suche nach Erklärungen. Gleichwohl zeigt sich im Langzeitraum seit 2001 ein deutlicher Rückgang der polizeilich registrierten Kinder und Jugendlichen. Den nun steigenden Zahlen liegen jedoch vielfältige Faktoren zugrunde, die sich kriminalitätsfördernd auswirken, sodass sich eine pauschale Aussage zur in Rede stehenden Entwicklung nicht treffen lässt.

Ja, der Nachwuchs befindet sich in einer Krise. Das gilt aber nicht nur für diese Generation, sondern ganz allgemein für die Phase der Jugend, die unausweichlich mit Krisen und Grenzübertritten verbunden ist. Besonders betroffen ist dabei jedoch die Gruppe derjenigen, die ihre Kindheit und Jugend in Zeiten während und unmittelbar nach der Corona-Pandemie verbringen. Die unmittelbaren und mittelbaren Folgen der Kontaktbeschränkungen, Schulschließungen, sozialen Deprivation, aber auch der

90 Dies vermuten auch *Nägel/Kroneberg* (Fn. 51), S. 11.

91 So auch die Einschätzungen bei *Nägel/Kroneberg* (Fn. 51), S. 11 und *Buchanan et al.* (Fn. 6), 593 mit Verweis auf die Auswirkungen der Finanzkrise in 2008 und die diesbezüglichen Kriminalitätsverschiebungen. Eindringlich appellieren sie: „We must remind policy and decision-makers that we *know* less punitive, more rehabilitative, trauma-informed approaches *work*; after getting through COVID-19, such practices will be ever more necessary for tomorrow's youths." (Hervorhebung im Original).

finanziellen Engpässe, Einbußen und mögliche Erfahrung psychischer und physischer Gewalt im häuslichen Umfeld wirken sich auf diese vulnerable Gruppe ganz besonders stark aus. Alles Angestaute entlädt sich notgedrungen in der Zeit der einkehrenden Normalisierung, wobei sich ein hohes Nachholbedürfnis zeigt. Hier kann delinquentes Verhalten vermehrt zum Vorschein kommen. Aber auch hier sollte, wie generell für die Zeit der Jugend gesprochen, nicht in Panik und gesetzgeberischen (Negativ-)Aktivismus verfallen, sondern wachsam, aber geduldig und nachsichtig an die Sache herangegangen werden. Besonders ist jeglichen Forderungen zur Herabsenkung der Strafmündigkeitsgrenze entschieden entgegenzutreten: Kinder sind kein Fall für das Strafrecht, auch nicht bei schwersten Taten.

Statt unseren Nachwuchs, der infolge der sozialen Benachteiligung und empfundenen Drucksituation oder schlicht aus Rebellion oder dem Austesten von Grenzen mit dem Gesetz in Konflikt gerät, weiter abwärts in die Spirale zu befördern, sollte auf die Defizite Rücksicht genommen und auf soziale Stärkung, Anbindung und Eingliederung gesetzt werden. Hier gilt es präventiv wirksam anzusetzen in der Wertevermittlung im sozialen Umfeld und der Schule und abgehängte Kinder und Jugendliche zu unterstützen statt anzuprangern und einzusperren.

Jenseits des Menschen? Trans- und Posthumanismus als Herausforderung für das (Straf-)Recht

Felix Butz, Leipzig

I. Einleitung

Nachdem in den vorangegangenen Beiträgen die verschiedenen strafrechtlichen Krisenherde in der Gesellschaft beleuchtet wurden, möchte ich mich zum Abschluss noch denen zuwenden, die man wohl als Ursprung aller Krisen sehen kann: uns selbst, den Menschen. Wir können uns fragen: Stecken wir in all diesen Krisen, gerade weil wir Menschen sind? Brauchen wir ein neues Selbstverständnis? Einen besseren Menschen? Die Debatte um „den neuen Menschen“ ist nicht neu, vor allem im vergangenen Jahrhundert haben verschiedene staatliche Systeme bei ihrer Suche nach ihm viel Schaden angerichtet. Aber vor dem Hintergrund trans- und posthumanistischer Diskurse stellen sich solche und ähnliche Fragen rund um Zustand, Stellung und Perspektiven des „Humanen“ erneut und mit neuer Dringlichkeit. Die Begriffe des Trans- und Posthumanismus mögen dabei futuristisch anmuten. Aber die damit verbundenen Ideologien und Realitäten sind längst gegenwärtig und haben die Tektonik unseres Selbstverständnisses als Spezies unaufhaltsam in Bewegung gebracht. Und mit Anhänger:innen in den technologischen Machtzentren der Welt wie beispielsweise dem Silicon Valley sind diese Positionen alles andere als randständig. Hinzukommt eine schnell wachsende biotechnologische Ökonomie, die das Lebendige in all seinen Formen, mithin auch in der des Menschen, kommodifziert und auf diese Weise mit zur Zeit vor allem gentechnologischen Verheißungen trans- und posthumane Begehrlichkeiten weckt. Die Auseinandersetzung mit diesen theoretischen Diskursen ist also kein reines akademisches Glasperlenspiel.[1] Es geht vielmehr um reale soziale und politische Machtverhältnisse und ihre gesellschaftliche Gestaltungskraft.

Denn durch diesen Wandel des Humanen als Maß der Dinge geraten Rechtsordnungen wie die unsrige, die den Menschen und seine Würde

---

1 In diese Richtung für die theoretischen Diskurse der Postmoderne, denen insbesondere der kritische Posthumanismus entstammt, etwa *Taylor*, Hiding, 1997, S. 207.

in ihr Zentrum stellen, in Ungewissheiten. Aber dennoch scheint das Recht zentral zu bleiben als Ort normativer Aushandlungsprozesse für gesellschaftliche Auseinandersetzungen im Kontext von Trans- und Posthumanismus. Solche Krisen bringen Herausforderungen für Althergebrachtes, aber häufig auch Chancen auf Erneuerndes – lohnt es sich am Ende gar trans- oder posthuman zu denken und zu werden?

Dieser Frage gehe ich mit einem Blick auf das Recht und insbesondere das Strafrecht nach. Angelehnt an *Loh*[2] möchte ich die Denkrichtung analytisch dreiteilen: Zunächst soll es darum gehen, was *Transhumanismus* ist und was er für Recht und Strafrecht bedeutet. Ebenso verfahre ich mit dem Posthumanismus, der sich in den *technologischen Posthumanismus* und den *kritischen Posthumanismus* teilen lässt. Vor allem im kritischen Posthumanismus lassen sich auch Chancen für eine positive Erneuerung des Rechts ausmachen. Die einzelnen Theorierichtungen werden für die (straf-)rechtliche Analyse jeweils in ihren Grundzügen und mit der ihnen gegenüber geäußerten Kritik dargestellt, bevor im Anschluss Implikationen für das (Straf-)Recht beleuchtet werden.

II. Transhumanismus

1. Transhumanismus als ideologische Strömung

Der Transhumanismus propagiert im Kern eine technologievermittelte Verbesserung des Menschen beziehungsweise seines biologischen Substrats. Transhumane Anliegen reichen von radikaler Lebensverlängerung und Unsterblichkeit, über Kryonik (d.i. das Konservieren und zukünftige Wiederbeleben von Organismen), bis hin zum prothetischen oder genetischen Human Enhancement in Form der generellen Verbesserung des menschlichen Fähigkeitenspektrums, sowohl geistig als auch körperlich. Seine Anhänger:innen argumentieren, dass der Mensch vom Moment der Entstehung unserer Spezies an den Zwängen der darwinistischen Evolution entkommen sei.[3] Der Mensch war in dieser Denkweise schon immer

2 Der Beitrag bezieht sich bei der Rekonstruktion trans- und posthumanistischer Diskurse ganz explizit auf die insoweit sehr lesenswerte Arbeit von *Loh*, Trans- und Posthumanismus zur Einführung, 2018.

3 *Serres*, Hominescence, 2019; *Sterelny*, The evolved apprentice, 2014.

„mehr" als menschlich,[4] nach *Clark* sind wir – so die sprachlich geschickte Naturalisierung transhumanistischen Denkens – „geborene Cyborgs" und haben uns schon immer mit Werkzeugen ausgestattet und unsere Lebensformen mit materiellen, sozialen und sprachlichen Artefakten unterfüttert.[5] Dieses Selbstverständnis wird dabei gekoppelt mit einer starken Fortschrittseuphorie, wie sie beispielsweise der sog. Extropianismus programmatisch verkörpert: Extropie, als künstliches Gegenwort zu Entropie, steht metaphorisch für den endlosen Fortschritt und die Unabgeschlossenheit bzw. prinzipiell unabschließbare Veränderbarkeit des Universums als System; umfasst werden sieben Prinzipien: immerwährender Fortschritt, Selbsttransformation, praktizierter Optimismus, intelligente Technologie, offene Gesellschaft, Selbstbestimmung und Rationalität.[6]

Unterscheiden lässt sich noch zwischen kohlenstoff- und siliziumbasiertem Transhumanismus.[7] Deutlich wird die Differenzierung, wenn man sich die jeweils extremen Transformationsstrategien anschaut: Der kohlenstoffbasierte Transhumanismus will das biologische Substrat des Menschen erhalten, aber durch genetisches oder prothetisches Enhancement maximal verbessern. Der siliziumbasierte Transhumanismus hingegen will den Körper hinter sich lassen und ein technisches Substrat für das Menschliche – also den menschlichen Geist – finden. Emblematisch hierfür ist das sog. Mind Uploading, das reduktionistisch davon ausgeht, dass unser Geist letztlich nur aus Informationen besteht, die einfach in einen Computer kopiert werden können, wodurch dann eine personale und kontinuierliche Identität zum vorherigen Menschen hergestellt würde. An dieser Stelle geht der Transhumanismus bereits in den technologischen Posthumanismus über.[8]

Politisch gesehen sind transhumanistische Denker:innen divers und stammen sowohl aus dem linken wie auch dem rechten Spektrum.[9] Vor al-

---

4 *Mahon*, Posthumanism, 2017.

5 *Clark*, Natural-born cyborgs, 2010; kritisch in Bezug auf die vorgenannten und andere Autor:innen *Osborne/Rose*, Theory, Culture & Society 41 (2024), 3 ff.

6 Grundlegend *More*, Transhumanism. Towards a Futurist Philosophy, 1990, online abrufbar unter https://www.ildodopensiero.it/wp-content/uploads/2019/03/max-more-transhumanism-towards-a-futurist-philosophy.pdf (zuletzt abgerufen am: 30.08.2024); siehe auch die Aktualisierung in *More*, in: More/Vita-More (Hrsg.), The Transhumanist Reader, 2013, S. 3 ff. sowie *Mores* Substack "Extropic Thoughts", online abrufbar unter https://maxmore.substack.com (zuletzt abgerufen am: 30.08.2024).

7 *Sorgner*, Transhumanismus, 2016, S. 75.

8 *Loh* (Fn. 2), S. 75 ff.

9 *Loh* (Fn. 2), S. 70 ff.

lem von rechter Seite werden mitunter offen problematische Gesellschaftsvisionen vorgebracht. So steht etwa *Land* für eine anti-egalitäre, technokratische Herrschaft einer eugenisch selektierten Elite.[10]

2. Kritik am Transhumanismus

Die Kritik am Transhumanismus ist ähnlich vielfältig wie seine unterschiedlichen Strömungen.[11] Vor allem die Übersimplifizierung, die transhumanistische Denker:innen häufig an den Tag legen, ist angreifbar. Die Rede ist bei ihnen häufig von „dem Menschen", wobei die enorme Pluralität unserer Spezies ausgeblendet wird. Wir sind eine vielfältige Menschheit, die sich in ihrer Menschlichkeit nicht völlig kontrollieren, kalkulieren und prognostizieren lassen wird. Zudem ignoriert die starke Zentrierung aufs Individuum gesellschaftliche Folgewirkungen. Dazu gehören vor allem eine noch stärkere Elitenbildung als ohnehin schon, denn technologisches Enhancement kostet und ist nicht für alle zu haben. Auch werden die Lebensrealitäten von Gemeinschaften, die nicht ins transhumane Bild passen wollen, wie etwa Gehörlose, die ihre Lebensweise und Kommunikationsform erhalten wollen, völlig missachtet. Zudem ist der dem Transhumanismus zugrundeliegende Determinismus, nach dem es die menschliche Natur ist, sich weiterzuentwickeln, unterkomplex. Der Transhumanismus bricht schließlich mit dem aufklärerischen bzw. humanistischen Ideal des Menschen als Selbstzweck seines Handelns. Demgegenüber bedeutet der gegenwärtige Transhumanismus in großen Teilen die Weiterentwicklung der menschlichen Spezies nach den Vorstellungen einiger weniger. Der Mensch wird zum Zweck seines eigenen Enhancements und hierdurch objektiviert: Menschen entfalten sich nicht mehr aus sich selbst heraus, sondern werden durch externe (technische) Eingriffe umgestaltet. Das wirft auch immer die Machtfrage auf: Wer bestimmt über diese Gestaltung?

Widerstand formiert sich allerdings nicht nur theoretisch, sondern auch auf praktischer Ebene. So erfordert beispielsweise die Verwendung von Gehirn-Computer-Schnittstellen ein umfangreiches Training und ist für den Benutzer über einen langen Zeitraum hinweg anstrengend.[12] Berichtet

10 *Land*, The dark enlightenment, 2023, S. 79 ff.; siehe dazu auch *Land*, Okkultes Denken, 2023, insbesondere den Korrespondenzessay von *Dath*.

11 Siehe zur Kritik, auch m.w.N *Loh* (Fn. 2), S. 79 ff.

12 *Olaronke et al.*, CJAST 29 (2018), 1 ff.

wird auch davon, dass Menschen, denen Elektroden zur Tiefenhirnstimulation eingesetzt wurden (beispielsweise zur Symptomlinderung von Parkinson oder auch Depressionen), die Auswirkungen derartiger Modifikationen auf ihr Persönlichkeitsempfinden als negativ wahrnehmen.[13] Insofern scheint das Konzept des Menschen als „geborener Cyborg" auch auf der Machbarkeitsebene fragwürdig. Das gilt für transhumane Technologieprojekte generell. Denn während einige davon träumen, menschliche Gehirne in Siliziumeinheiten hochzuladen, ist unser Verständnis der neuronalen Schaltkreise selbst der einfachsten Lebewesen rudimentär, und trotz millionenschwerer Forschungsprojekte wie dem European Human Brain Project und ähnlicher Bemühungen in den Vereinigten Staaten ist auch unser Wissen um die Funktionen des normalen menschlichen Gehirns schon bei alltäglichen menschlichen Aktivitäten, ganz zu schweigen von Pathologien, oberflächlich.[14]

3. Transhumanismus und Strafrecht

Aufgrund seiner starken technologischen Fundierung ist transhumanes Recht in erster Linie Technologie-Recht, d.h. Regulierung von Technologien und, insoweit strafrechtlich relevant, Verhinderung von gesellschaftlich definiertem Missbrauch. Das Strafrecht markiert – im Angesicht transhumaner Entwicklungen wie auch anderswo – Normen des Zusammenlebens, die in besonderem Maße als unverhandelbar gelten sollen. Eine für die tektonischen Verschiebungen im Zuge trans- und posthumanistischer Bewegungen sensible Strafrechtswissenschaft muss insoweit gesellschaftliche Normativititätsvorstellungen erfassen und verarbeiten können.

Dabei hat das Strafrecht für rein prothetische Enhancements bereits eine Differenzierung entwickelt, die auch mit etwaiger Zunahme dieser Form transhumaner Modifizierungen durchhaltbar scheint: Eine Gesundheitsschädigung i.S.d. § 223 I StGB kommt auch bei einer Beschädigung eingesetzter Körperimplantate in Betracht, während Prothesen infolge bloß äußerlicher Verbindung mit dem Körper lediglich in den Schutzbereich von § 303 I StGB fallen.[15]

13 *Bluhm et al.*, Neuroethics 13 (2020), 289 ff.

14 *Osborne/Rose* (Fn. 5), 7 f.

15 Schönke/Schröder/*Sternberg-Lieben*, 30. Aufl (2019), § 223 Rn. 3a.

Weniger ausgereift scheint das strafrechtliche Konzept mit Blick auf genetische Enhancements zu sein. Das Bedürfnis für strafrechtliche Normen zum Schutz vor grenzüberschreitenden transhumanen Praktiken in diesem Kontext lässt sich am Beispiel des chinesischen Biophysikers *He Jiankui* aufzeigen.[16] Dieser wurde Ende 2019 zu drei Jahren Freiheitsstrafe verurteilt, weil er mithilfe des gentechnischen CRISPR-Verfahrens im Rahmen einer künstlichen Befruchtung zwei Mädchen, deren Vater an HIV erkrankt war, gegen den Virus immunisierte. Er gilt damit als erster, der – soweit öffentlich bekannt – gentechnische Eingriffe in die Keimbahn eines menschlichen Embryos vollzog. Damit sind erstmals genetisch veränderte, transhumane Menschen geboren worden. Auch in Deutschland wäre dies nach § 5 ESchG strafbar. Verhindern soll die Norm intergenerationelle Auswirkungen von künstlichen Genveränderungen.[17]

Aber es stellt sich die Frage, ob solche Strafnormen mit Fortschreiten und breiterer Verfügbarkeit der Technik durchhaltbar sind. Vor allem die transhumane Praktik des Bio-Hackings[18] gibt Anlass zur Diskussion. Dabei versuchen Personen, lebendige Organismen – häufig sich selbst und unter Verwendung immer modernerer Technologien – zu verändern. Durch Verfahren wie CRISPR[19], mit dem gentechnische Eingriffe immer einfacher werden und bald schon auf individueller Ebene möglich sein könnten, rücken transhumane Enhancements immer mehr in greifbare Nähe. Brauchen wir also deutlichere Strafnormen zur Verhinderung der eigenmächtigen Veränderung unseres Erbguts mit Auswirkungen auf nachfolgenden Generationen? Oder muss die Strafrechtsordnung ihre restriktive Haltung aufgeben? Zugunsten der Veränderung der eigenen genetischen Komposition ließe sich immerhin das Recht auf körperliche Unversehrtheit oder das allgemeine Persönlichkeitsrecht in Anschlag bringen, insbesondere dort, wo es um gentechnische Eingriffe von nachvollziehbarer Bedeutung geht, d.h. etwa bei der Heilung einer Erbkrankheit. Weniger gilt das natürlich

16 Siehe zu seiner Person und zu dem nachfolgenden gentechnischen Eingriff in die menschliche Keimbahn https://de.wikipedia.org/wiki/He_Jiankui (zuletzt abgerufen am: 30.08.2024); mittlerweile forscht *Jiankui* wieder, siehe dazu den Bericht von *Sander*, Neue Zürcher Zeitung v. 27.01.2024, online abrufbar unter https://www.nzz.ch/wissenschaft/der-umstrittenste-wissenschafter-der-welt-will-wieder-gen-experimente-machen-ein-besuch-in-seinem-neuen-labor-in-wuhan-ld.1768795 (zuletzt abgerufen am: 30.08.2024).

17 Barth/Spickhoff/*Müller-Terpitz*, Medizinrecht, 4. Aufl. (2022), § 5 ESchG Rn. 1.

18 *Yetisen*, Trends in biotechnology 36 (2018), 744 ff.

19 *Jinek et al.*, Science (New York, N.Y.) 337 (2012), 816 ff.; historisch-biografisch zu CRISPR *Isaacson*, The Code Breaker, 2021.

zunächst bei rein ästhetischen Veränderungen, wobei auch hier schnell die Frage nach der Grenzziehung zwischen notwendigen und wünschenswerten Enhancements aufkommt.

Wo wollen wir als Gesellschaft die Grenze des Erlaubten einer genetischen Eigenoptimierung ziehen? Und können wir sie überhaupt ziehen? Allein eine Erhöhung der Strafe von Normen wie §§ 38, 39 GenTG, §§ 5, 6, 7 ESchG bewirkt – wie wir wissen[20] – keine Abschreckung.

II. Transhumanismus

1. Technologischer Posthumanismus als ideologische Strömung

Gegenüber dem Transhumanismus ist das posthumane Projekt, insbesondere in seiner technologischen Variante, noch radikaler: In seinen unterschiedlichsten Spielarten wollen seine Theoretiker:innen das Humane als Kategorie vollständig überwinden und streben – etwa durch die Maschinenwerdung des Menschen – eine signifikante Entfremdung vom ursprünglich Lebendigen an.[21]

Der technologische Posthumanismus nimmt eine nicht leicht zu erfassende Mittelposition zwischen transhumanistischer und kritisch-posthumanistischer Reflexion ein, die er der inhaltlichen Nähe zum Transhumanismus hinsichtlich angestrebter Verbesserungen des gegenwärtigen Menschen einerseits sowie der zumindest oberflächlichen Zielverwandtschaft einer Überwindung des Menschen mit dem kritischen Posthumanismus andererseits verdankt. Der letztendliche Bruch mit dem Transhumanismus liegt darin, dass der Mensch im technologisch-posthumanistischen Paradigma von einer künstlichen Superintelligenz überholt und in seiner Rolle als Krone der Schöpfung abgelöst werden soll. Mit anderen Worten: Technik ist im Transhumanismus Instrument, im technologischen Posthumanismus ist sie das Ziel. Dabei gibt es im Wesentlichen zwei Spielarten: Eine Strömung will das Menschliche ins Technische in Form einer menschlich-maschinellen Superspezies überführen. Die andere will eine rein technische Superspezies erschaffen, die den Menschen ablöst. Neben der Frage nach der Umsetzbarkeit solcher Projekte fehlt es dem technologischen Posthumanismus allerdings auch an einem theoretischen Fundament. Es handelt

20 Siehe etwa *Singelnstein/Kunz*, Kriminologie, 8. Aufl. (2021), S. 347 f. m.w.N.

21 Siehe auch hierzu den instruktiven Überblick bei *Loh* (Fn. 2), S. 92 ff.

sich eher um eine offene Sammlung von Ideen, als um eine kohärente Theoriearchitektur. Seit den 1980er Jahren bearbeitet diese theoretische Strömung gleichbleibende Themen, die häufig stark verbunden mit Narrativen aus der Science Fiction sind. Einer der prominentester Vertreter dürfte *Ray Kurzweil* sein, u.a. Chef der technischen Entwicklung bei Google. *Kurzweil* ist vor allem durch seine Singularitätsthese bekannt, die im Wesentlichen ein Verschmelzen des Menschen mit technischer Intelligenz propagiert.[22]

2. Kritik am technologischen Posthumanismus

Mangelt es dem Transhumanismus schon an ethischem und politiktheoretischem Bewusstsein, so unterbietet der technologische Posthumanismus das Reflexionsniveau noch, indem er insgesamt mehr den Eindruck einer durch die posthumane Leitvision einer artifiziellen Superintelligenz motivierten Ideensammlung zur Glorifizierung der Technik vermittelt, die auf systematisch-theoretisch dünnem Eis steht.[23] Die schon gegen den Transhumanismus in Stellung gebrachten Kritikpunkte lassen sich für den technologischen Posthumanismus zuspitzen, da er in großen Teilen eine Radikalisierung des Transhumanismus darstellt. Unpolitisch und unkritisch stehen seiner Denker:innen de facto bestehenden Machtstrukturen, etwa in Form von sozioökonomischer Ungleichheit, gegenüber. Auch die Idee der totalen Entfremdung des Menschen vom Körper beruht auf einem durch nichts begründeten Verständnis eines alles transzendierenden Geistes in der Geist-Körper-Dichotomie.[24] Letztlich will der technologische Posthumanismus aber auch Eigenschaften des biologischen Körpers, etwa unsere Sinne, auf den Silizium-basierten Körper übertragen und ist damit in sich selbst inkonsequent. Zudem ist die Reduzierung des Geistes auf

---

22 Bereits früh in diese Richtung in *Kurzweil*, The age of intelligent machines, op. 1990; *Kurzweil*, The singularity is near, 2005, S. 178 ff. Weitere bekannte Vertreter sind etwa der Robotiker *Moravec* und der – inzwischen (2024) verstorbene – Informatiker und Science-Fiction-Autor *Vinge*.

23 Ausführlicher zu der folgenden zusammengefassten Kritik am technologisch-posthumanistischem Denken *Loh* (Fn. 2), S. 122 ff.

24 Dagegen der sog. Enaktivismus, der Lebewesen als verkörpert und im Austausch mit ihrer Umwelt stehend begreift, siehe etwa die Konzepte von *Maturana/Varela*, Der Baum der Erkenntnis, 1987, die auch für die *Luhmann'sche* Systemtheorie grundlegende Bedeutung haben.

ein informationelles Muster, das sich vom Körper einfach lösen und ohne Substanzverluste auf einen technischen Körper im Wege des sog. Mind Clonings[25] übertragen lässt, reduktionistisch und simplifizierend. Völlig ausgeblendet wird die Frage, ob wir dieselbe Person bleiben (könnten).

3. Technologischer Posthumanismus und (Straf-)Recht

Im technologischen Posthumanismus werden die rechtlichen Herausforderungen größer. Insbesondere die Entwicklung intelligenter und eventuell moralischer Akteure ruft große ethische und rechtliche Fragen auf den Plan. Hier ließe sich die Debatte um die sog. Roboterrechte ansiedeln.[26] Allerdings ist der technologische Posthumanismus darüber hinaus rechtlich schwierig einzuordnen. Denn seine Ideen sind teilweise bisher entweder kaum realisierbar oder aber sie wollen eine derart gravierende Umgestaltung alles Bestehenden – wie etwa *Kurzweils* Singularitätskonzept – dass sie sich einer konkreteren rechtlichen Analyse faktisch entziehen. Aus der Perspektive des grundgesetzlich verfassten Gemeinwesens dürfte klar sein, dass alle Versuche den Menschen völlig abzuschaffen unserem Wertefundament diametral entgegensetzt sind. Anders als in transhumanistischen Zusammenhängen, in denen man durchaus noch zwischen verschiedenen Interessen abwägen kann, dürfte die Menschenwürde beispielsweise der Verschmelzung von menschlicher Zivilisation und der sie ausmachenden individuellen Menschen und artifizieller Superintelligenz, wie es das Konzept der Singularität propagiert, widersprechen – wenn unsere Würde nach der potenziellen Erschaffung einer solchen Intelligenz überhaupt noch geltend gemacht werden kann.

VI. Kritischer Posthumanismus

1. Kritischer Posthumanismus als ideologische Strömung

Vom technologischen Posthumanismus abzugrenzen ist das Anliegen des kritischen Posthumanismus. Denn seine Dezentrierung des Humanen bzw. des Humanismus dient nicht der Verfolgung eines selbstbezüglichen Fort-

---

25 *Moravec*, Mind children, 1990.

26 Siehe dazu aber auch sogleich im Kontext des kritischen Posthumanismus.

schrittideals oder der weiteren Akkumulation von Macht über alles Untergeordnete in den Händen modifizierter Menschen oder techno-evolvierter Wesen. Vielmehr will der kritische Posthumanismus der Anerkennung von nicht-menschlichen Subjekten wie (anderen) Tieren, aber auch belebter, wie nicht belebter Umwelt, den Weg ebnen. Denn diese im Grundsatz emanzipative Theorie ringt nicht so sehr mit dem Menschen an sich als mit dem Humanismus als Ideologie. Der kritische Posthumanismus entsteht in Auseinandersetzung mit dem (französischen) Poststrukturalismus sowie mit postmoderner Theorie, insbesondere in ihren postkolonialen und feministischen Spielarten. Kritisiert wird dabei hauptsächlich der Humanismus als Ideologie. Der Mensch des Humanismus sei männlich, weiß und auch sonst jeweils immer Teil der im Westen herrschenden Mehrheiten, d.h. wohlhabend, heterosexuell usw. Damit einher geht eine Kritik am Anthropozentrismus, d.h. der Artenhierarchie, die den Menschen an ihrer Spitze platziert. Allerdings fehlt auch hier ein einheitliches Theoriegebäude: Der kritische Posthumanismus kennt keine klaren Disziplinengrenzen und vereint unter sich programmatisch eine radikale Vielfalt von Perspektiven.[27]

Bis auf wenige Ausnahmen verfügt hierbei die Technik in den Augen der kritischen Posthumanist:innen über eine große emanzipatorische Kraft, aber weniger als Instrument (Transhumanismus) oder als Selbstzweck (technologische Posthumanismus) sondern vielmehr als Ausgangspunkt für das emanzipative Programm.[28]

Die Kritik an Humanismus und Anthropozentrik bedeutet im Kern, dass der Mensch seine zentrale Stellung in der posthumanistischen Weltordnung aufgeben muss. Es geht um eine Egalisierung des Menschen im Verhältnis zu nicht-menschlichen Anderen, wobei sowohl Tiere als auch „unbelebte" Umwelt erfasst sind. Diese Perspektive ist offenkundig auch stark durch die immer weiter ausgreifende Klimakatastrophe beeinflusst: Der Mensch – so kritische Posthumanist:innen – muss seine eigenen Verflechtungen mit der nicht-menschlichen Welt erkennen und ein anderes Verhältnis zu ihr entwickeln; Menschen sind nicht dichotomisch getrennt von ihrer Umwelt, sondern relational in sie eingebettet und auf sie angewiesen. Paradigmatisch hierfür steht das Konzept der Zoé von *Braidotti*:

„Die Zoé als dynamische, selbstorganisierende Struktur des Lebens selbst, steht für fruchtbare Vitalität. Sie ist die durchgängige Kraft, die zuvor

27 In dieser Ausrichtung etwa bei *Braidotti*, Posthumanismus, 2014.

28 *Loh* (Fn. 2), S. 131.

abgesonderte Arten, Kategorien und Bereiche durchzieht und miteinander verbindet. Ein zoézentrischer Egalitarismus ist für mich der Kern der post-anthropozentrischen Wende."[29]

Vor diesem Hintergrund sollen neue – komplexere, relationalere – Subjektformen entwickelt und erprobt werden, was auch die Möglichkeit ein nicht-menschliches Gegenüber als Subjekt anzuerkennen, einschließt. Mit diesem Appellcharakter trägt der kritische Posthumanismus eine implizite Normativität für eine Neugestaltung von gesellschaftlichen und planetaren Beziehungen in sich.[30] Gerade dieses emanzipative Potenzial macht den kritischen Posthumanismus und sein Programm für eine Gesellschaft in Zeiten multipler Krisen anschlussfähig.

2. Kritik am kritischen Posthumanismus

Auch diese Strömung des Posthumanismus sieht sich tiefgreifender Kritik ausgesetzt:[31] Allen voran betrifft dies die bisweilen bestehende Vagheit sowie die Widersprüchlichkeit der theoretischen Prämissen. Die Postulate des kritischen Posthumanismus, so seine Kritiker:innen, verbleiben häufig im unkonkreten und kommen über bloße Phrasen nicht hinaus. So bleibt offen, wer als Subjekt konstruiert werden muss und auch die Kriterien für Differenzierung zwischen Subjekten und Nicht-Subjekten sind noch nicht deutlich genug herausgearbeitet. Schließlich ist nicht klar, was mit der Subjektstellung konkret einhergeht. Hieran schließt sich die Kritik eines mangelnden Bewusstseins hinsichtlich möglicher praktischer Umsetzbarkeit an. Insbesondere aus der Perspektive des Rechts müssen wir fragen: Bedeutet Subjektstellung i.S.d. kritischen Posthumanismus stets das Innehaben von Rechten und Pflichten? Und wie können diese ausgeübt werden?

3. Kritischer Posthumanismus und (Straf-)Recht

Mit Blick auf das Strafrecht zeigt der kritische Posthumanismus eine Vielzahl von Anknüpfungspunkten.

29 *Braidotti* (Fn. 27), S. 131; siehe auch schon *Braidotti*, Transpositions, 2012.
30 Siehe *Loh* (Fn. 2), S. 157 ff. m.w.N.
31 *Loh* (Fn. 2), S. 27 ff.; dazu etwa auch *Osborne/Rose* (Fn. 5), 3 ff.

a) Ist das Strafrecht bereits posthuman?

Zwar steht – wie in unserer Rechtsordnung generell – auch im Strafrecht der Mensch im Mittelpunkt. Einerseits im Rahmen des allgemeinen Teils als einziges Zurechnungssubjekt und andererseits im besonderen Teil als einziges handelndes (oder unterlassendes) Subjekt sowie häufig auch als Schutzobjekt verschiedener Strafvorschriften.

Nichtsdestotrotz ließe sich insbesondere mit Blick auf die strafrechtlichen Rechtsgüter argumentieren, dass das Strafrecht posthumane Züge trägt. Um nur ein eingängiges Beispiel zu nennen: Das Umweltstrafrecht schützt regelmäßig Rechtsgüter, die über den Menschen hinaus reichen und legt auf diese Weise ein systemisches Verständnis des Menschen und seiner Mitgeschöpfe im ökologischen Zusammenhang an den Tag. Allerdings gibt es auch hier eine rein ökologische und eine rein anthropologische Rechtsgutinterpretation, die sich gegenüberstehen. Bedeutung hat dies etwa für die Frage, ob ein abstraktes oder ein konkretes Gefährdungsdelikt vorliegt, was für die Rechtswidrigkeit relevant sein kann – etwa mit Blick auf die Einwilligungsfähigkeit der Rechtsgutsverletzung.[32]

Auch strafrechtliche Nebengesetze wie das Tierschutzgesetz (§ 17) schützen mit dem Tierwohl gerade nicht den Menschen, sondern Tiere um ihrer selbst willen, wobei damit gleichwohl kein Subjektstatus verbunden ist. Daneben kommt es auch durch Artikel 20a GG, das Staatsziel des Schutzes der natürlichen Lebensgrundlagen zu einer gewissen Berücksichtigung des Nicht-menschlichen Anderen, etwa im Rahmen des Notstandes wird dies diskutiert.[33] Verurteilungen auf Grundlage von § 17 TierSchG lassen sich auch als Zeichen einer gewandelten normativen Sensibilität im Umgang mit den Rechtsgütern von Tieren interpretieren. So hat das AG Ulm (Urteil vom 15.03.2019 – 1 Ls 12 Js 19998/16) die Höchststrafe von drei

32 Die h.M. betrachtet die konkret gefährdete Person lediglich als Repräsentanten der Allgemeinheit, sodass eine Einwilligung ausscheidet, BGHSt 23, 261; OLG Stuttgart NJW 1976, 1904; Lackner/Kühl/ *Heger*, 30. Aufl. (2023), § 315c, Rn. 32; LK-StGB/*König*, Bd. 17, 13. Aufl. (2021), § 315c, Rn. 161, 199; die a.A. verweist auf den Individualschutz von konkreten Gefährdungsdelikten, Jansen, ZIS 2019, 2, 5 f. m.w.N. auch für die abweichende Ansicht.

33 Siehe etwa *Wolf*, Klimaschutz als rechtfertigender Notstand: Zum Freispruch von Klimaaktivist:innen durch das Amtsgericht Flensburg, VerfBlog, 2022/11/14, online aufrufbar unter: https://verfassungsblog.de/klimaschutz-als-rechtfertigender-notstand/ (zuletzt abgerufen am: 30.08.2024); *Diekjobst*, Klimanotstand über Gewaltenteilung?: Zur Annahme eines rechtfertigenden Notstandes aufgrund der Klimakrise durch das Amtsgericht Flensburg, VerfBlog, 2022/12/11, online aufrufbar unter: https://verfassungsblog.de/klimanotstand-uber-gewaltenteilung/ (zuletzt abgerufen am: 30.08.2024).

Jahren für den Angeklagten ausgesprochen und dies im Wesentlichen auf zwei Gründe gestützt: Zum einen sah das Gericht – der Angeklagte war Massentierhalter – eine gewerbsmäßige Begehungsweise als belastenden Beweggrund im Sinne des § 46 II 2 StGB. Dass damit bei Taten nach § 17 TierSchG im Bereich der Massentierhaltung stets dieser Strafschärfungsaspekt gegeben sein wird, erscheint dem Gericht „unter Berücksichtigung des Umstands, dass Nutztiere zumindest moralisch auch einen besonders effektiven Schutz verdienen, […] sachgerecht." Zum anderen sah sich das Gericht – ausnahmsweise – wegen eines bestehenden Vollzugsdefizits im Tierschutzstrafrecht gezwungen, auch generalpräventive Gesichtspunkte strafschärfend zu berücksichtigen. Damit gibt das Gericht zwar zu verstehen, dass die tierschützenden Normen gerade noch nicht allgegenwärtig und fest verankert sind. Gleichzeitig operationalisieren Urteile wie das des AG Ulm strafrechtliche Normen für die normative Auseinandersetzung um die Rechtsgüter von Tieren in bis dato nicht gekannter Weise.

Interessant ist insofern auch das Bundesnaturschutzgesetz in dessen § 1 es heißt: „Natur und Landschaft sind auf Grund ihres eigenen Wertes und als Grundlage für Leben und Gesundheit des Menschen auch in Verantwortung für die künftigen Generationen […] zu schützen." Die diesbezüglichen Strafvorschriften (§ 71 BNatSchG) dürften also durchaus ökozentrisch zu verstehen sein.

Gleichwohl ist damit dem posthumanen Programm noch keinesfalls entsprochen. Denn hiermit ist letztlich kein rechtlicher Subjekt- oder Personenstatus verbunden. Der strafrechtliche Schutz ökologischer Belange von Tier und Umwelt hängt damit weiterhin vom Menschen ab. Zwar ließe sich anführen, dass auch menschliche Rechtsgutträger:innen im Strafrecht außerhalb von Notwehr- und Notstand nicht aktiv auftreten. Aber das Strafrechtssystem ist auf den Menschen zentriert. So enthält etwa der Strafprozess mit dem Instrument der Nebenklage für die Beeinträchtigung menschlicher Interessen ein aktivierendes Element, das den Entitäten, die der kritische Posthumanismus als Nicht-menschliche Subjekte einordnen würde, verwehrt ist. Bemerkenswert ist in diesem Zusammenhang aber der Umstand, dass die Nebenklage auch für die „Verletzung" juristischen Personen zur Verfügung steht,[34] sodass eine Nebenklagebefugnis von Nicht-

34 *Bott/Kohlhof*, StraFo 2019, 412.

menschlichen Anderen ebenfalls konstruiert werden könnte, gewährte man ihnen eine Rechtspersönlichkeit.[35]

b) Posthumane Rechtspersönlichkeit und Strafrecht

Vor diesem Hintergrund ist es umso verständlicher, dass von posthumaner Seite für den Wandel der anthropozentrischen Rechtsordnung deshalb immer wieder die Zuschreibung von Rechtspersönlichkeit, etwa für natürliche Systeme (Flüsse u.a.) ins Spiel gebracht wird.[36] Allerdings trifft die Diskussion um die Zuschreibung von Rechtspersönlichkeit i.e.S für Tiere und Umweltsysteme im Strafrecht nicht den eigentlichen Kern: Denn das Strafrecht ist wegen seines unter anderem funktionalen[37] Strafgüterschutzes weniger auf Rechtspersönlichkeit aufseiten des rechtsguttragenden Substrats angewiesen. Strafrecht ist auf „Opferseite" grundsätzlich ein akteurloses Recht: Wenn der Straftatbestand der Gewässerverunreinigung Flüsse und Seen schützt, dann tut er das unabhängig von deren Einordnung als Rechtsperson. Auch gibt es mit den Strafverfolgungsbehörden bereits öffentliche Verwalter der Rechtsgüter nicht-menschlicher Anderer. Lediglich im Bereich der eben erwähnten Nebenklage ließe sich fragen, ob durch gesetzliche Vertreter:innen posthumaner Rechtssubjekte etwas zu gewinnen wäre, wenn hier eine zusätzliche Interessenvertretung am Prozess beteiligt wäre.

Das Strafrecht, so könnte man sagen, ist also in einem objektiven Sinne, nicht aber in einem subjektiven posthuman – indem es nicht-menschliche Andere schützt, ohne ihnen eine Rechtspersönlichkeit einzuräumen. Aus posthumanistischer Perspektive ließe sich das weiterhin kritisieren, weil es die Position des Menschen als vorrangiges Aktionszentrum im Recht unangetastet lässt.

Auch die Debatte um Roboterrechte, d.h. um Rechte (und Pflichten) für artifizielle Akteure lässt sich posthuman deuten und hier ansiedeln. Hier

35 Eine solche Rechtspersönlichkeit könnte offenkundig – wie bei Unternehmen eben auch – wiederum nur von Menschen ausgeübt werden.

36 *Hutchison*, Alternative Law Journal 39 (2014), 179 ff.

37 Für andere Strafgutslehren siehe die Nachweise bei *Hirsch*, in: Abraham/Bublitz/Geneuss/Krell/ Wegner (Hrsg.), Verletzte im Strafrecht, 2020, Fn. 7, 13, 24 f.

wäre auch die Täter:innen-Seite stärker in den Blick zu nehmen.[38] Allerdings haben wir zurzeit noch keine intelligenten bzw. moralisch denkenden Automaten entwickelt. Sollten wir derartige artifizielle Mitgeschöpfe eines Tages erschaffen, wäre das aber ohne Zweifel für die Gesellschaft und damit auch das Recht ein monumentaler Bruch, der vor allem auch das Strafrecht mit seiner Prämisse beträfe, dass allein der Mensch als autonomes Wesen Subjekt von Verantwortungszuschreibung sein kann. Bemerkenswert ist freilich die Bemühung emanzipationsfeindlicher Rechtsfiguren im Angesicht artifizieller Anderer: Ein prominenter Vorschlag ist die Anwendung des Sklavereikonzepts auf intelligente Agenten.[39] Damit wird die Anthropozentrik des rechtlichen Denkens eindrücklich zum Ausdruck gebracht. Insbesondere mit Blick auf unsere weiter bestehende Unkenntnis bezüglich der Frage, ob nicht die Kreation von intelligenten „Maschinen" auch Bewusstsein und/oder Leidensfähigkeit entstehen lassen könnte, erscheint eine (posthumane) Kritik an derartigem Denken angebracht.

c) Brauchen wir ein posthumane(re)s Strafrecht?

Auch wenn das Strafrecht in seiner gegenwärtigen Konzeption also wenig Platz für posthumane Rechtsubjektivität bietet, könnte man doch fragen, ob das erstrebenswerte Anliegen des kritischen Posthumanismus – im Einklang mit unserer Umwelt und den planetaren Grenzen zu leben, die zugleich auch die Grundlage unserer Existenz sind – Änderungen des objektiven Strafrechts erforderlich macht. Es scheint auf den ersten Blick so, als ob ein konsequentes Weiterdenken dieser wichtigen Anliegen folgerichtig Überlegungen etwa zu einem Heraufsetzen der Strafen für die Beeinträchtigung von Nicht-menschlichen Anderen stützen würde. Natürlich wissen wir alle, dass das wenig abschreckende Wirkung hat. Aber – so ließe sich ja argumentieren – das Strafrecht hat auch eine expressiv-symbolische[40] Funktion. Wären wir alle überzeugt, dass sich die Rechtsordnung „posthumanisieren" muss, so wären sicherlich Strafschärfungen denkbar,

38 Zur strafrechtlichen Perspektive vgl. etwa *Hilgendorf*, in: Beck (Hrsg.), Jenseits von Mensch und Maschine, 2012, S. 119 ff.; *Hilgendorf*, in: Wolf (Hrsg.), Transhumanismus, Posthumanismus und neue Technologien, 2020, S. 179 ff.

39 *Gunkel*, Person, Thing, Robot, 2023, S. 136 ff. m.w.N.

40 Dazu etwa *Hörnle*, in: Hirsch et al. (Hrsg.), Strafe – Warum?, 2011, S. 11 ff. sowie der diesbezügliche Kommentar von *Weigend*, in: Hirsch et al. (Hrsg.), Strafe – Warum?, 2011, S. 31 ff.; siehe aber auch *Günther*, Rg 28 (2020), 120 ff.

um den Stellenwert unserer Mitgeschöpfe und der Umwelt auszudrücken. Denn die Harmonisierung von Strafrahmen würde eine Egalisierung von nicht-menschlichen Anderen und Menschen kommunizieren. Eine ähnliche Wirkung hätte die Integrierung von nebenstrafrechtlichen Normen ins Strafgesetzbuch. Auch eine Ausweitung der Strafbarkeit, etwa indem man bisherige Bußgeldvorschriften in den Umweltgesetzen zu Straftaten aufwertet, ließe sich mithilfe des kritischen Posthumanismus durchaus rechtfertigen. Oder eben die Einführung ganz neuer Tatbestände – Stichwort Ökozid.[41] Was es bedeutet, das Strafrecht als ultima ratio einzusetzen, ist schließlich auch nur eine Frage des Standpunktes. Und vor allem der Schutz unser aller Lebensgrundlage dürfte ein legitimes Ziel sein. Dass hierdurch der kritische Posthumanismus mit seinem emanzipativen und egalisierenden Programm repressiv instrumentalisiert würde, weist auf die Ambivalenz einer jeden Verschmelzung von Strafrecht und Ideologie hin, mag sie auch noch so wohlmeinend sein.

Konkret zeigt sich diese Ausweitungstendenz auch, wenn man das Subjektverständnis dieser Denkrichtung ernst nimmt. Konzipiert man uns Menschen als relationale Rechtssubjekte oder auch eben Rechtsgüter als vielfach miteinander verbunden und einander gegenseitig beeinflussend, so ist die Annahme einer Verletzung oder zumindest Gefährdung leichter gemacht. Ein solches Strafrechtsverständnis wird es leichter haben, abstrakte Gefährdungsdelikte zu formulieren. Denkbar ist auch eine Erweiterung der objektiven Zurechnung. Vor allem die Risikoerhöhungslehre[42], nach der es für die objektive Zurechenbarkeit der Handlung im Hinblick auf einen Erfolg genügt, dass das Verhalten die Wahrscheinlichkeit des Erfolgseintritts erhöht hat, scheint besonders fruchtbar für ein posthumanes Verständnis von Rechtsgüterschutz. Das kann man vor dem Hintergrund der ökologischen und sonstigen planetaren Herausforderungen für sinnvoll halten. Anstatt aber auf Expansionskurs zu gehen, erscheint es mir aus der Perspektive eines rechtsstaatlich eingehegten Strafrechts geboten, weniger invasive Pfade zu ergründen. Das „posthumane" Defizit des Strafrechts ist auf einer ersten Ebene vor allem auch ein Vollzugsdefizit, wie man etwa am Tierschutzstrafrecht sehen kann.

41 Siehe dazu etwa *Satzger/Maltitz*, in: dies. (Hrsg.), Klimastrafrecht, 2024, S. 437 ff.

42 *Roxin*, Zeitschrift für die gesamte Strafrechtswissenschaft 74 (1962), 411 ff.

V. Perspektiven

Keine der dargestellten Strömungen kann ganz vom Menschen lassen.[43] Der Transhumanismus will den Menschen weiterentwickeln, der technologische Posthumanismus will, zumindest in Teilen, den menschlichen Geist beibehalten und als Muster transferieren und auch der kritische Posthumanismus bezieht sich abgrenzend immer wieder auf den Menschen und will selbstredend auch das Menschliche nicht auslöschen, sondern dessen Privilegien gewissermaßen ausweiten.

Was lässt sich abschließend für das Strafrecht festhalten? Während ich mich hinsichtlich des Transhumanismus und des technologischen Posthumanismus auf das schon Gesagte beschränken möchte, sind die Perspektiven für den kritischen Posthumanismus herausfordernder. Brauchen wir ein Mehr an kritischem Posthumanismus zum Schutz unserer Lebensgrundlagen und auch, weil unseren Mitgeschöpfen und der Umwelt schlicht ein zweckloser Eigenwert zukommt?

Mein Argument hinsichtlich der Frage nach Strafschärfung und Strafausweitung unter einem posthumanen Paradigma wäre im Wesentlichen beim schon bestehenden rechtsgüterbezogenen Funktionalismus als einzig sinnvoller Ideologie im Strafrecht zu bleiben. Denn dieser denkt den Verhältnismäßigkeitsgrundsatz strukturell immer schon mit. Nicht-menschliche Andere haben zwar einen Eigenwert, insbesondere Lebewesen, die zu Empfindsamkeit in der Lage sind. Ihren Schutz wird das Strafrecht allein aber nicht leisten können. Nichtsdestotrotz ist auch zuzugestehen, dass mit einer posthumanen Umstellung des Strafrechts eine große kommunikative und transformative Kraft verbunden sein kann.

Neben der Frage nach etwaiger Subjektivität der nicht-menschlichen Anderen kann aber auch eine Aktualisierung unserer eigenen (Rechts-)Subjektivität bedenkenswert sein. Hierfür bietet die „kosmische Person" von *Norman* einen unter mehreren Ausgangspunkten.[44] Der Begriff „kosmisch" versucht, einen Rahmen der Verantwortlichkeit zu vermitteln, der sich über das Selbst hinaus erstreckt (d.h. auf alles, was ist) und gleichzeitig das Selbst einschließt (als Teil von allem, was ist). Sterngeboren, „kosmisch" zu sein, bedeutet in ihrer Konzeption, sich um alles kümmern zu müssen. Die kosmische Person als menschliches Rechtssubjekt, das im Naturkultur-Kontinuum verkörpert, eingebettet und verstrickt ist, handelt *Norman*

43 *Loh* (Fn. 2), S. 180 f.

44 *Norman*, Posthuman legal subjectivity, 2022, S. 132 et passim.

zufolge mit Interesse am Projekt des Lebens selbst und nicht (nur) am individuellen Lebensprojekt. Aber auch hier stellt sich – insbesondere von strafrechtlicher Warte aus betrachtet – die Frage, wie sich Verantwortungssphären zumutbar abstecken lassen. Das Individuum der Gegenwart ist chronisch erschöpft und überfordert. Wie sinnvoll ist es, ihm noch weitere und dann gegebenenfalls auch noch strafrechtliche Verantwortung zuzuschreiben?

Vor allem gilt es aber auch Folgendes zu beachten: Wenn wir sagen, dass wir als Antwort auf die gegenwärtige Dysfunktion unseres Weltverhältnisses nicht eine Wiederholung des Gleichen brauchen, sondern eine grundlegend neu formulierte moralische und rechtliche Ontologie,[45] die den Herausforderungen des 21. Jahrhunderts gewachsen ist, dann heißt das vielleicht auch, dass wir noch stärker lernen müssen, die Grenzen repressiver Gewalt anzuerkennen.

Der kritische Posthumanismus steht nicht zuletzt auch für eine Aufgabe der Idee des alles kontrollierenden Menschen. Insofern könnte der kritische Posthumanismus auch eine emanzipative Entwicklung des Strafrechts und insbesondere des Strafens beflügeln, das vor allem im Kontext der Freiheitsstrafe von einem machtförmigen Kontrollparadigma getragen wird.[46] Wir könnten uns also vor allem auch fragen – und damit möchte ich schließen – wie könnte ein posthumanes Strafen aussehen, dass die Eingebundenheit und Verflochtenheit des straffälligen Subjekts ernstnimmt?

---

45 *Gunkel* (Fn. 39), S. 184.
46 *Norman* (Fn. 44), S. 152.